CE JOUR-LÀ, J'AI DÉCIDÉ DE MA VIE

JEAN-DANIEL FALLERY

CE JOUR-LÀ, J'AI DÉCIDÉ DE MA VIE

ROBERT LAFFONT

ISBN 978-2-221-12540-3

Pour Nic, ma femme
Pour ma fille Laurence
Pour mes cinq fils :
Bernard, Cyril, Daniel, Gilles, Yann

Ce jour-là

«Que ceux qui n'ont que leur inaction pour faire reconnaître leur absence d'erreurs se taisent.»

GEORGES CLEMENCEAU

Rethondes, 22 juin 1940. Montoire, 24 octobre 1940. J'avais quatorze ans, ces deux dates firent basculer mon existence. À Rethondes, un gouvernement de circonstance capitulait et livrait la France à l'Allemagne nazie. La République était dissoute, le maréchal Pétain prenait le pouvoir. À Montoire, il serrait la main de Hitler. Près de cent mille soldats français avaient été tués, près de deux millions allaient rester prisonniers en Allemagne durant cinq ans. Abasourdie, désemparée, la majorité des Français se résigna. Mais certains d'entre eux n'acceptèrent pas cette capitulation et purent rejoindre le général de Gaulle à Londres. D'autres entreprirent d'organiser la résistance à l'occupant allemand en France même ; des gestes courageux et des actes de solidarité envers les victimes des persécutions se sont multipliés, tandis que se formaient la Légion, la Milice, le prétendu Parti populaire et autres ordres affidés au régime, qui se sont livrés à la délation, au pillage et aux meurtres. Au centre de ce naufrage, naturellement : Pétain, indigne, méprisable, incarnant la somme de tous les renoncements français. Son fantôme, bien en chair, continue à nous hanter plus de soixante ans après la guerre.

Ayant connu déjà deux Républiques, la IVe et la Ve, la France n'en finit pas de régler ses comptes avec l'homme qui mit fin à l'existence de la IIIe pour se vautrer dans la défaite, accoucheuse de sa « révolution nationale ». Des films, des livres scrutent l'âme de celui que l'on nomme toujours le « vainqueur de Verdun » et sondent les reins du régime de Vichy pour tenter de nous dire si ce pouvoir fut totalement abominable, si celui qui l'incarna fut tout à fait coupable ou à moitié innocent. Ce débat – comme tout débat historique – a bien entendu sa légitimité. Mais il ne rend pas compte d'une réalité plus enfouie : celle d'un pays dont la mauvaise conscience est patente. La France s'est pendant longtemps crue résistante, puis s'est découverte un peu collabo, ce qui l'a amenée à chercher quelques circonstances atténuantes à Pétain.

Il aura fallu plus d'un demi-siècle pour que soit admise cette évidence : l'État français de Vichy était un État criminel. À son rôle dans la déportation de dizaines de milliers de juifs de France pendant l'Occupation par l'appareil policier de l'État français s'ajoutent bien d'autres crimes : l'internement d'étrangers et d'apatrides – femmes et enfants compris – dans des camps de concentration au régime scandaleux ; la livraison aux nazis de réfugiés politiques, pour la plupart allemands et autrichiens, qui avaient obtenu l'asile en France ; le traitement inhumain des républicains espagnols ; la persécution des Tsiganes ; enfin, à l'encontre des résistants, l'action féroce des unités spécialisées de la police d'État et de la Milice livrant aux Allemands ceux qu'ils avaient arrêtés et torturés, quand ils ne les avaient pas eux-mêmes exécutés.

De récentes recherches dans les archives du bagne de Cayenne ont révélé un génocide poursuivi entre 1941 et 1942 contre la population des forçats par l'administration pénitentiaire de Vichy. Or, ces crimes ne sont pas des bavures ou des excès imputables seulement aux circonstances tragiques de l'époque. Les crimes commis contre les êtres humains et contre l'humanité par le régime de Vichy sont les fruits empoisonnés de son idéologie où, au culte du chef, se mêlèrent la xénophobie, le racisme et l'antisémitisme les plus virulents.

Les premières lois d'exclusion contre les étrangers datent de juillet 1940, le premier statut des juifs d'octobre. Ces mesures ne doivent absolument rien à la pression allemande, elles procèdent des seules initiatives du gouvernement de Pétain. Et tout au long des années 1941-1942, alors que subsiste encore une zone non occupée, les décisions prises, toujours plus rigoureuses, témoigneront de la même inspiration. La volonté de collaborer avec Hitler – que Pétain et ses ministres considéraient comme un vainqueur définitif dont il fallait gagner les faveurs – et la volonté aberrante d'exercer, au nom d'une souveraineté nationale en fait illusoire, l'autorité hiérarchique sur l'appareil de l'État ont fait que ce dernier est devenu l'instrument des basses œuvres des nazis.

« Il y a pire que le bourreau, c'est le valet », s'écriait Mirabeau. Vichy s'est constitué le valet des nazis. Si de Gaulle, à Londres, sauvait l'honneur de la France, Laval, Bousquet, Legay et leurs collaborateurs la déshonoraient à Vichy et à Paris. En reniant les valeurs de la République, en leur substituant une idéologie totalitaire nourrie de haine, Pétain, Laval, Darlan et de nombreux autres ont conduit la France dans les voies les plus sombres de son histoire.

Aujourd'hui, les faits sont connus, les crimes avérés.

J'avais quatorze ans. Je n'allais pas connaître l'adolescence portée par une vie de famille ordonnée, dans une ambiance de quiétude, d'affection, de sécurité. En revanche, dès 1940, j'eus de longues conversations avec mon père que j'écoutais, béat, me parler de la Patrie, du dévouement à la cause de la victoire finale. Je le découvrais et je m'imprégnais de son courage.

Sa mère, Emma Schneider, était alsacienne, originaire de Pfastatt (Haut-Rhin).

Elle eut deux enfants. L'aîné, mon père, et une fille, Marguerite. Emma Schneider était cultivée et fort jolie femme, beaucoup plus occupée par ses succès masculins que par ses maternités. Jeune, elle vint habiter Paris, où elle connut beaucoup d'hommes célèbres ou qui le devinrent : Anatole France, François Coppée, Pierre Savorgnan de Brazza, Guy de Maupassant et d'autres... Elle avait un salon où, un jour par semaine, elle recevait et devait aimer se faire courtiser. Elle brillait dans cette société.

Deux enfants vinrent donc au monde. Elle se débarrassa d'eux, mettant sa fille en pension et abandonnant mon père, âgé de quatre ans, à l'Assistance publique. Jusqu'à seize ans, il ne connut que la discipline brutale, le régime austère et primitif de cette administration. Il portait le triste uniforme des enfants orphelins ou abandonnés. À seize ans, mon père quitta l'Assistance publique et retrouva sa mère envers laquelle pas une fois je ne l'entendis formuler le moindre reproche ni le moindre grief. Il apprit le métier de tourneur-ajusteur, passa un CAP, et entra travailler chez Renault à une époque où les ouvriers étaient loin d'être heureux. Il n'existait ni syndicat pour les protéger du despotisme des industriels, ni Sécurité sociale, ni congés payés. Bref, mon père s'assuma, fit beaucoup de sport et, en plus de ses six journées hebdomadaires de travail de neuf heures, suivit des cours du soir. Il avait une énergie farouche et le désir impétueux de quitter sa condition du moment pour construire une vie dont jusqu'alors il avait été spolié, dans l'indifférence de son entourage. Sans amertume envers son passé, il partit en 1912 faire son service militaire qui se termina en... 1919 ! Mobilisé dans l'artillerie, il s'engagea dans les chars dès leur création en 1916, et fut libéré avec le grade de capitaine, officier de la Légion d'honneur, quatre fois cité dont deux fois à l'ordre de l'armée, et trois fois blessé dont une grièvement au bras gauche.

Une nouvelle vie commençait et cette vie il voulait la bâtir à l'opposé de celle qu'il avait été amené à endurer. Sa plus profonde aspiration était de créer une famille, un foyer, de fabriquer de toutes pièces ce qu'il n'avait jamais connu et qu'il idéalisait. Il y travailla avec l'acharnement d'un pionnier, se perfectionna en anglais, en littérature, en mathématiques, en commercial, et à force de travail il devint ce qu'on appelle aujourd'hui un « cadre ». Entier, incorruptible, scrupuleusement honnête, libéral, exigeant mais compréhensif, courageux à l'extrême, indépendant mais discipliné, il était aussi d'une grande tendresse mais ne tolérait pas que l'on trompe sa confiance ni que l'on déroge aux principes de chevalerie qui étaient les siens.

Lorsque à trente et un ans il épousa ma mère, il était directeur commercial des automobiles Delage. Ce gamin de l'Assistance publique avait un somptueux bureau sur les Champs-Élysées, un hôtel particulier boulevard Pereire et une magnifique propriété dans l'Eure, sur les bords de la Seine, avec un yacht et quatre personnes à son service !

En 1936, il quitta Delage pour s'installer concessionnaire Peugeot, rue de Vaugirard, dans le XVe arrondissement, associé à un monsieur qui se révéla un bien piètre individu. Et 1939 arriva très vite. Mon père fut remobilisé pour participer à cette guerre, qui se termina comme on le sait, et qui fut le détonateur de ce qui suit. La France était en perdition. Occupée par une armée ennemie, trahie par des lâches, des opportunistes, des incompétents ; tout devait être fait pour la sortir de l'abîme où elle avait été plongée. Ne supportant pas l'idée de pouvoir être amené à recevoir un Allemand dans son garage, mon père céda rapidement ses parts à son associé qui, dans les circonstances économiques du moment et l'incertitude de l'avenir, profita aussi de la détermination de mon père pour les lui racheter à un prix dérisoire. Cette personne, qui n'était pas animée par les mêmes convictions, fit une affaire en or. D'autant qu'elle ne se priva pas d'accueillir et de se mettre à la disposition de l'occupant, en en tirant de gros profits. Si gros qu'à la Libération elle en perdit son entreprise. Mais c'est une autre histoire.

La guerre n'était pas terminée, il fallait par tous les moyens poursuivre le combat, ne rien concéder à l'occupant, haïr les traîtres, se garder des douteux, ignorer les indécis, se battre là où on était, avec les moyens qu'il fallait trouver, qu'il fallait chercher, et ne jamais abandonner parce que la confiance faisait partie du combat. Tout ça me subjuguait alors que j'étais déjà plein d'admiration et de respect pour ce père auquel je vouais un culte qui ne m'a jamais quitté.

Il n'avait donc plus de travail, très peu de capital, et devait faire vivre son épouse, une fille de seize ans, un fils de quatorze, une petite fille de quinze mois et sa belle-mère qui était à sa charge. Il créa un cabinet de transactions immobilières spécialisé dans les entreprises industrielles où il avait des relations. Cette profession, peu florissante à l'époque, lui permit, vaille que vaille, d'assumer ses charges, tout en se consacrant à d'autres activités.

Comment, dès fin 1940, mon père put-il entamer une action de résistance à l'ennemi, qui dura cinq ans, en s'amplifiant jusqu'à la Libération ? Je ne le sus jamais. Après la guerre, il n'en parla pas. Ce n'est qu'en 1958, deux ans après sa mort, que j'appris, en rangeant ses papiers, qu'il avait été promu, en 1946, grand officier de la Légion d'honneur, au titre de la Résistance. J'étais stupéfait, mais un peu déçu, qu'il ne m'en ait rien dit.

Quel homme étonnant, qui ne se racontait pas, qui ne disait rien de ce qu'il avait fait, qui n'était tourné que vers les siens, les démunis, les minorités et son pays. Devant les risques que nous encourions du fait de ses activités clandestines, la famille se disloqua par sécurité, et c'est à partir de ce moment-là que ma vie bascula alors que je n'étais qu'un enfant.

Ma mère, ma grand-mère et ma plus jeune sœur quittèrent notre appartement de l'avenue Duquesne, dans le VIIe arrondissement, pour aller vivre anonymement dans un autre appartement beaucoup plus petit, dont je ne connus pas l'adresse pendant de longs mois. Mon père et ma sœur aînée s'installèrent dans un petit hôtel, rue Bréhat, près du Luxembourg, dont j'ignorais aussi l'adresse. Moi, je transportai mes pénates dans une chambre, spartiate, du Bon Conseil, près de l'avenue de Saxe. Ma sœur aînée poursuivait brillamment ses études au lycée Victor-Duruy, et moi, très modestement, au lycée Buffon.

Le Bon Conseil était une sorte de maison de jeunes qui dépendait de la paroisse Saint-François-Xavier. Les bâtiments, ceux d'un ancien monastère, étaient vétustes, sans beaucoup de confort, mais avec un très beau cloître. Quelques chambres étaient mises à la disposition de jeunes garçons qui se trouvaient dans des situations familiales particulières. Son directeur, l'abbé Roger Derry, un homme remarquable d'une quarantaine d'années, fut arrêté en 1941 par la Gestapo et décapité, à la hache, à Cologne.

Nous étions donc tous « planqués ». Encore fallait-il que chacun eût des nouvelles des autres, surtout ma mère de ses enfants éparpillés. Mon père assurait les liaisons entre nous tous. Vivant avec ma sœur aînée dans leur hôtel, ce n'était qu'avec moi qu'il devait établir des contacts, pour lui, pour ma mère qu'il rencontrait prudemment, et pour moi, le plus isolé. La méthode employée pour nous retrouver était simple. Tous les mardis et les vendredis, où mes cours cessaient à seize heures, nous avions un rendez-vous à seize heures quarante-cinq, sur le quai d'une station de métro, toujours différente. Chacun, une fois l'autre arrivé, montait dans un wagon, pas le même, et c'est seulement à la troisième station suivante que nous nous retrouvions pour bavarder. C'était un moment merveilleux, ces voyages où, une fois parvenus en bout de ligne, nous repartions en sens inverse. J'avais des nouvelles des autres et j'en donnais des miennes sans jamais rien cacher. Mon père signait mon carnet scolaire, répondait par un petit mot aux observations des professeurs, m'apportait du linge propre en échange du sale, en m'entourant de beaucoup de tendresse, mais aussi d'exigences pour mon travail, ma conduite et mes fréquentations. Chaque fois, il m'assurait de sa confiance totale et c'était pour moi une grande fierté.

Comprenant qu'il souffrait d'avoir sa famille disloquée alors qu'il était si paternel, je ne lui ai jamais demandé la permission de rencontrer ma mère ou mes sœurs, pour ne pas le peiner d'avoir à me le refuser. Nous nous entendions très bien là-dessus et j'étais heureux de vivre ainsi, le libérant, pour le rendre plus efficace dans ce que je présumais. J'aurais dû m'inquiéter, pour ma mère et les autres, pour lui surtout, mais je n'ai pas une seule fois pensé qu'il pouvait lui arriver quelque chose. Pour moi, il était invincible. D'ailleurs, je ne savais rien de ce qu'il faisait ni où il habitait. Il ne paraissait pas soucieux, il était même ardent, un peu amaigri par les restrictions, mais en bonne santé.

Tout un schéma avait été mis au point en cas de rendez-vous manqué par empêchement matériel ou maladie. Deux fois, les circonstances nous obligèrent à l'utiliser. Chaque fois, il fonctionna très bien.

Cette organisation de vie dura, avec des adaptations, jusqu'à mi-1942. La guerre alors faisait rage sur le front russe, dans le Pacifique, en Afrique. En France, le Service du travail obligatoire en Allemagne est créé (STO).

Entre-temps, mon père changea plusieurs fois d'hôtel, ma mère d'appartement, moi de piaule, pour finalement revenir au Bon Conseil. Je ne vis que trois fois, peut-être quatre, ma mère et mes sœurs pendant ces longs mois. Mes études étaient cahotantes, car je pensais à bien autre chose qu'à réviser mes compositions.

C'est à cette époque que, comme j'étais nul en mathématiques, un « grand » qui fréquentait le Bon Conseil et qui était en math spé pour préparer sup aéro me donna gracieusement des cours, le soir, trois fois par semaine. Ce garçon d'une vingtaine d'années, André Bureau, devint pour moi un grand frère, et les leçons de maths se terminaient toujours par des considérations sur la situation du pays et de ma famille au sujet de laquelle il ne sut jamais rien. J'apprenais à me taire, à me méfier, et ça ne devait plus me quitter. Jamais.

Toujours est-il qu'un jour, il prit l'initiative de m'inviter à dîner chez ses parents, qui habitaient aussi avenue Duquesne, et que là je fis la connaissance de son cousin, Gilbert Thibaut. Mon ami André avait une sœur, Jeanne, de deux ans son aînée, qui s'occupait de tout à la maison car leurs parents étaient tous deux très mal portants et relativement âgés.

Jeanne m'accueillit avec beaucoup de gentillesse ; j'étais heureux de passer un moment dans la chaleur de cette famille, d'autant que j'étais complètement subjugué par Gilbert Thibaut. Grand, fort, le visage carré, un regard séduisant et clair, il devait avoir environ trente-cinq ans. La voix chaude et le verbe précis, il incarnait, à mes yeux, le type même du chef. Avançant des idées qui étaient celles-là mêmes que mon père m'inculquait depuis des années, j'étais séduit par cet homme, qui le vit. Le soir, alors que je quittais mes hôtes avant le couvre-feu, il me dit un « au revoir » que j'espérais secrètement être un « à bientôt ».

Je ne dis rien à mon père de ce dîner pour ne pas l'inquiéter. Maintenant, je savais me taire et jugeais que ne rien dire n'était pas lui mentir. Trois semaines passèrent sans qu'André, qui fidèlement continuait ses cours du soir, me parlât de rien. Moi non plus.

Puis, un jour, il me proposa de l'accompagner le week-end suivant chez son cousin Thibaut qui habitait Auneuil, près de Beauvais, dans l'Oise. Mon cœur bondit dans ma poitrine et j'acceptai sur-le-champ cette invitation que je n'osais plus espérer. Revoir cet homme, si proche de moi dans ses convictions et si séduisant dans son comportement, m'emballait. J'eus un mal fou à m'endormir, n'attendant plus que le samedi pour le rencontrer.

Il était huissier et habitait une charmante maison dans laquelle était son étude, au bout d'un bâtiment en L, couvert de vigne vierge. Sa mère vivait chez lui. Il devait être célibataire. On prit un verre avant de passer à table pour le dîner auquel sa mère ne participait pas. Le salon-salle à manger était une très belle pièce qui, malgré l'absence d'une épouse, était arrangée avec beaucoup de goût et de chaleur. La conversation ne roula que sur la situation de la France et l'impérieuse nécessité d'agir. Là-dessus, nous étions tous d'accord, restaient les moyens à employer pour y parvenir.

Le dîner s'accéléra. La jeune domestique qui faisait le service fut invitée à rentrer chez elle rapidement, sans desservir, Thibaut nous fit passer dans le salon et nous asseoir à des places bien déterminées. Juste quelques instants avant vingt et une heures, il se leva pour modifier l'éclairage de la pièce de telle sorte que tout le fond du salon soit dans l'obscurité et que seuls André et moi soyons dans la zone éclairée. J'étais un peu surpris par ce manège inattendu mais ne mouftai pas. Je n'aurais d'ailleurs jamais osé. Quelques instants passèrent pendant lesquels la conversation tomba. Soudain, on entendit un bruit de porte venant de l'arrière de la maison et une ombre entra dans la pièce, par le côté obscur, pour s'asseoir dans un fauteuil qui lui était destiné.

Tout cela était très théâtral et je n'étais pas du tout à mon aise. Qui était ce personnage et pourquoi cette mise en scène ? Si je n'avais pas aussi bien connu et estimé André, j'aurais été inquiet. L'ombre était un homme avec un manteau sombre, un chapeau et des lunettes noires. On le devinait à peine. Enfin, Thibaut parla, ce qui détendit un peu cette atmosphère déconcertante. J'étais si surpris que je ne me rappelle rien des propos qu'il tint, ni de ceux de l'étrange personnage qui se camouflait dans le noir. J'entendais plus que je n'écoutais. J'avais l'impression d'être ailleurs, de ne pas participer, tout comme si on me racontait quelque chose, qui me concernait, mais dont je ne saisissais ni le sens ni la raison.

Et puis, au bout d'une demi-heure, peut-être plus, le personnage se leva et repartit comme il était arrivé. Ni André ni moi n'avions prononcé un seul mot. Quelques minutes après son départ, Thibaut rétablit l'éclairage de la pièce de façon normale. J'étais soulagé, sans toutefois comprendre pourquoi il ne nous avait pas informés de la venue de ce personnage qui était attendu. Je n'ai plus aucune idée de l'heure qu'il pouvait être, mais notre hôte nous invita à gagner nos chambres au premier étage.

« Nous reparlerons de tout ça demain », dit-il en guise de bonsoir.

La nuit fut difficile. Le sommeil ne venait pas et, sans cesse, je cherchais à comprendre le sens de cette soirée. Un point était sûr : l'homme en noir était anglais ; pour le reste, c'était la confusion.

Le réseau Comète

La table du petit déjeuner était prête, Thibaut n'était pas là et c'est sa mère qui nous accueillit. André était très respectueux de sa tante avec laquelle il échangea des propos au sujet de ses parents et de Jeanne. J'étais frappé par la façon dont cette maison était arrangée, décorée, fleurie, organisée, alors qu'il n'y avait pas de jeune maîtresse de maison. Seule la photo d'une jeune femme, fort belle, était posée sur un bureau, près d'un bouquet de fleurs. Qui était-elle ? Je n'ai pas osé en parler à André. Était-elle partie, décédée ?

Lorsque Thibaut arriva, sa mère s'éclipsa. Elle devait être habituée à laisser son fils seul lorsqu'il recevait, même en dehors de son étude. C'était dimanche. André s'était inquiété auprès de sa tante de l'heure de la messe, qui était passée, et je ne pensais pas que son cousin sortait de l'église quand il rentra. Il était, nous dit-il, parti très tôt le matin. Après quelques échanges de politesses sur la nuit passée et la mauvaise qualité du café, il était grand temps que Thibaut s'explique. Autant je n'ai plus le souvenir de ce qui s'était dit la veille au soir, autant je me rappelle assez clairement ce dont il nous informa, sans préambule, ce matin-là.

« Avant d'utiliser de nouveaux agents, le colonel Stevens du Special Operations Executive, que vous avez vu hier soir, désire impérativement faire leur connaissance. Maintenant que c'est chose faite, je peux vous parler de ce que l'on attend de vous deux. Depuis deux ans, le réseau dont je m'occupe pour un certain secteur Nord de la France a pour objet la récupération et l'évasion des équipages alliés abattus par la chasse ou la DCA ennemie. Les Américains étant maintenant installés dans le conflit, les raids aériens vont considérablement augmenter et, du même coup, notre travail. Nous avons besoin d'hommes et de femmes pour devenir plus opérationnels et assumer les nombreuses tâches qui vont du sauvetage des équipages à leur hébergement pour enfin leur faire regagner l'Angleterre par la Bretagne ou l'Afrique du Nord par l'Espagne. Il faut tout assumer pour ces hommes : soins aux blessés, conduite dans des lieux d'accueil successifs, habillement en civil, nourriture, tabac, transport, faux papiers et évasion. Tout cela représente un gros travail, une lourde organisation et beaucoup de risques pour eux et pour ceux qui les secourent et acceptent de les héberger. Ce réseau, baptisé « Comète », fonctionne en France et en Belgique sous contrôle et assistance britanniques du fait que les Britanniques furent les premiers à effectuer des raids aériens sur l'Allemagne en survolant la France et la Belgique. Les tâches que je vous demande d'accomplir sont celles du convoyage, de la recherche d'hébergements et des faux papiers. Cette activité exige dès maintenant quelques précisions. Dans ce domaine, comme dans les autres d'ailleurs, tout est à inventer, à improviser. Le métier de faussaire ne s'apprend pas et, de toute façon, nous n'aurions pas le temps de former des spécialistes si la possibilité existait. Les besoins sont urgents et dangereux. Dangereux pour le faussaire qui doit se procurer tous les éléments voulus pour fabriquer les faux papiers et dangereux pour le bénéficiaire si ceux-ci ne sont pas absolument conformes aux authentiques. Personne ne peut conseiller le faussaire qui doit être adroit, ingénieux, méticuleux, observateur, rigoureux et voleur. Voleur car tout ce qui lui est nécessaire, il doit se le procurer en le dérobant, ce qui n'est pas le plus aisé. Surtout pour les papiers allemands. Mais tout est possible, d'autres l'ont prouvé. Il n'y a aucun droit à l'erreur, car la moindre anomalie engage la vie du bénéficiaire et, en remontant, celle du fabricant et du réseau. Je remettrai à celui de vous deux qui s'en chargera quelques documents témoins et deux manuels. L'un sur la fabrication des faux papiers, édité par la Résistance, Roger Stéphane en l'occurrence, et l'autre sur les techniques de vieillissement et la teinture du papier, édité par les Anglais. Nous en reparlerons. Naturellement, vous n'êtes pas seuls pour effectuer ce travail, de nombreux autres y participent déjà, mais par sécurité les hommes et les femmes doivent être d'autant plus dispersés que les charges se multiplient et que le danger augmente. »

On passa à l'organisation de nos tâches respectives et j'écopai, entre autres, des faux papiers, étant plus manuel qu'André ; puis à une litanie de recommandations, de conseils de prudence, de silence, de précautions, de vigilance, d'anonymat, etc., pour conclure en nous apprenant que, la semaine précédente, quatre personnes du réseau avaient été arrêtées et qu'un nouveau cloisonnement, très sévère, se mettait en place pour protéger les autres.

Très vite, l'heure du déjeuner arriva et, en début d'après-midi, Thibaut nous raccompagna jusqu'à la gare de Beauvais où nous reprenions le train pour Paris. Plusieurs rendez-vous étaient pris pour la semaine suivante. J'avais très envie de parler de beaucoup de choses à André, mais dans le train c'était trop imprudent et, comme il n'était pas tard, on décida de se rendre dans ma piaule du Bon Conseil pour bavarder. Nous nous sommes retrouvés assis côte à côte sur le lit, les yeux dans le vague. Tout bouillonnait tellement dans nos têtes qu'on ne savait plus par quoi commencer.

« Gilbert est un type surprenant, me dit André, il nous embarque dans un truc invraisemblable sans même nous avoir demandé notre avis. Je suis très embêté pour toi. Tu peux très bien ne pas donner suite à tout ça, ne te crois surtout pas obligé ni tenu à quoi que ce soit, pense d'abord à toi et à ta famille. »

Je l'ai rassuré, mais il avait raison. Je ne me rends compte que maintenant de la façon délibérée dont nous nous sommes fait emballer sans concertation. J'étais plutôt séduit par ce que l'on attendait de moi, saisissant malgré tout, mais mal, que c'était jouer avec mon avenir, peut-être ma vie, pour une option valeureuse certes, qu'il ne fallait pas que je regrette par la suite. Mais est-on en mesure de faire un choix dans de telles circonstances ? Rien ne peut être pesé, l'élan prime tout. Où seraient les regrets, quoi qu'il arrive ? C'était la cause qui décidait, pas moi. La seule chose dont il m'était permis de douter, c'était d'être à la hauteur de la tâche. Le reste disparut vite de mes préoccupations. Ce jour-là, j'ai décidé de ma vie.

Restait le principal : c'était ça ou le lycée, et je ne pouvais pas le cacher à mon père et arrêter le lycée sans qu'il y consente. J'en parlai avec André. Il avait vingt ans, lui ; c'était un garçon calme, réfléchi, intelligent, travailleur et... pieux, beaucoup plus que moi. Pour lui aussi le problème se posait, et aucun de nous deux ne pouvait apporter de lumière à l'autre. Je décidai d'en parler à mon père lors de notre prochain rendez-vous de mardi.

Entre-temps, les Américains avaient débarqué en Afrique du Nord !

J'appréhendais terriblement l'entretien avec mon père que je retrouvais toujours avec beaucoup de bonheur. Il était rayonnant de satisfaction à la nouvelle du débarquement en Afrique du Nord et j'allais tout lui gâcher. Mon carnet d'octobre était désastreux, sauf en maths où, pour une fois et grâce à André, j'avais un 14. C'est ce 14 qui me sauva la mise, mais, pour les autres matières, mon père n'était pas dupe du laisser-aller.

« Tu ne joues pas le jeu, me dit-il, nous avions conclu un pacte et tu ne le respectes pas. Si tu trompes ma confiance, je ne peux pas compter sur toi, et tout est remis en question entre nous deux. »

Ce genre de propos me bouleversait. Je commençais par prendre un savon alors que j'espérais quitter mon père avec son approbation sur ce que j'avais de si important à lui demander. Je ne savais plus du tout comment lui présenter les choses. Le temps passait en réprimandes lorsqu'une alerte bloqua la rame de métro à la station Monge. L'ambiance se détendit grâce à cette diversion et, tout de go, sans aucun ménagement, j'ai vidé mon sac, lui racontant tout à voix basse.

Mon père n'était pas un homme fragile, il était capable de beaucoup encaisser, de comprendre et de se maîtriser. Ce qu'il fit. En revanche, rien ni personne n'aurait pu le faire changer d'avis lorsqu'il avait pris une décision et c'était ce que je craignais le plus, car un « non » aurait été sans appel, et je n'aurais rien entrepris sans son consentement. L'alerte durait et nous n'échangions plus un mot depuis un bon moment. Par peur de m'enfoncer un peu plus, je n'osais rien ajouter à ce que j'avais déjà lâché. Le hasard des places libres avait fait que nous étions assis l'un à côté de l'autre, ce qui m'évitait un face-à-face que mon père devait regretter car il aimait voir le regard de ses interlocuteurs. Pas moi en l'occurrence...

Au moins dix minutes passèrent, une éternité, lorsque, à ma stupéfaction et me mettant en proie à toutes les inquiétudes, il me redemanda mon carnet scolaire. Dans la case « correspondance », il écrivit : « À la suite de difficultés familiales imprévisibles, mon fils ne sera plus en mesure de poursuivre la fréquentation de votre établissement. Je vous prie de bien vouloir l'en excuser. » Il data et signa.

En me rendant mon carnet, il me dit :

« Maintenant, conduis-toi en homme. Quoi qu'il m'en coûte, ce que je fais, je le fais pour la France d'abord et pour toi ensuite. Ne vois plus ta mère ni tes sœurs qu'il faut protéger. Reste au Bon Conseil si tu le peux. D'ici notre prochain rendez-vous de vendredi, pense de ton côté aux possibilités futures de nous rencontrer si tu dois te déplacer. Sois prudent pour toi, pour les autres, et souviens-toi à chaque instant de ta vie de la confiance que je te témoigne. »

Je suis sûr qu'il avait les yeux embués, mais je ne le voyais pas. Je ne voulais pas le voir. Il se leva pour quitter le wagon toujours immobilisé. J'étais incapable de dire un mot. En passant devant moi pour sortir, il posa juste sa main sur mon épaule. Il fallait absolument que, très vite, je puisse pleurer.

Monge, c'est loin de l'avenue de Saxe, et bien que la fin d'alerte n'ait pas sonné je partis, marchant et courant, jusqu'au Bon Conseil pour m'affaler sur mon lit, secoué par les sanglots que je retenais depuis plus d'une heure. Je ne sais plus comment s'est passée la soirée, ni la nuit, mais je crois me souvenir m'être réveillé le lendemain matin tout habillé sur mon lit.

L'extraordinaire compréhension paternelle était indispensable mais, du même coup, elle engendrait des mesures à prendre auxquelles je n'avais pas tellement pensé... Il fallait que je m'organise dans cette nouvelle vie, que je mette de l'ordre dans ma tête, que je me construise différent.

Outre une grande chapelle au Bon Conseil, il y avait au premier étage, pas loin de ma chambre, un minuscule oratoire. J'aimais beaucoup cette toute petite pièce, intime, où l'on pouvait prier ou simplement penser, calme, isolé, proche du ciel. C'est là que je décidai d'aller réfléchir. Il ne s'y tenait que deux chaises, deux prie-Dieu et un petit tabernacle avec une faible lumière rouge. Par bonheur, à cette heure, il n'y avait personne d'autre que la petite ampoule et moi. Assis sur une des chaises, j'ai passé un long moment seul sans être dérangé. Il est faux de dire que j'étais seul, nous étions deux, Lui et moi, moi très près de Lui et Lui encore plus près de moi. Je n'ai pas récité de prière, j'ai bavardé longtemps avec

Lui, de tout, et, en le quittant, je m'étais organisé, Lui confiant ma destinée de surcroît. Il en disposerait comme bon Lui semblerait. Que cet oratoire m'aura manqué, plus tard, tout au long de ma vie !

Il ne m'était plus possible de rester dans ma chambre au Bon Conseil. Je ne pouvais en disposer qu'en tant que lycéen et parce que je menais une vie concordante : régularité des horaires, repas au réfectoire, présence aux offices, une vie normale en quelque sorte pour un garçon de mon âge dans ce milieu. Il fallait donc que je me loge ailleurs, dans une chambre indépendante, que je récupère mes cartes d'alimentation que détenait la cuisinière et que je trouve un motif acceptable pour quitter les lieux sans laisser d'adresse.

À l'époque, les concierges avaient un rôle déterminant pour ce qui était de l'anonymat et des allées et venues des habitants de leur immeuble. Leur comportement pouvait être salutaire ou catastrophique. Elles voyaient tout, savaient tout, parlaient beaucoup et étaient souvent questionnées par les polices sur la vie et les activités des résidents. Il était prudent de savoir de quel côté elles « penchaient » avant de s'installer et, une fois chose faite, il valait mieux être bien avec elles et le rester.

Jeanne résolut mon problème en me trouvant une chambre de bonne au septième étage dans un immeuble voisin de chez elle, rue d'Estrées. La concierge était, paraît-il, « du bon côté », mais la chambre du mauvais, en ce sens que c'était plutôt une mansarde. Une minuscule lucarne, pas d'électricité, pas d'eau, un matelas à même le sol, une table branlante et une chaise bancale. Un poste d'eau et les commodités, communs à l'étage, étaient au bout d'un couloir de vingt mètres. Le tout vétuste, sombre, sale et froid. L'immeuble, en revanche, était de très bon standing, mais le « social » n'étouffait pas les propriétaires du quartier. Je vivrais dans mon sac de couchage et mes affaires resteraient dans mon sac.

Il fallut quand même que je refasse une incursion au Bon Conseil, dans les locaux des scouts, pour m'approprier une lampe tempête avec deux litres de pétrole, un réchaud et une grande gamelle qui servirait à tout. Jeanne me présenta à la concierge, une forte et brave femme, veuve et aimable, qui ne posa aucune question. Elle vivait dans la loge avec sa fille d'une vingtaine d'années. Je ne sus jamais à qui appartenait cette mansarde, car je n'ai jamais payé de loyer. Seuls Jeanne et André surent où j'habitais. Je m'installai dans la solitude et l'anonymat et ni l'un ni l'autre ne m'incommodaient. J'entrais dans la Résistance comme on entre en religion et je croyais en la France comme l'on croit en Dieu.

Le vendredi, je racontai à mon père mon déménagement, enjolivant mon installation, les facilités que j'avais pour faire un peu de cuisine, la proximité d'André et de Jeanne dont il ne connaissait que les prénoms, et la sécurité de l'immeuble qui avait deux sorties, ce qui était exact. Il ne voulut pas connaître mon adresse. Comment aurait-il été informé s'il m'était arrivé quelque chose : maladie, accident, arrestation? Ne voulant pas, par sécurité, savoir où j'habitais, ne connaissant pas l'adresse d'André et Jeanne ni leur nom de famille, il n'avait aucun moyen de me joindre ni d'être tenu au courant de quoi que ce soit. C'était le prix à payer de la vie clandestine; mais pour un père et une mère, quelle source de soucis, d'inquiétude, d'angoisses d'avoir un enfant, si jeune – j'avais seize ans –, abandonné à lui-même, exposé à tous les risques de l'époque, provoquant le destin et vivant sous une fausse identité.

Il a fallu que je sois père moi-même pour que je prenne conscience de l'ampleur du sacrifice que mes parents acceptèrent. En aurais-je été capable? J'en doute. L'époque était différente, soit, seule la France comptait, mais l'épreuve était cruelle pour des parents. Fallait-il que le pays passe avant tout le reste pour en supporter autant!

Nous mîmes au point un nouveau système de rendez-vous, par téléphone, en passant par le canal du commissaire de police du VIIe arrondissement qui travaillait avec mon père. Ça marchait parfaitement, mais nos entretiens devinrent moins fréquents en raison de mes activités qui me conduisaient souvent hors de Paris. Mon père entretenait un contact téléphonique avec le commissaire de police. Celui-ci, malgré les risques, aidait et tentait de protéger selon ses moyens les gens traqués par les Allemands. Lors de la grande rafle du Vél d'Hiv de juillet 1942, il passerait la nuit, avec mon père, à alerter des familles juives.

Je n'avais pas un sou pour vivre, mais je racontais que j'étais entièrement pris en charge par le réseau alors qu'il ne pourvoyait qu'à mes frais de déplacement. Il fallut que, très vite, j'assume ma nourriture avec, en plus, un maximum d'apport pour le ravitaillement des équipages alliés hébergés un peu partout, chez qui les acceptait : particuliers, cliniques, couvents, hospices, asiles, dispensaires... En cela, des Français, des vrais, se montrèrent très courageux. En ont-ils été remerciés ?

Je me mis donc, la plus belle des causes oblige, à voler et à mentir sans aucun problème de conscience. Rapidement, je devins un spécialiste de la fauche de cartes d'alimentation, bons de vêtements et chaussures, etc., dans les centres de distribution et les différentes mairies de Paris. En outre, je volais des cachets officiels et des imprimés en blanc pour de faux papiers. J'ai même été obligé de voler une machine à écrire, indispensable, dans un hôtel occupé par des femmes soldats de l'armée allemande, celles que l'on appelait les « souris grises ».

En passant et repassant dix, vingt fois, devant cet ancien hôtel, proche de chez moi, je voyais chaque fois, dans ce qui était l'entrée, deux bureaux avec, sur chacun d'eux, une machine à écrire. L'entrée donnait sur une grande pièce servant, sans doute, de salon dont on observait l'intérieur par une grande baie vitrée donnant sur l'avenue où je circulais. Je ne voyais jamais personne, ni dans l'entrée ni dans le salon. C'était très tentant et ça me semblait trop facile. Les machines étaient de taille moyenne et relativement aisées à transporter. Il me fallait un grand sac en toile, qu'une fois de plus je me procurai au Bon Conseil.

Le jour J arriva. Je choisis l'heure du repas, pensant que ces femmes seraient dans les pièces de derrière pour déjeuner. Le tout était qu'aucune ne rentre dans l'hôtel au moment du vol. Je passe et repasse plusieurs fois. Personne. J'entre, déploie mon sac et, sans bruit, place la machine à l'intérieur. Elle est plus lourde que je ne le pensais mais se loge bien dans le sac que je jette sur mon épaule. Et c'est la fuite. Je marche doucement au début, puis j'accélère le pas. Rien ne se produit. Quinze minutes plus tard, la machine est dans ma piaule. C'est gagné.

Très vite, ma mansarde devint un atelier de faussaire où, tard le soir, je confectionnais des ensembles complets de faux : cartes d'identité, cartes de travail, cartes SNCF, laissez-passer, fiches de démobilisation, attestations de rapatriement et, bien sûr, cartes d'alimentation et de tabac, imitant assez parfaitement, selon les cas, la signature du fonctionnaire en titre. Tous les papiers ne pouvant être faits avec le même caractère de machine à écrire, il me fallut en voler une deuxième... puis une troisième !

Pour assumer mes frais quotidiens, je vendais tout simplement des cartes de pain, de matières grasses, des bons de chaussures à quelques familles aisées, hors du quartier. Ainsi, je vivais sans problèmes financiers. Puis les centres de distribution de cartes et de tickets devinrent beaucoup plus surveillés et spécialisés. Je dus en abandonner certains pour me rabattre sur d'autres. Le danger croissant, je me rendis compte qu'il me fallait un comparse pour faire diversion pendant que je m'emparais de la précieuse marchandise ; car, seul, je prenais beaucoup trop de risques, surtout dans les locaux des services administratifs, qu'ils fussent français ou allemands. Mais à qui faire confiance pour de telles expéditions ? Il me fallait quelqu'un de totalement sûr, discret, silencieux, un peu courageux et en même temps assez culotté pour attirer l'attention sur lui pendant le temps voulu pour que j'« opère ». Je ne voyais personne capable d'oser jouer ce jeu et se taire. Tous les garçons que je connaissais étaient soit trouillards, soit indifférents à toutes ces choses. En tout cas pas dignes de confiance. Ils poursuivaient leurs études, au calme. Le quartier ne s'y prêtait pas non plus : Saint-François-Xavier, c'était plutôt... maréchaliste, pour m'en tenir là !

C'est tout à fait fortuitement que je trouvai la perle rare en la personne de la fille de la concierge. Elle avait vingt ans, était très moche, mais faisait preuve d'un culot phénoménal, avec un physique que l'on ne remarquait pas. Je savais, par sa mère, qu'elle rêvait d'épouser un Américain. Le plus grand risque était qu'elle parle de ce que je voulais tenter de lui faire accomplir, et sa bêtise ne m'inspirait pas confiance. Il fallait que, vite, je la teste et prenne une décision à l'insu de sa mère de chez qui, oisive, elle ne décollait pas.

Un matin, par hasard, je la rencontre sur le trottoir, devant l'immeuble, alors qu'elle sort les poubelles et, en vitesse, je lui donne rendez-vous pour le soir même, à dix-sept heures, au café Le Villars, sans aucune explication. À quoi a-t-elle pu penser toute la journée à propos de ce rendez-vous ? Toujours est-il qu'à dix-sept heures, elle est là. Je la trouve aussi vilaine en la voyant arriver, mais ce n'est pas le problème, il me faut la juger sans délai et la convertir, si je la crois capable de m'aider.

Le risque est grand de l'associer à mon activité répréhensible et dangereuse de « terroriste » en la tenant dans l'ignorance de tout le reste. En premier lieu, qu'elle se taise sur tout ce qu'elle ferait, verrait, saurait, en particulier sur moi. Je ne me méprenais pas sur le péril, mais je n'avais pas le temps de me livrer à des consultations ; il fallait agir vite, ne me fier qu'à mon instinct, et ne pas me tromper.

Elle avait le physique de l'emploi, le culot et le bagou voulus. Alors, je jouai la carte des troupes américaines qui allaient nous délivrer et qu'il fallait, dès maintenant, aider en procurant à des groupes clandestins, qui les attendaient, les moyens de subsister dans le plus grand secret. Ce que je lui demandais était de la plus haute importance pour le succès de l'arrivée des Américains... Tout ça était hypocrite et sordidement intéressé, mais il le fallait pour la cause que je servais avec tant de conviction. Sa candeur ou sa bêtise, peut-être les deux, m'aidèrent : elle était partante et je pris le pari – un de plus !

Quitte à devoir tester ses capacités de comédienne un peu timbrée, nous mîmes aussitôt au point un scénario pour essayer de voler des passeports vierges à la préfecture de police. Les Allemands aimaient beaucoup les passeports, usagés de préférence, ça faisait sérieux, officiel. C'était un gros coup pour débuter, mais j'avais un besoin urgent de ces documents pour répondre à la demande pressante du réseau.

On se revit le lendemain après que, dans la journée, j'eus été repérer les lieux et imaginer les détails de l'opération. L'affaire était difficile. Il y avait beaucoup de monde, beaucoup de police, et les passeports étaient stockés dans un coffre entrebâillé, placé derrière un long comptoir où se trouvait une brochette de fonctionnaires. Il me fallait ces passeports et des tampons à tout prix.

Durant notre deuxième entrevue, nous réglons dans le détail notre entreprise. Elle se placerait devant le comptoir, à l'opposé du coffre, et mimerait une crise de nerfs en insultant tout le monde et en s'agitant comme une folle. Moi, je serais du côté du coffre près duquel un portillon permettait de passer derrière le comptoir. Notre opération aurait lieu le lendemain, jeudi, à quinze heures trente. Chacun irait de son côté et, en aucun cas, ne s'occuperait de l'autre. Retour comme on pourrait si on le pouvait. Rien ne paraissait l'inquiéter, ce qui m'inquiétait ! Je lui fis mille recommandations pour avant, pour pendant, pour après, en l'adjurant de ne surtout rien dire ni laisser imaginer à sa mère ni à personne, que le coup marche ou foire.

Son toupet, son audace, ses qualités de comédienne me sidérèrent. Elle fit un vrai scandale. Hurlant et se débattant, elle se mit à déchirer ses vêtements en insultant et menaçant tous les présents, ce qui eut pour effet d'en produire beaucoup plus que je n'osais l'espérer. Tant le personnel que le public et la police firent un cercle autour d'elle alors que deux agents cherchaient à la calmer en la maîtrisant. Elle hurlait en appelant au secours. Personne ne s'occupait plus de rien, hormis d'elle, complètement déchaînée.

Je bondis derrière le comptoir avec une musette pour y mettre mon larcin ; au passage, je pris une dizaine de tampons (fabuleux) sur une table et, en arrivant au coffre entrebâillé, je saisis deux grosses poignées de passeports : vingt-trois. Le tout ne dura que quelques secondes et personne ne vit rien. Profitant de la pagaille que Marie-Louise entretenait, je m'échappai et sautai dans le métro, le cœur battant la chamade. J'étais enchanté de mon coup, mais un peu inquiet du sort de mon acolyte qui devait se calmer maintenant.

Aussitôt revenu à l'immeuble, je montai mon trésor dans ma mansarde et redescendis faire un guet discret sur le trottoir en attendant le retour de mon associée.

À dix-huit heures, une voiture de police la déposa devant chez elle, sans même l'accompagner jusque chez sa mère, ce que je redoutais en les voyant arriver. Elle m'aperçut et, avant de rentrer chez elle, la police repartie, cette brave fille me dit :

« Ça a été ?

— Vous avez été parfaite, allez vous reposer.

— On recommencera, hein ?

— Bien sûr, pour aider les Américains. Rendez-vous samedi, à quinze heures, au Villars, et surtout pas un mot à personne. Bonsoir. »

Le soir même, j'entrepris la préparation des bains pour procéder au vieillissement des passeports neufs. Ça demandait trois jours, plus le séchage.

J'avais trouvé une folle hystérique merveilleuse. Ensemble, c'est fou ce que nous avons pu voler, mais ce premier coup resta le plus audacieux de tous. Après, elle continua à beaucoup m'aider pour les vols de cartes et papiers, un peu partout, mais sans que toutefois de tels simulacres de crise de folie fussent nécessaires. Un petit scandale suffisait la plupart du temps.

J'étais souvent absent, parfois plusieurs jours, quand il fallait collecter et convoyer en plusieurs étapes les équipages ramassés dans la campagne et provisoirement cachés par des gens à nous, surveillant le ciel à chaque passage d'escadrilles de bombardiers qui allaient et revenaient de mission. Ces garçons, qui tombaient des nues, il fallait d'abord et très vite les récupérer et les planquer, ce qui impliquait que les personnes chargées de cette première tâche soient proches dès qu'ils touchaient le sol, afin d'éviter que les Allemands, qui eux aussi scrutaient le ciel, n'arrivent les premiers.

Des parachutes qui s'échappent d'un bombardier en flammes, ça se repère facilement, surtout la nuit avec les projecteurs de DCA, et les Allemands se déplaçaient très rapidement, avec beaucoup de moyens. L'objectif était donc de multiplier les équipes de ramassage afin qu'elles n'aient que le minimum de chemin à parcourir pour être sur place les premières, ce qui n'était pas un travail sans d'énormes risques. La première cache, la plus courte possible, était très dangereuse pour les hôtes, car l'ennemi effectuait des battues pour retrouver les équipages qu'il avait vus sauter et qui avaient disparu. Les équipes de ramassage et ceux qui les camouflaient étaient très exposés et il y avait régulièrement beaucoup de victimes, déportées ou fusillées, parmi elles de nombreuses femmes, mais le cloisonnement évitait les arrestations en chaîne. Et il fallait très vite remplacer ceux qui disparaissaient, alors que le recrutement n'était pas aisé. Ça se comprend.

De chez ces gens très courageux qui acceptaient un maximum de périls, d'autres devaient rapidement intervenir pour éloigner les rescapés. Dès lors débutait une multitude de problèmes auxquels les équipages n'étaient absolument pas préparés malgré toutes les démarches faites par le réseau auprès des autorités aériennes alliées. Ces combattants n'imaginaient en rien ce que pouvait être un pays occupé, soumis à un régime policier draconien, où il n'y avait rien à manger, rien à fumer, rien pour s'habiller ni s'abriter en sécurité et où tout devait être couvert par le silence et l'extrême discrétion contre la délation et le danger omniprésent des polices franco-allemandes.

Aucune instruction, aucune information ne leur étaient données par leurs autorités ; c'est dire le mal que nous avions à leur faire accepter une vie clandestine et un régime de privations dont ils n'avaient pas conscience et contre lesquels souvent ils s'insurgeaient. Cette incompréhension était navrante, outre qu'elle créait de graves soucis dans certains cas. Ils ne se rendaient pas du tout compte de la montagne de problèmes qu'il fallait résoudre et de la quantité de dangers que nous courions. En outre, ils étaient grands, beaucoup plus grands que les Français ; or, quand ils étaient récupérés, ils étaient en tenue de vol, luxueuse, dont il fallait les débarrasser immédiatement, ce qui commençait par les indisposer. Leur fournir des vêtements civils à leur taille était une sacrée affaire. C'était la pénurie, et nous-mêmes avions du mal à trouver nos propres vêtements et chaussures. En plus, il faisait froid, très froid, tant dehors que dans les maisons.

Pendant plusieurs mois, j'assurai une partie du convoyage de ces militaires depuis leur deuxième cache jusqu'à Paris, puis de Paris vers la côte bretonne ou le Sud-Ouest. Je ne faisais jamais le trajet de bout en bout; un autre convoyeur les prenait en charge en cours de voyage, jamais dans la même gare. Mon âge me mettait, en partie, à l'abri des contrôles de police qui croissaient au fur et à mesure des déboires de l'armée allemande qui se multipliaient sur tous les fronts.

Lorsqu'ils étaient cachés dans Paris, je m'occupais, avec d'autres hommes et femmes, de leur nourriture et du tabac, essentiel pour ces garçons jeunes, enfermés quelquefois pendant des semaines, à plusieurs dans une seule pièce, sans qu'il soit possible de les informer du jour où ils pourraient partir pour rejoindre l'Angleterre ou l'AFN. Tout était difficile, aléatoire, et peu l'admettaient. Parallèlement à cette activité, je constituais leurs dossiers de faux papiers, et ça prenait beaucoup de temps, que je ne trouvais que la nuit, avec la seule lumière de la lampe tempête « empruntée » au Bon Conseil.

Ça n'allait plus, il me fallait une autre organisation, plus adaptée, pour faire du bon travail. Ma mansarde était devenue beaucoup trop petite, il y avait de tout partout; j'y avais froid aux mains et l'éclairage était insuffisant. Il fallait que je déménage, que je m'agrandisse et que je m'installe plus confortablement pour être meilleur.

C'était pendant que je cherchais à me réorganiser que Thibaut me demanda de ne m'axer que sur les faux papiers, où j'étais bon, et aussi sur la recherche de vêtements qui posait un problème crucial.

Jusqu'alors, je n'avais pas « tâté » de cette question qui était nouvelle pour moi. Où trouver des vêtements, chemises, chaussures, chaussettes, manteaux... de grande taille ? En tout état de cause, il faudrait les voler, mais où? Je me mis en chasse et... enquêtai. Très vite, j'abandonnai la piste des détaillants où les boutiques étaient presque vides et trop difficiles d'accès. Il fallait que je frappe chez les grossistes ou les fabricants, dans les ateliers de confection ou les usines. Et comment transporter tout ça? Où le cacher et comment le redistribuer ? Il ne fallait pas non plus que tous ces garçons soient habillés de la même façon, avec des costumes de tissus identiques, souvent ils se déplaçaient en petits groupes. Quel spectacle dans le métro ou dans le train... D'autant que la plupart avaient tellement l'air de ce qu'ils étaient. Nus, ils étaient signés *Made in USA* !

Je commençai mes recherches dans le quartier du Sentier, mais les lieux ne se prêtaient pas à des vols massifs, les boutiques étaient mal approvisionnées, contiguës, et il y avait trop de monde. Il fallait que je trouve plus important, plus industriel et plus isolé. Et puis, j'avais quelques scrupules à dévaliser des petits commerçants, même ceux qui avaient arbitrairement accaparé les fonds des juifs déportés. C'est la propagande pour le Secours national, organisme de Vichy, qui me procura l'idée d'abord, et la source ensuite.

Cette entreprise de « bienfaisance » collectait de tout pour une certaine catégorie de gens dont, en particulier, les prisonniers de guerre français rapatriés. On sut, très officiellement, mais plus tard, que les marchandises généreusement déposées étaient expédiées en Allemagne. Je ne le savais pas ; naturellement, je ne pensais pas que, sous couvert de charité, on se livrait à une telle escroquerie. Mais après tout, on « collaborait » !

Dans l'immédiat, il fallait que je découvre les endroits où était stockée toute cette camelote et que j'aille y traîner pour me faire une idée de ce qu'il y avait et de la façon dont c'était surveillé. Le meilleur moyen d'investigation était d'envoyer Marie-Louise offrir ses services au Secours national pour y glaner des informations. Avec son art consommé de la comédie et son air godiche, on lui ferait certainement confiance.

Et ça a marché. Elle se présenta à un centre de collecte, assez loin de chez elle, boulevard Beaumarchais, où on lui fit trier et emballer des effets divers qui étaient expédiés à deux dépôts, l'un à Levallois, l'autre à Pantin. Chaque mardi, un gros fourgon passait enlever la marchandise pour la porter aux dépôts où elle était nettoyée, retriée et entassée avant de prendre le train pour l'Allemagne.

Alors que Marie-Louise assurait momentanément son emploi bénévole, il me fallait localiser les lieux de stockage en suivant, à vélo, le fourgon jusqu'à Levallois et Pantin. Heureusement, le fourgon était vétuste et ne roulait pas vite, mais la route était longue.

D'office, j'éliminai le dépôt de Pantin qui se trouvait installé dans une caserne de gardes mobiles ! En revanche, celui de Levallois ne présentait que des avantages. Je passai une journée entière à en surveiller l'activité. De la marchandise arrivait de nombreux centres collecteurs, c'était une mine. Le bâtiment était isolé, il n'y avait pas de gardien de nuit et le dépôt donnait sur une voie ferrée d'où devaient être embarqués les stocks. Aucun service ni système de sécurité n'était en place, et le soir, à la fermeture, l'accès arrière ne présentait pas de difficulté du côté des voies. Il me fallait vite, maintenant, un moyen de transport et une cache où stocker la marchandise que je pensais pouvoir enlever sans trop de problèmes.

Je libérai Marie-Louise de son emploi, ayant besoin d'elle pour la suite. Un véhicule et une cache étaient mes deux impératifs, et là j'étais à sec. Je n'avais pas la moindre idée, ni pour l'un ni pour l'autre. Un véhicule, ça supposait un chauffeur avec un faux *Ausweis*, donc un type dans le coup. Et une cache : des gens complices, au courant, donc un danger. Ça me déplaisait, mais il fallait que je demande de l'assistance à Thibaut. Tout seul, je ne pouvais pas m'en sortir. Jeanne m'organisa un rendez-vous avec lui ; une fois au courant de mes embarras, il les résolut en deux jours. Le coup fut fixé pour la nuit du samedi au dimanche suivant.

Je serais sur place avec Marie-Louise vers vingt heures trente. Nous devions entrer dans les lieux et inventorier ce que nous voulions prendre, puis le véhicule accéderait par un quai le long des voies afin d'être là à vingt-deux heures. Il transporterait la marchandise jusqu'à Rambouillet, dans la grange d'une propriété connue de lui seul. Je fis un croquis d'accès pour le chauffeur, qui devait pénétrer beaucoup plus loin, près d'un pont enjambant les voies.

Le samedi soir, j'étais sur place à vingt heures quinze avec Marie-Louise et, sans autre obstacle que de faire sauter deux serrures, nous pénétrâmes dans les locaux. La caverne d'Ali Baba !

Il y avait de tout, même des conserves variées. C'était sidérant qu'en une telle période de pénurie tant de choses de première nécessité puissent être accumulées à des fins malhonnêtes, en abusant de la crédulité des gens. On ne s'intéressa qu'aux vêtements : chemises, pulls, chaussures, chaussettes, vestes, manteaux, etc. Tout était empaqueté par nature et par taille ! Très vite, notre choix fut fait ; on diversifia le plus possible les habits en prenant des complets, des salopettes, des vestons et pantalons dépareillés, tous de grande taille, des chemises, des chaussettes, des chaussures et un tas de canadiennes. Pour le compte, on ajouta un colis « sous-vêtements ». À vingt-deux heures, le fourgon arriva, conduit par un jeune gars qui nous aida à tout charger et, comme il restait un peu de place, on bourra avec quelques cartons de conserves. À vingt-trois heures, en plein couvre-feu, tout était terminé, et le fourgon prit la route avec des sauf-conduits bidon. Nous deux, il nous fallait rentrer à pied jusque dans le VIIe arrondissement, en se méfiant des patrouilles. À deux heures trente, nous étions arrivés, crevés, mais moi très heureux que tout se soit si bien passé jusqu'à son terme.

Le lundi, nous devions, avec Marie-Louise, faire une raz zia dans trois centres de distribution de cartes d'alimentation, et le mardi, je repartais dans l'Oise chercher un lot d'Américains à ramener à Paris dans quatre lieux d'hébergement. Ça ronflait et j'aimais ça. Le mercredi, je confectionnerais des passeports avec des photos que m'avait remises Thibaut.

La moisson fut bonne dans les centres de distribution : mes vols arrivaient à nourrir et à habiller cent trente jeunes hommes. Le réseau avait même une garde-robe en stock, ce qui n'était jamais arrivé. Marie-Louise était épatante dans son rôle de foldingue pour polariser l'attention pendant que j'opérais sans difficultés majeures. Notre numéro était très au point, des vrais «pros», à condition, chaque fois, de changer de centre, ce qui nous emmenait loin dans Paris et en banlieue.

Le lendemain, je repartis dans l'Oise prendre en charge dix Américains à ramener à Paris par le train et à distribuer, par le métro, à différentes stations où d'autres accompagnateurs les attendaient. Le dernier groupe de deux, je devais le piloter jusqu'à son lieu d'accueil, rue de Passy.

Ces garçons passaient des journées entières à jouer aux cartes, et il arrivait qu'ils s'engueulent et que l'un veuille sortir alors qu'il leur était formellement interdit de mettre le nez dehors. Ça créait des problèmes à leurs hôtes qui ne savaient que faire pour calmer ces gaillards ne parlant pas un mot de français. À l'aise dans une forteresse volante, ils l'étaient beaucoup moins cachés chez l'ennemi, ne saisissant rien du manque de tout, de la police qui veillait, de la délation que le bruit qu'ils faisaient rendait plus probable et angoissante. C'étaient de grands enfants capricieux et exigeants.

J'ai des souvenirs de déplacements en métro où j'étais en quelque sorte le berger d'une dizaine de rescapés américains, canadiens, australiens et autres qui, éloignés de moi par deux portes de wagon, ne me quittaient pas des yeux pour savoir ce qu'il fallait faire, où descendre, quelle correspondance prendre, par où sortir... Ces grands gars, qui sentaient l'étranger à plein nez, se tenaient dans les wagons aux mêmes poteaux que des soldats allemands qui ne les remarquaient même pas. Plusieurs fois quand même, j'ai eu des frayeurs. Soit que, soudain, certains se mettent à parler entre eux à haute voix, soit que la police allemande en civil (bien reconnaissable) monte dans le wagon.

Nous avions un code gestuel pour communiquer. Malgré toutes ces précautions, une fois j'ai perdu une de mes brebis qui n'avait pas remarqué que nous descendions du wagon. Heureusement, il eut l'intelligence de descendre à la station suivante et de m'y attendre.

Le plus dangereux pendant ces transports était un contrôle d'identité alors qu'ils étaient incapables de dire un mot de français ni de le comprendre. Il était convenu qu'en cas de coup dur, ils devaient laisser arrêter sans broncher ceux de leurs camarades qui avaient été repérés. Je n'ai pas connu cette tuile, mais d'autres l'ont vécue. En train, c'était pire, car les contrôles étaient très fréquents et beaucoup plus aisés pour les polices. On a déjà tout dit, écrit et mis en scène sur le sujet, romancé pour le public, il est donc superflu d'y revenir une fois de plus.

La seule chose qui me captivait était, à l'intérieur d'une chaîne, dont certains maillons lâchaient quelquefois dramatiquement, de prendre en charge ces hommes pour les mener à d'autres qui les conduisaient par étapes successives jusqu'à un passeur ou un bateau qui les ramenait en Angleterre reprendre le combat.

De 1940 à 1944, le réseau Comète, opérant en Belgique et en France, permit à plus de huit cents hommes d'équipage de retourner se battre. Cent douze résistants le payèrent de leur vie pour notre seul secteur d'activité.

À l'origine, il avait été créé pour faire évader les équipages des armées de l'air alliées. Or, par la suite, et surtout à partir de 1942, année de la gigantesque rafle du Vél d'Hiv, la vocation d'évasion du réseau s'étendit bien naturellement aux juifs traqués de toutes nationalités miraculeusement rescapés des rafles dont les Allemands se déchargeaient sur la police française assidue, coopérante, ignominieuse à l'excès. En effet, aucun Allemand ne participa à cette rafle du Vél d'Hiv, pas plus d'ailleurs qu'aux suivantes, à Lyon, Marseille et autres.

Imaginée par Bousquet et Legay, par complaisance envers l'occupant, elle fut exécutée uniquement par des Français : police, gardes mobiles, gendarmes, chauffeurs et autobus de la TCRP (devenue RATP), Milice et autres mouvements collaborationnistes. Quatre mille cinq cents infâmes. Même des femmes, sans doute épouses et mères de famille, prêtèrent main-forte à l'opération «Vent printanier». Quatre mille cinq cents pour arrêter treize mille cent cinquante-deux juifs dont quatre mille cent quinze enfants. Inimaginable, et pourtant!

Tous ces gens mirent du leur pour que l'affaire soit bouclée en deux nuits et que personne n'échappe à l'hécatombe. À peine une centaine de survivants, mais aucun enfant. Tout avait été méticuleusement, stratégiquement préparé : quartier par quartier, rue par rue, étage par étage, famille par famille, personnes âgées, infirmes, malades, femmes enceintes, enfants, bébés, tous sans distinction furent embarqués en pleine nuit. Nombre d'entre eux périrent sur place dans d'affreuses conditions et d'autres avant même d'arriver aux camps de Pithiviers et de Beaune-la-Rolande, proches d'Orléans. De là, ils furent expédiés à Drancy où, entassés, comprimés dans des wagons à bestiaux, ils partirent vers la Pologne, à Auschwitz où les miraculés du voyage étaient gazés à l'arrivée.

Un livre, si poignant et écœurant qu'il en est pénible à lire, *La Rafle du Vél d'Hiv*, de J.-F. Roussel (Éditions de Minuit, 1952), laisse pantois face à tant d'horreurs programmées. La honte et l'humiliation étouffent devant de tels crimes perpétrés par des individus de la même nationalité que soi. Qui pouvaient être ces créatures? Quelle dégradation, quel déshonneur, quelle indignité! Où sont-ils, que sont-ils devenus? Expient-ils?

Les problèmes que posaient ces pauvres gens terrorisés, aux familles éclatées, dont certains membres étaient déjà internés ou déportés, étaient les mêmes que ceux des équipages. Il fallait d'abord les héberger dans des caches, beaucoup plus difficiles encore à trouver que pour les aviateurs, car l'antisémitisme congénital des Français était exacerbé par la propagande nazie. Les protestants, silencieux, leurs œuvres religieuses et même leurs temples furent la planche de salut dans la majeure partie des cas. On ne sait pas assez combien ces « réformés » furent efficaces et modestes dans leur générosité qui reste entourée d'une infinie discrétion. Ce furent de vrais et grands chrétiens qui honorèrent leurs convictions avec foi, charité, humanisme et courage. Le patriotisme coule de source.

Opprobre aux autres qui n'ont rien compris et qui persistent. Il a fallu vivre ces moments tragiques pour se mettre à douter et ne jamais s'en remettre.

Donc, une fois cachés, ces éternels traqués devaient, pour certains, être rhabillés, tous nourris et munis de faux papiers avant de pouvoir être intégrés aux filières d'évasion. Aux lots de papiers habituels, de nouveaux, imprévus, s'ajoutèrent : faux certificats de baptême et médicaux.

En effet, les polices se livraient à de honteuses inspections corporelles afin de déterminer si un individu était circoncis ou non. Il fallut donc munir les intéressés d'un document, très antidaté, établi par un chirurgien qui attestait que l'intervention avait été faite pour des raisons médicales. Un certificat de baptême, d'une date antérieure à l'opération, devait accompagner le tout.

Plusieurs chirurgiens acceptèrent de fournir des certificats en blanc, dont en particulier le professeur Funck-Brentano qu'il me plaît de citer ici. Les certificats de baptême furent également délivrés, en grande partie, avec la complicité de Monseigneur Chevrot, curé de Saint-François-Xavier, et de son premier vicaire, le chanoine Barbotin. Tout n'était pas mauvais au royaume de Dieu ! Mais que de démarches supplémentaires et acrobatiques, que de temps passé et de complications qui s'ajoutaient au reste déjà si lourd.

La clientèle augmentait en se diversifiant, mais l'objectif restait le même : en faire évader le plus grand nombre possible, sans distinction. Quelle que soit l'indestructible détermination de chacun dans le réseau, la tâche devenait très lourde. La multitude et la variété des besoins ne faisaient qu'augmenter nos risques; les journées et les nuits ne suffisaient plus pour satisfaire aux exigences, nous étions tous surmenés.

Conscient de cet état de choses, Thibaut intervenait auprès de chacun de nous pour que notre fatigue n'altère pas notre prudence. Il songea un moment à nous imposer des jours de repos, mais abandonna vite cette idée irréaliste que le manque d'agents rendait impossible. Il fallait continuer sans relâche, sans beaucoup de moyens, en redoublant de vigilance.

Je circulais beaucoup dans Paris et en banlieue, pour apporter aux caches les faux papiers et cartes d'alimentation, là où André avait trouvé des refuges. Ces déplacements prenaient du temps qui me manquait pour travailler à la confection des documents et aux vols divers. On décida de me débarrasser de ces voyages auxquels André procéderait à ma place. Ce fut donc à lui que je remis les papiers et autres qu'il dispatchait un peu partout.

Cette nouvelle organisation ne présentait pas que des avantages, car André avait vingt-deux ans et était sous le coup de la menace du Service du travail obligatoire malgré son statut d'étudiant. Il cumulait de multiples risques, celui de son âge et celui de se rendre dans des lieux d'hébergement clandestins les poches pleines de faux.

Pour le transport des papiers et cartes, il réussit à se faire accompagner par une jeune fille de son âge, infirmière à la Croix-Rouge, en qui il avait toute confiance. Cette jeune personne, Suzanne, que j'aperçus à plusieurs reprises en sa compagnie lorsque je lui remettais les papiers, était en uniforme de la Croix-Rouge, ce qui lui conférait une certaine immunité aux yeux des polices. Jamais elle ne s'approchait des caches, qu'elle ignorait et où André se rendait seul. Elle ne servait qu'au transport, ce qui était déjà énorme, mais qui n'évita pas le pire. Ne sachant rien d'elle, je ne sus jamais ce qu'elle devint. Comme de tous les autres qui opéraient sous de fausses identités sans jamais se livrer à une quelconque entorse du secret de leurs occupations.

Au cours des mois, mes « talents » de faussaire et de voleur me firent affecter uniquement à la fabrication de faux papiers en tous genres. Ce que je n'avais pas, je me le procurais par morceaux dans une mairie, un commissariat, un ministère, un centre quelconque ou même une fois dans une *Kommandantur.*

C'est en sautant sur la plate-forme de l'autobus 92 que je me suis retrouvé à côté d'un garçon à peu près de mon âge. Nous nous mettons à bavarder, surtout lui. Soudain l'autobus stoppe, bloqué par le passage d'un détachement de soldats allemands.

« Regarde ces fumiers, me dit-il à voix basse. C'est quand même terrible de les regarder défiler quand on voudrait tous les voir crever.

— C'est vrai, t'as raison.

— Et le comble, c'est qu'en ce moment, mon boulot est de repeindre leurs bureaux dans une Kommandantur. Tu te rends compte ! Comment mon patron a-t-il pu accepter de faire un travail pareil ?

— Où elle est, cette Kommandantur ?

— Avenue Bosquet, dans les beaux quartiers. »

Une idée me traverse aussitôt l'esprit. Ce type pourrait peut-être m'aider. Il faut tout tenter. J'imagine qu'une Kommandantur est une caverne aux trésors où se trouvent tous les imprimés et tampons dont je rêve. Mais on n'entre pas dans une Kommandatur. Ou alors les mains menottées dans le dos.

« Y a-t-il un bistrot près de ton boulot ?

— Oui, le Select.

— Bon, demain on s'y retrouve vers dix-huit heures. Il faut qu'on se connaisse un peu plus.

— D'ac, je m'appelle François.

— Moi Pierre. Je descends ici. À demain. »

Le lendemain, il est à l'heure au rendez-vous. Toujours aussi bavard et sympathique. Je me décide à lui dire ce que je veux faire : entrer dans la Kommandantur pour y faucher des imprimés et des tampons.

« Mon pauvre Pierre, tu t'imagines bien que cette baraque est impénétrable. Nous-mêmes qui y travaillons régulièrement, nous avons des laissez-passer spéciaux et on est fouillés à l'entrée et à la sortie. Alors un gars inconnu, c'est impensable. Il y a deux sentinelles de chaque côté de la porte. Je veux bien t'aider, mais je ne vois pas comment.

— Comment êtes-vous approvisionnés en peinture ?

— C'est le patron qui livre la camelote avec sa bagnole. Il entre seulement dans le hall, dépose le matériel et nous, on descend le chercher.

— Il y a qui dans le hall d'entrée ?

— Deux types derrière une sorte de comptoir, avec des téléphones, des boutons de sonnerie d'alarme, des flingues et, oui, des papiers à portée de main. »

J'apprends que le patron livre sa marchandise le mardi vers neuf heures. J'imagine alors que vers onze heures une personne, moi en l'occurrence, pourrait tenter d'apporter un de ces bidons de peinture prétendument oublié à neuf heures. Ensuite...

François m'avoue que son père, communiste, combattant avec les francs-tireurs et partisans, peut m'aider. Il me propose de le rencontrer le lendemain. « Mon père pourra piquer un bidon chez mon patron. Il a l'habitude. »

Rendez-vous est pris le lundi suivant à dix-neuf heures au café Le Chien qui fume, boulevard Montparnasse. J'y arrive avant l'heure, pour surveiller les allées et venues. Tout est normal. À dix-neuf heures pile, je les vois s'approcher du café, un seau de peinture à la main.

« Bravo et merci !

— Si tu as besoin d'un autre coup de main, fais-le-moi savoir par François. »

Je tenterai donc le coup le mardi suivant. À onze heures, l'air indifférent, je me pointe à l'entrée de la Kommandantur, évidemment stoppé par les sentinelles. L'un d'eux me baragouine de l'allemand auquel je ne comprends rien. Je leur désigne mon seau en faisant de la main droite le geste de peindre un mur. L'une des sentinelles semble comprendre, rentre dans le bâtiment en me laissant à la garde de l'autre. En revenant, il me fait signe de le suivre à l'intérieur. Là, il y a deux Allemands derrière un comptoir étroit, des téléphones qui sonnent sans cesse, et toute une armurerie au mur. L'un d'eux prend le seau, le soupèse, le pose sur la table, le retourne, le passe à l'autre qui me le rend et m'indique d'un geste l'escalier. J'arrive dans la pièce que repeignent François et ses collègues. Tête dudit François, bouche bée, en me voyant !

Je dis bonjour à tous et reprends silencieusement l'escalier, jusqu'au hall d'entrée. Maintenant c'est tout ou rien. Mais rien, ça peut être l'exécution au Mont-Valérien.

Miraculeusement, l'un des deux Allemands est absent, l'autre parle au téléphone en me tournant le dos. Je m'approche du comptoir, allonge le bras et saisis quatre tampons et un paquet d'imprimés sans savoir ce que c'est. J'ouvre ma chemise en un éclair, glisse les papiers contre moi et fourre les tampons dans mes poches de pantalon. Je me sens en pleine irréalité et je m'engage vers la sortie. Les sentinelles m'arrêtent pour bien me regarder et je passe sans autre problème. Dehors, je m'applique à ne pas marcher trop vite et je vais attendre le bus. Il met une éternité à arriver, tandis que je ne quitte pas des yeux l'immense drapeau à croix gammée au-dessus de la Kommandantur.

Je n'ai jamais cherché à revoir François, que je trouvais imprudent et dangereux par ses bavardages inconscients, bien que ceux-ci m'aient rendu un grand service. Pourtant, moi aussi, de mon côté, j'accumulais les risques avec Marie-Louise. À trois reprises, les choses faillirent mal tourner mais, la chance aidant, on passa au travers de la stupide arrestation. On eut chaud quand même !

Il fallait sans plus tarder que je déménage, d'autant que j'en étais arrivé à un point tel que je préférais que Marie-Louise ne sache plus où j'habitais. J'avais besoin aussi de l'électricité pour fabriquer certains documents minutieux qui exigeaient l'emploi de la pyrogravure.

Je me réinstallai dans une chambre spacieuse, au sixième étage, rue de Rennes. Eau, gaz, électricité et même soleil à certaines heures. Loyer : vingt francs par mois, que je payais sans difficulté. Personne ne sut ma nouvelle adresse, même pas Jeanne ni André. C'était en 1943, l'année de la défaite allemande à Stalingrad, mais l'année la plus terrible, la plus cruelle pour la Résistance. Une extrême prudence était impérative. Mes affaires marchaient bien. Je travaillais, confortablement, des journées entières et une grande partie des nuits à fabriquer sans cesse des jeux de papiers qu'il fallait faire artificiellement vieillir

Les mois passaient lorsque, soudain, la malédiction s'abattit sur le réseau comme un cyclone. André fut arrêté, rue de Rome, en tombant dans une souricière tendue chez une dame d'un certain âge qui servait de boîte aux lettres depuis deux ans. J'y avais rendez-vous avec lui, les poches pleines de faux documents à lui remettre et, à quelques secondes près, je subissais le même sort. En arrivant tout près de l'immeuble, je le vis en ressortir, menotté, entre deux flics de la Gestapo. Déporté, André ne revint pas. Il venait d'être admis à sup aéro, malgré le temps qu'il consacrait à ses activités clandestines. Je fus atterré par l'arrestation de mon ami, qui avait eu lieu devant moi, sans que je puisse lui porter secours. Je pense qu'il vit que j'étais là, à quelques mètres de lui, impuissant, si ce n'était à donner l'alerte, ce que je fis immédiatement, le libérant de parler sous la torture sans condamner d'autres membres du réseau.

André fut l'un des premiers à tomber ; d'autres suivirent dans notre groupe, des gens que je côtoyais et que j'estimais sans beaucoup les connaître ; mais des personnes courageuses, obstinées, devenues des as de la lutte clandestine. Et ils partaient vers un destin cruel sans avoir pu goûter à leur victoire.

Thibaut me demanda de rompre sur-le-champ toute liaison et de ne conserver qu'une antenne avec « Marguerite », un médecin installé rue d'Alésia. Marguerite ne savait pas comment me contacter et, un après-midi, je décidai de tenter de le rencontrer à son cabinet.

J'étais encore plus prudent que d'habitude, un sale temps soufflait sur nous tous, les arrestations se multipliaient, les Allemands et leurs auxiliaires zélés étaient pires que jamais en raison des échecs militaires qu'enfin ils essuyaient, partout.

Un mardi, jour où « Marguerite » consultait sans rendez-vous, j'allai me poster devant chez lui, en surveillant son immeuble qui se reflétait dans la vitrine d'un droguiste juste en face. Rien de particulier n'attirait mon attention. Quelques voitures banales stationnaient, tout était calme et j'attendais, toujours un peu plus longtemps, avant de me décider à monter chez le médecin, lorsque le droguiste, en blouse grise, s'approcha de moi et me dit :

« Reste pas là, mon p'tit gars, y a deux bagnoles de la Gestapo qui attendent depuis une heure, juste à côté, derrière toi. »

Ah, le brave type ! J'ai remercié ce sauveur et j'ai filé. Sans lui, j'étais cuit.

Je redonnai l'alerte pour Marguerite, mais je n'avais plus aucun contact. Je n'osais même plus joindre Jeanne après ce qui était arrivé à son frère ; elle était peut-être filée ou cachée, si elle n'avait pas été arrêtée. Certainement désespérée pour André.

Les choses n'allaient plus du tout, le danger était omniprésent. Les Allemands mettaient le paquet, considérablement aidés et conseillés par la Milice, le Parti populaire français, le Rassemblement national populaire, le Mouvement social-révolutionnaire et autres salopards qui s'infiltraient dans les réseaux pour les livrer à l'occupant. Par leur nombre et leur facilité de pénétration, ces renégats étaient pires que les Allemands. Il y avait à l'époque vingt fois plus de traîtres français qui étaient membres de la Gestapo que d'Allemands qui y servaient[1]. Et pour du fric, ces salauds n'hésitaient pas à livrer leurs compatriotes à l'occupant, se chargeant même de les torturer avec le maximum de raffinement pour obtenir d'autres noms et encore plus de fric et de privilèges dispensés par l'ennemi.

Je me réjouissais d'avoir déménagé à temps ; personne ne connaissait ma nouvelle adresse où je me réfugiais pour faire le point et remettre un peu d'ordre dans ma tête. Que devais-je faire et surtout ne pas faire ?

Toutes mes réflexions me ramenaient à Jeanne, la seule par qui je pouvais espérer joindre Thibaut, s'il en était encore temps. Tout d'un coup, je me sentais terriblement seul, isolé, perdu. Il fallait que je m'accroche, mais surtout que je ne commette aucun faux pas ; les mailles du filet étaient très fines, les polices draguaient en permanence et la trahison battait son plein.

N'ayant plus aucun autre moyen de renouer, je finis par me décider à tenter de rencontrer Jeanne, sans beaucoup d'espoir de succès, mais avec une infinie prudence.

1. Source : Jacques Delarue, *Histoire de la Gestapo*, Fayard, 1962.

Il me fallut deux longues journées de planque à surveiller son immeuble avant de la voir enfin en sortir. Elle était encore libre ! Je la suivis de loin en contrôlant qu'elle-même n'était pas suivie et moi non plus. N'apercevant rien de suspect, j'accélérai le pas pour me rapprocher d'elle jusqu'à pouvoir lui parler.

« Ne cessez pas de marcher, Jeanne, et surtout ne vous retournez pas. »

Elle sursauta un peu mais ne fit aucun impair.

« Je suis l'ami d'André et je n'ai plus aucun contact. Si vous le pouvez, dites à Gilbert que je lui donne rendez-vous dans deux jours, vendredi 17, à quinze heures trente, au métro Pasteur. »

Et je m'éclipsai.

C'était ma dernière chance, mais avait-elle encore le moyen de communiquer avec Thibaut ? Et où était Thibaut ? Sûrement plus chez lui.

Pendant ces deux jours, et comme par prémonition, je rangeai avec précaution tout mon matériel dans des cartons, démontai ce qui pouvait l'être et plaçai le tout dans deux grosses valises récupérées au Bon Conseil. Il y avait là de quoi se faire fusiller vingt fois et, préalablement, bien torturer. Je n'y pensais même pas, obsédé par l'arrestation d'André et ce qu'il devait subir.

Le vendredi venu, j'étais une heure à l'avance sur les lieux de mon rendez-vous pour bien observer ce qui s'y passait, qui était stationné, qui y circulait, tout mémoriser, tout suspecter. Et surtout voir arriver Thibaut. Je me dissimulais le mieux possible dans les encoignures des portes cochères de chaque côté du boulevard et j'attendais sans grand espoir lorsque je l'aperçus. Quel soulagement de le voir encore libre.

Il avait quinze minutes d'avance pour faire la même chose que moi. Je le laissai observer en regardant si on l'observait. À quinze heures juste, je m'arrangeai pour le croiser et, m'ayant vu, sans le montrer, il descendit dans le métro, moi derrière lui. Rien d'anormal ne se passa. Le quai, à cette heure-là, était presque désert. Nous montâmes dans un wagon de première classe, où il y avait le plus d'officiers allemands, pour donner le change.

On parla debout, pendant cinq ou six stations. Thibaut avait les traits tirés, le visage fatigué, mauvaise mine. Il me dit que le réseau était très affaibli par de nombreuses arrestations dans tous nos secteurs d'activité et que de graves problèmes se posaient pour les équipages hébergés en attente de pouvoir partir, beaucoup d'accompagnateurs ayant disparu. Néanmoins, Thibaut me conseilla fermement de partir sans délai par une des filières que je connaissais bien et que nous utilisions pour les alliés, via l'Espagne. Il me remercia pour mon travail et me donna rendez-vous pour après la victoire. On se quitta avec seulement un regard. Je ne pensais pas le revoir un jour. Il était triste : son cousin avait été arrêté, beaucoup de ses agents aussi ; pour son réseau, c'était la mort lente. Moi, je devais disparaître, abandonnant tous les autres en plein désarroi et j'avais l'impression de les trahir en les quittant à un tel moment.

Comme il n'y avait personne pour me remplacer dans la fabrication des faux papiers et que le matériel était trop dangereux à transporter ou à conserver en attente, il fallait en faire quelque chose pour le rendre inoffensif. Tout était dans les valises, bien rangé, mais devenu inutilisable.

Le soir même, je décidai que dès le lendemain je porterais les valises au Bon Conseil où je connaissais une cachette dont je devais être le seul à savoir l'existence, avec l'architecte de la chapelle, mort depuis bien longtemps. J'irais pour sept heures quarante-cinq, à l'heure où tous sont à la messe. Seules les machines à écrire resteraient dans ma chambre pour le locataire suivant. Après cette expédition, je téléphonerais à mon père pour le rencontrer rapidement.

Le lendemain, à sept heures, je quittai ma chambre avec les lourdes valises en remontant la rue de Rennes vers la gare Montparnasse. C'était logique : je pouvais aller prendre le train. Une fois à la gare, je descendis le boulevard Montparnasse, comme si j'arrivais de voyage, et à sept heures trente, j'étais au Bon Conseil. Il fallait que j'attende un peu que la messe soit commencée pour entrer dans les lieux et, à sept heures quarante-cinq, sans avoir croisé personne, je montai au deuxième étage.

De là, par une trappe dans le plafond, on pouvait atteindre une sorte de couloir bas et étroit qui conduisait à une porte dérobée donnant accès à la face supérieure de la voûte de la chapelle. Je connaissais ce coin pour avoir toujours aimé traîner là où c'était interdit. En dessous, c'était la messe.

J'attendis huit heures, huit heures dix, que l'office soit terminé, car si je faisais le moindre bruit avec mes valises encombrantes, tout était compromis. Je n'avais aucun scrupule à cacher ce matériel au Bon Conseil, d'autant que le nouveau directeur, qui remplaçait l'abbé Derry, décapité, était un aumônier de la Marine, le père Tardy, épouvantable vichyssois, qui se trimbalait avec la francisque de Pétain sur sa soutane. J'étais même assez content de mon coup ! Il officierait dorénavant sous du matériel de faussaire gaulliste.

La messe terminée, en rampant dans la poussière et les toiles d'araignées, en équilibre sur des poutres étroites, avec la toiture juste au ras de la tête, j'ai trouvé un endroit parfait, dans un angle, où mes valises seraient bien camouflées et à l'abri de l'humidité. (Je ne sais pas pourquoi ce problème d'humidité me préoccupait, comme si je devais être appelé à me resservir de tout ça.)

Deux ans après, je suis allé rechercher ces valises et leur trésor, tout était intact, et je l'ai offert au musée de la Résistance, à Lyon. Son contenu est exposé avec une plaque :

« Matériel de faussaire utilisé en 1942 et 1943, offert par le réseau Comète en mémoire de ses disparus. »

En sortant de la cache, j'étais couvert de poussière et de toiles d'araignées : il fallait absolument que je repasse par une chambre pour me nettoyer. Comme les pensionnaires étaient tous partis au lycée ou ailleurs, j'ai profité de l'une d'elles pour me remettre en état et brosser mes vêtements avant d'aller téléphoner à mon père.

Par un hasard inespéré, le commissaire, à qui j'avais donné la phrase code, me répondit :

« Ne t'inquiète pas, je te le passe. »

Mon père était là. Qu'y faisait-il ? Mais plus rien ne me surprenait à la vitesse où les événements se déroulaient. On décida de déjeuner ensemble dans un petit bistrot de l'avenue du Maine. Nous ne nous étions pas vus ni donné de nouvelles depuis trois semaines.

Cette fois, je ne lui cachai rien et, pendant un long moment, je lui racontai tout dans le détail. La famille allait bien, ma mère s'inquiétait de moi, mon père aussi, mais il le cachait, et ma petite sœur me réclamait. Nous nous aimions déjà beaucoup, France et moi, et ne pas la voir me coûtait énormément. Une fois de plus, cet homme admirable comprit et m'encouragea même à partir rejoindre les Forces françaises libres. Il accepta que je revoie ma mère, très courageuse, mes deux sœurs et ma grand-mère.

L'évasion

Le surlendemain, je pris le train à Austerlitz pour Toulouse, abandonnant les miens et le réseau dans la détresse. Reverrais-je un jour un seul d'entre eux ? Ma part de combat dans l'ombre et l'anxiété était terminée. J'avais dix-sept ans et je venais de passer quatorze mois de ma vie dans cette action exaltante.

Ce départ fut un loupé qui aurait pu mal se terminer. Arrivé en gare de Toulouse et alors que je me dirigeais, avec nombre d'autres personnes, vers la sortie, trois flics allemands en civil m'arrêtèrent pour un contrôle d'identité. Pourquoi moi et de façon aussi délibérée ?

J'avais quitté Paris sous une fausse identité, mais avec une vraie fausse carte pour mettre ma famille à l'abri au cas où je serais arrêté, comme ce fut le cas. La vraie fausse carte devrait plutôt s'appeler la fausse carte d'une vraie identité. Elle est très rare, car très difficile à détenir du fait qu'elle nécessite la complicité active d'un employé de l'état civil et d'une mairie et, conjointement, celle d'un autre employé du service des cartes d'identité d'une préfecture. En fait, rien n'est faux dans le document, sauf son titulaire. La ruse consiste à ne pas authentifier un décès sur les registres de l'état civil et de donner à un autre l'identité du disparu. C'est très risqué pour les fonctionnaires, mais en béton pour le titulaire de la carte.

Naturellement, il faut que les dates de naissance coïncident à peu près avec l'âge véritable du porteur.

Toujours est-il que ma gueule ne devait pas revenir à ces trois sbires qui, en me confisquant ma carte, m'incitèrent à les suivre jusqu'à leur voiture, une inévitable traction avant noire. Deux devant, moi derrière avec le troisième. On partit je ne sais où, n'ayant auparavant jamais mis les pieds à Toulouse et n'y étant pas retourné depuis.

Le voyage dura une quinzaine de minutes pendant lesquelles je n'arrivais pas comprendre pourquoi ces types m'avaient arrêté, comme s'ils m'attendaient, sans poser de questions, sans me fouiller. J'étais déconcerté car rien, sauf une trahison, ne pouvait expliquer l'affaire. Avec le temps, je pense qu'il ne s'agissait que d'une erreur de personne, car la trahison était impossible et, à la façon dont on m'arrêta, seul et sans hésitation, ils devaient attendre quelqu'un de particulier répondant à mon signalement. Mais pourquoi ne pas m'avoir passé les menottes ? Tout ça était bien curieux.

Aucune parole ne fut échangée pendant le trajet au cours duquel le passager de devant descendit, sur une grande place au centre de laquelle il y avait une statue. La voiture continua encore à circuler en ville pour arriver, dans une petite rue, à un bâtiment de taille moyenne, au fond d'une cour. Ça ressemblait à une école. Il était dix heures quinze.

La voiture se rangea dans la cour, devant la porte centrale de la maison qui n'avait qu'un étage. On pénétra tous les trois dans une grande pièce que meublaient juste quelques chaises. Face à la porte d'entrée, dans le mur opposé, étaient deux fenêtres qui donnaient sur un jardin clos de murs. Je n'avais pas peur, j'étais plutôt terriblement déçu et furieux. Sans un mot, on me désigna une chaise et tout se passa très, très vite.

Les deux flics me laissèrent seul avec mon sac et passèrent par une porte à double battant dans une autre pièce, qui était un bureau que j'entrevis. Par quelle aberration ces deux types me laissèrent-ils là, seul, sans surveillance, sans menottes, en refermant la porte derrière eux? Et quelle impulsion irréfléchie me fit jaillir de ma chaise en empoignant mon sac, ouvrir une fenêtre, sauter dans le jardin que je traversai comme une fusée, jeter mon sac par-dessus le mur du fond, grimper, sauter, et retomber sur une large avenue où passait un tramway que j'attrapai à la course? Le tout ne dura pas une minute.

Je n'eus pas de nouvelles de mes hôtes un peu négligents, mais mon départ était foutu. Il fallait tout recommencer, regagner Paris incognito pour avoir une autre filière d'évasion, et je n'avais plus de carte d'identité. Si cette aventure m'était arrivée avec mes vrais papiers, ç'aurait été la catastrophe pour toute ma famille.

Je ne pouvais plus utiliser le train. Seule la route était envisageable, et... avec prudence. Le tram avait pour terminus un stade. J'allai jusqu'au bout de la ligne pour ramener un peu de calme dans ma tête et faire le point de la situation qui n'était pas brillante. Je ne crois pas avoir pris le temps de penser à ce que je venais de vivre tant j'étais désolé d'être obligé de rentrer pour repartir autrement.

C'est seulement bien après que je pris conscience de ce qui venait de m'arriver et qui aurait pu être tragique. J'eus peur rétrospectivement. Très peur.

Ma première démarche fut d'entrer dans un bistrot pour prendre un faux café. Le patron, un gros type désagréable, accepta quand même de m'indiquer où se trouvait la gare routière. À l'opposé! Il fallait passer en centre-ville et changer de tram. Le déplacement était long et je n'arrivai à la gare routière qu'en fin de matinée, à l'heure où les camions étaient partis depuis belle lurette. Seuls quelques chauffeurs déjeunaient dans un bâtiment en planches qui faisait office de resto-cantine.

Dans la salle, les regards se posèrent sur moi sans que s'interrompent les conversations d'une douzaine de gros hommes affalés sur les tables. Un grand gars au visage sympa et qui devait faire office de gérant s'approcha de moi d'une démarche dégingandée avec un sourire avenant. Je ne devais pas être très frais : la nuit passée dans le train sans dormir, l'aventure qui venait de se produire, la faim, la déception ne jouaient pas en ma faveur. J'avais envie de manger et de dormir, mais surtout de trouver une place dans un camion pour Paris.

« J'm'appelle René, t'as pas bouffé, pas dormi, t'as pas de ronds, pas de tickets d'alimentation, et tu veux tout ! »

C'était presque ça, avec en plus un camion pour rentrer.

Il y a parfois des choses bien futiles dont on conserve le souvenir sans véritable raison. Ce fut le cas de la potée aux lentilles et de la gentillesse avec laquelle cet inconnu s'est occupé de moi ce jour-là où j'étais si seul.

Pendant que je dévorais, il est venu s'asseoir près de moi pour bavarder. J'avais un grand besoin de chaleur humaine. Il a su, dans son jargon de titi, m'apporter ce que j'attendais ; il a comblé ma solitude. Restauré, j'allais mieux, un abominable café fit le reste et je lui confiai mon problème de retour comme passager clandestin dans un camion.

« Tu vas devoir sans doute attendre un peu avant de trouver un gars sérieux qui accepte de t'embarquer. J'vais m'en occuper, j'les connais tous, et tous ne sont pas bons. En attendant, va roupiller à côté, dans la salle de billard, allonge-toi sur une banquette, j'te réveillerai pour la soupe. T'as les chiottes au fond, la porte à gauche. »

J'avais trouvé un copain dont je ne songeais même pas à me méfier. La salle était sombre et puait. La banquette en moleskine collait de crasse et, par endroits, des ressorts dépassaient comme des serpents. En quelques secondes, je m'endormis, la tête sur mon sac et mon fric dans mon slip.

Vers dix-huit heures, René me secoua gentiment pour me réveiller. Il faisait nuit noire dans la pièce.

« Debout, mon vieux, viens bouffer, tu te tires dans une heure avec Polo. »

Il ne faut jamais poser de questions dans ces cas-là. Je passai par les toilettes (sans commentaire) et René me servit une soupe épaisse et un morceau de fromage au plâtre. Pendant mon passage aux toilettes, j'avais préparé un billet, un seul, pour régler ce que je devais à ce brave René. Pour la suite, avec Polo, je m'arrangerais le moment venu. D'ailleurs, il n'était pas encore là.

Vers dix-neuf heures, Polo arriva. Je pense qu'il devait peser cent vingt ou cent trente kilos, le crâne rasé et le nez cassé, c'était Chéri-Bibi ! Le temps était froid et il arrivait du dehors en maillot de peau d'où partout s'échappaient des poils. Impressionnant le gaillard, des bras et des mains de tueur, un cou de taureau et de multiples tatouages.

« C'est lui », dit René en me désignant d'un mouvement de tête.

L'autre me regarda à peine.

René m'avait parlé de la difficulté de trouver un type sérieux, mais j'avais quelques appréhensions sur son choix. Sans un mot, appuyé sur le comptoir, Polo buvait un vin chaud en reniflant. Je le regardais sans trop le lui montrer. Son oreille droite avait pratiquement disparu, une cicatrice lui barrait la joue et je ne voyais pas le côté gauche ! René préparait des casse-croûte pour le voyage ; je lui réglai mes repas en le remerciant de sa gentillesse et le quittai en suivant Polo vers l'inconnu.

Son camion roulait naturellement au gazogène, c'était un gros Berliet avec une semi-remorque bâchée. Le moteur tournait. On s'arrêta près de la cabine et, enfin, il se décida à parler. Sa voix contrastait avec son physique, elle était douce, calme, presque aimable.

Son propos concernait le risque qu'il prenait à me camoufler dans sa remorque et je compris bien que nous allions parler d'argent. J'étais en mauvaise position pour discuter ; aussi, je lui annonçai la somme dont je disposais pour le dédommager du danger qu'il courait, et moi avec lui. Je craignais d'avoir tapé un peu bas, mais sa seule réponse fut :

« On va préparer ta planque, tu ne bougeras pas pendant tout le voyage. T'as un casse-croûte, deux litres d'eau, si tout va bien on sera à Paris dans la nuit prochaine. T'occupe pas des arrêts. Pisse là où tu seras. Pour le reste, pareil. »

Il débâcha l'avant de la remorque, qui était pleine de pièces mécaniques, en caisses. En grimpant sur le chargement, il déplaça, avec une force herculéenne, une vingtaine de caisses pour faire une cache à même le plancher de la remorque où il me fit m'installer. Avec sa rare puissance, il replaça au-dessus de moi les caisses en utilisant de solides madriers pour soutenir celles qui me recouvraient. J'étais sous quatre épaisseurs de caisses et autant de chaque côté, complètement emprisonné. Au début, ma cache me parut assez spacieuse, mais je ne pensais pas devoir y rester plus de vingt heures !

Le sol était fait de plaques de tôle avec de grosses soudures et l'air, qui arrivait difficilement jusqu'à moi, était empuanti par l'odeur de graisse des pièces mécaniques qui m'entouraient.

À chaque cahot, les pièces bougeaient dans les caisses et je rebondissais sur la tôle du plancher. Je ne pouvais pas m'asseoir, c'était trop bas, et devais donc rester allongé sur le dos ou sur les côtés, toujours affreusement mal. Il y eut des arrêts qui n'en finissaient pas : des contrôles de police ? Et puis d'autres arrêts où j'entendais Polo recharger son gazogène de charbon de bois.

Dieu que cette route fut longue et pénible. Tout mon corps était douloureux et meurtri. Pas une seconde, je ne pus dormir ou simplement me reposer. Le noir intense m'empêchait de lire l'heure, je n'avais aucun repère et ne songeais qu'à pouvoir m'asseoir et à arriver.

Comme toute chose, ce voyage eut une fin : à Gentilly, dans un hangar. Polo dégagea ma prison, il faisait complètement noir et je voulus me lever pour sortir au plus vite de cette cellule. Impossible de me tenir debout, j'avais mal partout et ma tête tournait. Alors, comme si je n'avais rien pesé, Polo me saisit sous les bras et m'installa sur le dessus du chargement, à l'air, assis, les jambes pendantes, sans un mot. Où étions-nous ? Était-ce vraiment la fin ?

Un coup d'un très mauvais alcool me fit du bien. Il fallait absolument que je tienne debout et que je marche. Dans ses bras, Polo me descendit sur le sol où je titubais, obligé de m'appuyer contre la remorque sur laquelle il replaçait les caisses comme si de rien n'avait été. Une fois les choses remises en état et tout rebâché, il me dit de ne faire aucun bruit, d'attendre ici, dans un coin, l'heure du premier métro. Lui devait aller livrer sa marchandise.

Je comprenais mal tout ça, il me dit « salut » et repartit avec son camion alors que j'étais toujours un peu inconscient et très mal sur mes jambes. Je me forçai à marcher dans ce hangar vide et sinistre en attendant que le premier métro prenne son service. Il était cinq heures et il me fallut plus d'une heure pour me rendre compte que Polo m'avait raconté des âneries : il était maintenant six heures, mais six heures du soir ! J'étais mieux, j'allais pouvoir sortir et prendre le métro sans attendre. Il faisait nuit et froid. Je rêvais d'aspirine. N'ayant pas de choix d'hébergement, je décidai d'aller, une fois de plus, me réfugier au Bon Conseil où je trouverais bien un lit et de quoi me laver.

Je ne repris aucun contact avec ma famille, uniquement préoccupé par la nécessité de renouer avec Thibaut si la chose était toujours possible. Encore grâce à Jeanne, je pus le rencontrer dès le surlendemain de mon retour. Il me fallait d'urgence une nouvelle vraie fausse carte d'identité et aussi une autre filière d'évasion.

Les vrais faux papiers demandèrent seulement quatre jours, et aussitôt en leur possession je repris le train pour Urt, avec correspondance à Bayonne. Je ne connaissais pas cette filière d'évasion, bien qu'elle soit utilisée depuis trois ans par le réseau sans avoir jamais posé de problème. Il était dangereux de prendre un billet de train pour Bayonne, en zone interdite, surtout un aller simple. Lors de mon premier départ raté, j'avais passé quatre heures dans le hall de la gare d'Austerlitz à attendre un moment où il n'y avait personne au guichet ni aucun « traînard » qui, mine de rien, lise un journal à proximité pour entendre la destination demandée, histoire de s'informer du but du voyage. Je n'avais qu'une confiance limitée dans le guichetier qui, sous prétexte de se procurer un renseignement quelconque, pouvait prévenir un comparse derrière. Ce genre de combine pouvait très rapidement vous conduire en Allemagne après quelques séances de questions musclées. On vivait en confiance !

Vacciné par mon récent échec, je voulais me garantir contre ce genre de piège et je fis prendre mon billet pour Bayonne par « la copine d'un copain » qui travaillait au Service social des cheminots du Sud-Ouest. Fervente communiste, comme mon copain ; je ne risquais rien avec eux. C'étaient des purs.

Une fois arrivé à Bayonne, je me débrouillerais pour avoir un autre billet pour Urt ou... pas de billet du tout. Je ne savais même pas où était Urt, je n'avais pas de carte Michelin et je ne voulais pas m'en procurer. Restait un problème d'argent pour le passeur, qui ne prenait pas de risques pour rien.

J'avais sérieusement écorné mon capital avec mon précédent billet de train et Polo. Pas question d'en demander à mon père, qui me croyait parti et qui avait déjà participé aux frais de mon premier voyage avec le peu de moyens dont il disposait pour nous tous. J'en parlai à Thibaut alors qu'il me donnait toutes les indications sur le fonctionnement de la filière : lieux de rendez-vous, signes de reconnaissance, etc. J'appris alors que le passeur demandait mille francs et qu'il ne fallait surtout pas les remettre au premier contact, ni au deuxième, mais au troisième, celui qui faisait passer la frontière effectivement et accompagnait en Espagne pendant quelques kilomètres.

Le premier n'était qu'un « contact » que je retrouverais aux environs d'Urt. Il me conduirait jusqu'à un second qui me remettrait entre les mains d'un troisième qui, lui, ne me quitterait plus jusqu'en Espagne. Après, ils s'arrangeraient entre eux. Ça faisait beaucoup de monde, mais ça marchait depuis trois ans. Sans problème.

Thibaut me donna les mille francs et aussi soixante dollars à convertir en Espagne pour me secourir si besoin était. Jeanne cacha dans les épaulettes de ma veste les billets américains qui m'aidèrent par la suite.

Cet argent était celui du réseau et je m'engageai à le rembourser à mon retour. Si retour il y avait ! Les circonstances me permirent de le faire et la somme fut reversée en 1945 au Comité national de la Résistance qui édifiait un mémorial au Mont-Valérien. Jamais je ne revis Thibaut, ni Jeanne, ni les autres. Tous disparus.

Je repris donc le train avec peu de bagages et une lettre « bidon » d'un pseudo-organisme social de la police qui m'envoyait, comme moniteur de jeunes, dans un centre de vacances proche de Bayonne.

La lettre était très belle, mais c'était léger. Elle permettait, éventuellement, de justifier ma présence dans le train sans trop fouiller plus loin. Je n'eus qu'un seul contrôle en gare de Bordeaux, sans problème : ma lettre remplit son office. Elle avait plusieurs tampons et les Allemands étaient très sensibles aux marques d'authenticité, même fausses. Ces gens avaient peu de points faibles, mais ils étaient tellement respectueux de l'ordre, de la discipline, de l'autorité, de tout ce qui pouvait être officiel, que les moindres papiers à caractère légal leur faisaient admettre des choses insensées que personne d'autre n'aurait avalées.

Arrivé à Bayonne avec plus de trois heures de retard, interdiction de descendre des wagons. Le train était bloqué en gare pour un contrôle de police annoncé par haut-parleurs. Ça, c'était plus embêtant, en limite de zone interdite la police fourmillait. Fallait-il attendre et resservir la lettre ou se débiner au plus vite pour éviter un contrôle beaucoup plus pointu qu'à Bordeaux ?

Urt était desservi par une Micheline âgée stationnée juste en face, le long d'un autre quai, désert. J'ignorais à quelle heure elle était censée partir, mais on lisait sa destination sur un des deux wagons : « Bayonne – Urt – Peyrehorade – Puyoô ».

Du bâtiment de la gare, elle était cachée par notre train, mais il fallait descendre à contre-voie, traverser cette voie et un large quai pour l'atteindre. Le risque était d'être vu pendant ce passage par des flics qui étaient déjà dans le train à contrôler les papiers. Et il n'y avait personne à qui se mêler sur l'autre quai ni dans la Micheline. vide, toutes portes ouvertes. C'était tentant mais hasardeux. Rester dans le train était aussi très risqué. Je ne savais pas quoi choisir, attendre ou partir, mais il fallait rapidement prendre une décision.

Les voyageurs bavardaient dans le compartiment lorsqu'un pépé, assis près de moi, déclara bien haut :

« Vont bien nous faire passer la correspondance, ces cons-là, dans dix minutes elle quitte.

— Vous allez à Puyoô ?

— Non, mon gars, j'vais à Peyrehorade, et j'ai désir d'y rendre vite. »

Sur ce, il se lève, ouvre la porte sur la voie, et descend avec deux grosses valises. Je le suis, referme la porte et, tous les deux, sans se presser, nous traversons la voie, le quai, et montons dans la Micheline avec chacun une de ses valises à la main.

« Merci mon gars, viens, on va se poser au fond et coucher sur les banquettes, personne verra. »

Des minutes d'attente anxieuses se passent sans que rien se produise. Au bout de quelque temps, les diesels de la Micheline se mettent en route, le temps qu'ils chauffent, et elle démarre.

Nous étions seuls. Sorti de la gare, j'étais mieux. On s'assied, et le pépé partage un casse-croûte au boudin et un coup de rouge. Avec le recul, je me le rappelle un peu comme Gabin à la fin de sa carrière. La bouche bien pleine, il me dit en agitant son couteau de poche sous mon nez :

« J'sais où c'est qu'tu vas. Avec moi, t'es au calme, j'les blaire pas ces salauds. Allez, mange, t'as pas fini ta course. Crois-moi, c'est pas là l'étranger. »

À Urt, sa main me parut énorme dans la mienne.

« Bonne chance, gars, et planque-toi. »

J'étais seul à descendre, et pour cause, la Micheline était vide. Quelques personnes montèrent et elle repartit avec le pépé. Hormis moi, le chef de gare, qui ne me demanda pas de billet, et trois gamines qui jouaient à la marelle, le quai était libre. Pas de police !

Il était douze heures trente. À dix-neuf heures, à la nuit noire, je devais être chez le premier contact, hors d'Urt, dans une ferme proche de la route de Noguès, à quatre ou cinq kilomètres de là. Jusqu'à dix-huit heures, il fallait que je reste à l'abri des regards sans trop donner l'impression de me dissimuler.

Le nom de reconnaissance de ce contact était « Malard », ça n'était pas très local mais sans importance ; moi, j'étais « Lorraine », ça l'était encore moins. La route de Noguès est à la sortie sud-est d'Urt, qu'il faut entièrement traverser, car la gare est au nord du bourg. Comme c'était l'heure du repas, j'en profitai pour parcourir le pays ; les gens sont chez eux à cette heure-là et j'avais moins de chances d'attirer l'attention.

Sans me presser, en flânant même, je me mis en route. Comme j'empruntais la rue principale qui traversait l'agglomération, je suis passé devant la gendarmerie et, un peu après, devant un hôtel réquisitionné par les Allemands où flottait un drapeau à croix gammée. Sans problème, j'arrivai à la sortie du pays. Les quelques personnes que j'avais croisées ne m'avaient même pas remarqué et, tout de suite à gauche, je pris la route de Noguès. Il était beaucoup trop tôt pour mon rendez-vous, mais j'étais très réconforté d'être arrivé jusqu'ici sans difficulté, sur le bon chemin, hors des habitations, loin de Paris.

Il faisait beau, beaucoup moins froid qu'à Paris et, devant moi, loin, s'élevaient les Pyrénées, pas encore enneigées, Dieu merci. J'avais bon moral, je sentais que ce coup-là, ça allait marcher. Je décidai de m'arrêter à l'abri d'un vieux mur de clôture, au pied d'un gros chêne, pour attendre que l'heure tourne, et gagner cette ferme qui devait être la deuxième à gauche sur la troisième petite route à droite. C'était tout ce dont je disposais comme renseignement. Non, je savais aussi qu'elle était la seule, là, à avoir des volets verts. Mais il ferait nuit !

J'ignorais tout du programme qui m'attendait. Allais-je dîner et coucher là ou partir dès cette nuit pour le deuxième contact, qui était où ? J'avais deux sandwiches que je ne mangeai pas, espérant dîner chez « Malard » et les conserver pour plus tard, si besoin était. Pratiquement personne ne circulait sur cette route depuis mon arrivée. Une dame à vélo, puis deux gosses, qui devaient sortir de l'école, passèrent. Aucun ne me vit. Vers dix-sept heures, la température fraîchit, ce qui m'obligea à bouger avec précaution. À dix-huit heures, il faisait déjà sombre, mais il était encore trop tôt pour me rendre à mon rendez-vous de dix-neuf heures. J'avais faim et pas chaud du tout. En pensant à Jeanne qui les avait préparés pour mon départ, je mangeai mes sandwiches. La reverrais-je, cette jeune fille si courageuse ? Qu'aurais-je fait sans elle, mon recours, ma sœur clandestine, ma confiance absolue ? La pensée d'André me traversa l'esprit, mais je l'en chassai aussitôt ; je voulais me protéger, me conserver intact pour, peut-être, arriver à le venger.

Je ne devais être qu'à trente minutes de la ferme et, à dix-huit heures trente, je quittai mon coin, heureux de pouvoir marcher pour me réchauffer. La troisième route à droite n'était en fait qu'un chemin de terre que, dans la pénombre, je faillis dépasser, et la deuxième ferme aux volets verts était plutôt une masure sans couleur. Tout était clos, il faisait nuit noire et aucun filet de lumière ne passait par un interstice des volets ou de la porte.

Un chien aboyait derrière, mais il le faisait déjà avant mon arrivée. J'étais un peu gourde devant cette petite baraque, que j'espérais être la bonne, car un rendez-vous raté l'est définitivement. Je ne distinguais rien, à peine si les volets crasseux étaient verts.

À dix-neuf heures passées, je frappai. Rien. Une deuxième fois, pas de réponse.

Le chien gueulait plus fort, c'était lugubre, et une fine pluie se mit à tomber pour arranger les choses. L'herbe était haute devant la porte de la maison, personne ne devait habiter là et la crainte de m'être trompé m'envahit. Je frappai une troisième fois, plus fort, lorsque dans mon dos, à quelques mètres seulement, une voix avec un sacré accent dit :

« Qui êtes-vous ? »

Je sursautai, surpris d'être appelé de derrière et de si près.

« Lorraine. Et vous ?

— Malard. Ça va, dit la voix. Le rendez-vous est bien ici, mais ce n'est pas ici que nous allons. »

J'avais du mal à le comprendre et ce qui me gênait le plus était de ne pas le voir dans le noir, surtout son visage caché par un béret, mais je le suivis, soulagé de l'avoir trouvé. On marcha pendant plus de deux heures, sans un mot, à travers des prairies, des champs, des bois, des haies, pour enfin arriver furtivement près d'une vraie ferme. On s'arrêta à une cinquantaine de mètres derrière une bâtisse en ruine et « Malard » siffla bizarrement, comme une bête. Une réponse arriva rapidement et on gagna la ferme où il y avait de la lumière. La pluie avait cessé.

Dans une salle commune énorme, il y avait une table énorme, une cheminée énorme avec un bon feu et au moins douze personnes attablées malgré l'heure avancée. Il faisait trop chaud dans cette salle où le patron nous accueillit sans bouger. Deux couverts furent rajoutés.

Quelle soupe ! Légumes en petits dés, lard, morceaux de viande, une soupe épaisse, trop cuite, les meilleures. C'était le seul plat mais il y en avait pour trente personnes et j'en repris trois fois de pleines assiettes. La maîtresse de maison passait son temps debout à servir tout le monde ; il y avait des gens de tous les âges, hommes et femmes, mais personne ne disait un mot, même pas merci. Les hommes avaient gardé leur béret et la pièce n'était pleine que du bruit de leurs cuillers qu'ils lapaient.

À la fin du repas, Malard me dit qu'en dehors de lui et de Miguel, le patron, aucun ne parlait le français, ou à peine. J'étais sidéré. C'était la première fois que je mettais les pieds au Pays basque et je n'imaginais pas un instant que l'on puisse ne pas parler français en France. Depuis, mais bien longtemps après, on m'a expliqué pourquoi. Je n'ai toujours pas très bien compris, mais ça n'a aucune importance. C'est ainsi.

Lorsque plus personne ne fut à table, Miguel se leva enfin et dit :

« La nuit est bien noire, nous allons partir, il faut être arrivés avant le lever du jour. Si vous avez des besoins, c'est maintenant, car on ne s'arrêtera pas, il est déjà tard. »

J'allai dehors à mes « besoins ». Il repleuvait. C'était la seconde étape, celle qui allait me conduire chez le passeur, le vrai, le pilote.

La nuit précédente, je l'avais passée dans un wagon en bois de troisième classe, assis, sans dormir, et il allait falloir que cette deuxième nuit je me fasse honneur. Les suivantes seraient pires, mais je pensais que j'allais pouvoir dormir dans la journée et récupérer. J'abandonnai Malard.

Miguel prit un sac, genre musette, et une sorte de gourde en peau que sa femme avait préparée. La pièce était vide quand nous sommes partis par une nuit d'encre.

« Vous ne parlez pas. Restez à deux mètres derrière moi, sans me quitter des yeux. Ne vous occupez pas de mes arrêts ou de mes sifflets, ne me perdez jamais de vue. Aucun bruit de pierres qui roulent ou de branches cassées. Rien ne doit nous retarder, il n'y aura pas de pause pour ne pas vous couper les jambes. En route... » J'étais fixé.

Je n'ai jamais su par où nous passions, ne sachant même pas d'où nous partions. Aucune agglomération ne fut traversée ou contournée ; tout se fit selon un itinéraire très précis, mais en pleine nature. Des dizaines et des dizaines de haies furent franchies, des prés, des rus, des routes, des bois, deux cours d'eau ; ça commençait à monter et nous marchions à un train d'enfer dans n'importe quel terrain. J'étais crevé mais ne mouftais pas.

À cinq heures, Miguel, pour la première fois depuis le départ, m'adressa la parole :

« Dans deux heures, avant le jour, nous serons arrivés. »

Effectivement, peu avant sept heures, nous stoppons, planqués dans une haie épaisse, et il siffle. Bizarrement lui aussi. La réponse se fait attendre mais arrive en deux fois. C'est bon, on repart vers une maison que je n'avais pas vue, à cent mètres à peine.

Nous sommes chez Espio. Le passeur, c'est lui, et Espio est un cas. Il habite seul et, ô bonheur, on peut s'asseoir ! Il est accueillant, chaleureux même. On boit, on mange une colossale omelette au jambon dont il ne restera rien. Je suis complètement crevé mais heureux et confiant. Ils discutent en basque et, très gentiment, Espio me dit de temps en temps de quoi ils parlent, mais je m'en fous, je n'ai qu'une envie, c'est de dormir. Je ne sais toujours pas où je suis.

Nous avions marché dix heures, vite, sans s'arrêter. Combien avions-nous pu faire de kilomètres ? La nuit était tellement noire que je n'ai même pas vu la montagne devant nous. À peine le repas terminé, Miguel nous quitte pour rentrer chez lui. Il est incroyable, cet homme, de pouvoir dès maintenant refaire la route en sens inverse. Espio lui a refait le plein de sa gourde et… adieu !

Espio est petit, maigre, sec, nerveux, un grand nez, un béret quatre fois trop large lui couvre les épaules, plus de dents en haut, peu en bas, mais beaucoup de charme, un sourire très doux et des yeux de félin. Je n'y connais rien, mais je l'imagine comme étant le Basque typique de la montagne. Son regard est clair et honnête mais je pense que, d'une manière générale, il vaut mieux être bien avec lui. Il parle français tout à fait correctement et nous nous comprenons sans aucune difficulté bien qu'il trouve que j'ai un accent terrible ! Je trouve ça marrant. Loquace, il me donne quelques renseignements sur le programme à venir :

« Nous sommes loin de la frontière, le voyage durera deux nuits si tout va bien. Il faut dormir pour être prêt ce soir. Votre lit est derrière. Nous ne ferons qu'un repas à dix-huit heures pour partir vers dix-neuf heures. »

Ça m'allait très bien, je n'avais qu'une hâte, c'était d'enlever mes chaussures, de bonnes chaussures, solides, que j'avais achetées au marché noir contre des cartes de pain volées à la mairie du XIIIe arrondissement. Elles tiendront jusqu'à Casablanca où elles arriveront tristes, mais entières.

Je m'endors comme une masse jusqu'à dix-huit heures, réveillé par Espio. Le repas est prêt et je crois rêver : du gigot ! J'en mange presque la moitié. On bavarde, c'est gai, ce garçon est plein de vie, ses yeux sont pétillants, je ne lui donne aucun âge. Vivant seul, il s'occupe de tout, et tout est propre et bien organisé. Ce doit être le parfait contrebandier, celui qui peut être amical, tendre, délicat et... cruel si besoin est.

À la fin du repas, on sympathise vraiment; tout est facile et naturel avec lui. Poussé par la cordialité qu'il dégage, je lui donne les mille francs du passage en buvant du café arrosé. Du coup, il me tutoie.

« T'as confiance, alors ?

— Oui, entière confiance.

— C'est dans les yeux, ça. »

Souvent, j'ai repensé à ces mots qu'un homme simple, pur, courageux (il le prouvera) m'avait dits. C'était court mais tellement vrai. Depuis, je me fie beaucoup à *ça* et Espio avait raison : il n'y a que *ça* qui ne trompe pas. Jamais.

« Ne mange pas trop, me dit-il en souriant, il faut marcher. J'emporte des casse-croûte pour la route. »

À dix-neuf heures trente, départ. La première étape consiste à s'approcher au plus près du pied de la montagne en gravissant les premiers contreforts. Dès le départ c'est dur. Je n'ai aucun entraînement et suis mal nourri depuis des années, mais d'autres l'ont fait avant moi et l'orgueil m'aide à avancer.

Ça monte, on évite des lieux, on traverse des routes, des chemins, de multiples enclos, on passe des murs, on grimpe, on se cache, on patauge dans des rus. Sans un mot, sans une pause, je lutte pour trouver la force et ce n'est que l'approche. J'ai chaud, terriblement chaud, et soif. Mon sac m'encombre, il est très inadapté à ce genre d'exercice mais je ne pouvais pas quitter Paris pour le Sud-Ouest avec un sac à dos et des chaussures de montagne. Par bonheur, je ne souffre pas des pieds, pas d'ampoules ni de blessures. Le rythme de marche est sans cesse rompu par l'escalade de murets, de clôtures, de barbelés, de haies, de ronces, et ça casse les jambes. Depuis notre départ, je n'ai aperçu aucun panneau indicateur de ville ou de village, on évite tout lieu civilisé, et Espio avance selon un itinéraire qu'il connaît mètre par mètre. Quand il y a un obstacle, à droite ou à gauche, il tend le bras pour m'avertir et, dans le noir, je devine son geste plus que je ne le vois. Souvent je trébuche, car je garde les yeux beaucoup plus fixés sur la silhouette de son dos que sur le sol. Une petite pluie fine commence à détremper le terrain et à nous mouiller. C'est de la neige fondue, très froide, qui fait du bien.

Vers une heure, tout en marchant, Espio fouille dans son sac et, sans se retourner, sans un mot, il me tend un casse-croûte au jambon dont je me demande comment l'avaler car je n'ai plus de salive dans la bouche depuis longtemps. Il faut pourtant tenir et manger un peu. Pour boire, même processus, il me passe cette gourde en peau dont je ne sais que faire pour arriver à boire, surtout en marchant. Je dévisse le bouchon et bois avidement en m'arrosant involontairement de pinard. Que cet engin mou est incommode, mais que c'est bon ce petit rouge râpeux !

Vers quatre heures, un cours d'eau. Arrêt. Espio observe, écoute. L'eau est assez haute et le courant violent. On ne va quand même pas se mettre à l'eau ! Il me fait signe de ne pas bouger, qu'il va revenir, et disparaît dans le noir. Je m'assieds. Quel bonheur ! Quel court bonheur, car il réapparaît et m'invite à le suivre, très vite. Le sol est boueux, je glisse et tombe sans mal mais je suis dégueulasse. À cinquante mètres, il y a un pont de pierre, passage dangereux car facile à surveiller et il faut le franchir avec beaucoup de prudence. Le moment est bon, Espio le sait, et on passe à toute allure, le corps baissé, en maintenant la vitesse bien au-delà pour s'écarter au maximum de ce point malsain.

L'autre rive est plus accidentée, avec moins de clôtures, mais plus d'obstacles naturels. Il est quatre heures quarante-cinq ; à sept heures, il fera un peu jour, donc il faudra nous arrêter, et il ne reste pratiquement que deux heures à tenir, ça me regonfle. Un deuxième casse-croûte arrive, suivi de la gourde molle. Je suis en sueur, beaucoup trop couvert pour gravir pendant des heures un pareil terrain mais il est impossible que j'enlève quoi que ce soit en ne cessant pas de marcher. Heureusement, j'ai pu pisser pendant la halte du pont, mais pour le reste, il faut attendre, et ça me coûte !

Je suis trempé de tous côtés, par ma transpiration, par la pluie, et tout me colle au corps. Ça monte sans cesse ; Espio se promène, moi j'en bave, ce qui est un euphémisme, car j'ai la bouche en carton, le souffle court et je donnerais tout pour boire et me reposer. Où sommes-nous ? J'essaierai de le savoir en arrivant au refuge. Je suis mort de fatigue.

Six heures trente, on s'arrête, on se cache ; Espio me cache et, encore une fois, me fait signe d'attendre, qu'il va revenir.

À quelque distance, je l'entends siffler, on lui répond, il me quitte mais ne revient pas aussitôt. J'attends, j'en ai franchement marre. Je voudrais un toit, de l'eau, me dévêtir, me sécher, enlever mes chaussures et dormir. Boire surtout. Boire et... m'isoler. Espio réapparaît soudain, je crois que j'allais m'endormir.

« Allez, c'est bon, on est arrivés, ne t'inquiète de rien. »

Qu'est-ce que ça veut dire « ne t'inquiète de rien » ?

On pénètre dans une ferme de montagne, assez pauvre d'apparence. En haut de la porte, il y a un nom, incompréhensible, qui doit être du basque. À l'intérieur, il n'y a qu'un couple de paysans âgés ; l'accueil n'est pas hostile mais pas vraiment chaleureux. Espio leur parle beaucoup, en basque ; je ne comprends rien, naturellement, et je m'affale sur une chaise dans un coin obscur. Il n'y a pas d'électricité ici, c'est une vieille lampe à pétrole qui éclaire faiblement la pièce. Les vieux ont l'air fatigué, malheureux, triste. Je demande à Espio si je peux avoir de l'eau, ce qu'il traduit à la vieille qui va chercher un pichet et un gobelet en m'invitant à m'asseoir à table avec eux. Je vide le pichet alors qu'ils ne cessent de parler. Est-ce de ça qu'il ne fallait pas que je m'inquiète ? Maintenant, il faut absolument que je m'absente quelques instants, Espio m'explique où je dois aller, dehors, sous la pluie qui ne cesse pas. Le vrai problème dans ce cas est de voir où on pose les pieds !

À mon retour, Espio me dit que je ne devrai plus ressortir avant la nuit prochaine, personne ne doit soupçonner ma présence ici. La vieille lui parle, et ça me concerne.

« Tu vas aller dormir, je te réveillerai pour déjeuner. »

Mon lit est celui des vieux. J'enlève mes vêtements les plus mouillés et je m'affale, sans me déshabiller, sur un couvre-lit qui n'est qu'une bâche.

À treize heures, Espio me réveille en me secouant :

« Viens manger. »

Sur le moment, je ne sais plus où je suis, si c'est le matin ou le soir ; j'étais plongé dans un sommeil qui aurait duré jusqu'au lendemain. J'ai froid. Soupe, lard, fromage, pain dur et vin. Je retourne dormir, toujours mouillé et pas réchauffé.

À dix-huit heures, nouveau réveil et mêmes égarements. Dîner, même menu. C'est triste ici ; ces vieux sont seuls, isolés et pauvres. De quoi peuvent-ils vivre ? Avant de repartir à la nuit tombée, je prends mes précautions. Je suis relativement reposé mais courbatu et maintenant ça va monter pour de bon. Beaucoup plus encore que je ne l'imagine, car cette nuit on va passer la crête de cette foutue montagne.

Il pleut toujours un peu ; d'énormes nuages noirs stagnent au-dessus de nous, menaçants ; la nuit est d'un noir absolu, sans vent. Nous traversons une petite route puis c'est de nouveau la marche forcée. La vraie montagne commence. On piétine dans la boue et les pierres, chaque pas est un effort et une douleur. Les heures passent, j'ai soif et chaud, la fatigue entame mon moral et, tout d'un coup, je doute. Je sais bien qu'il faut continuer, s'acharner, ne pas perdre de temps, ne penser qu'au but à atteindre, mais mes jambes n'en peuvent plus. La pluie qui redouble me rafraîchit un peu, mais Espio mène une telle cadence de montagnard que je souffre en permanence à le suivre.

Notre parcours devient impraticable, les efforts se multiplient, mon souffle est trop court, je ne récupère plus, je vais craquer. Cette marche, cette ascension dans l'obscurité, sous une pluie battante, est épuisante. Le sol est détrempé et plein d'embûches. Toute mon énergie et ma volonté sont tendues vers une seule obsession : tenir et ne pas tomber, je ne pourrais pas repartir.

Ça monte, ça monte sans cesse, on contourne et on remonte, c'en est désespérant. Je crève de chaud et de soif, mon corps ne me suit plus, je suis KO. Je pense à tous ceux qui l'ont fait avant moi et qui sont passés, des femmes, des personnes âgées, des enfants qu'on portait, des infirmes, et moi je suis là à me traîner lamentablement derrière cet Espio qui ne cesse de grimper sans effort apparent. Je meurs de soif, mes tempes battent, mais je grimpe comme une bête qu'on martyrise, sans plus penser.

Vers trois heures, en contournant un piton, la marche me paraît moins pénible. J'entends un bruit d'eau qui coule, ça monte moins et, miracle, on redescend pour se trouver soudain au bord d'une rivière. Pas de pont, pas de gué, des eaux fortes et tumultueuses. Espio écoute, alors que le bruit de l'eau couvre tout. Il me cache sur la berge et part enquêter, en amont et en aval, pour s'assurer qu'aucune patrouille ne circule le long de cette barrière naturelle, facile à surveiller. Jamais je ne pourrai me relever de ma cachette, mes jambes tremblent nerveusement et j'ai des crampes dans le mollet droit. J'espère secrètement qu'il va prendre du temps à faire son inspection, au moins le temps de me laisser reprendre mon souffle et de récupérer mes jambes que je masse, sans grand espoir, lorsqu'il arrive avec deux longues perches.

« Il faut te déshabiller complètement et faire un paquet de tous tes vêtements que tu tiendras d'une main sur la tête avec ton sac. De l'autre, tu te maintiendras avec la perche contre le courant. Fais comme moi, marche là où je marche, mais surtout ne lâche ni tes affaires ni ta perche, sans quoi... »

Il est fou ! On ne va pas se plonger dans cette flotte glacée avec un courant pareil, je vais claquer avant d'avoir atteint l'autre rive... Bref, il n'y a pas de choix, et nous voilà complètement nus nous enfonçant dans l'eau. Le courant est fort, mais là où Espio a choisi de passer il n'y a guère plus d'un mètre de fond. Il est beaucoup plus petit que moi et a de l'eau presque sous les bras, mais rien ne l'arrête, et je le suis.

L'eau glaciale me coupe en deux, ce qui ne réconforte pas mon souffle que je ne retrouve pas. Nous marchons sur des pierres plates mais glissantes et à plusieurs reprises je frise la catastrophe en manquant de me répandre avec toutes mes affaires. Le froid me suffoque et je ne respire que par très faibles aspirations; après la transpiration qui a précédé, je vais à tous les coups attraper la crève. Je ne vois plus rien devant moi, je suis transi et obsédé par le risque d'une chute de mes affaires ou de moi tout entier. Par endroits, le bout de la perche est difficile à bloquer contre une pierre pour qu'elle tienne suffisamment et assure l'équilibre de chaque pas. Sans cette perche, la traversée serait impossible tant le courant est puissant, les pierres gluantes et inégales. Enfin, l'autre rive est atteinte sans malheur. Je grelotte comme un malade, mes lèvres doivent être bleues, mon corps est paralysé et je halète. Il faut me rhabiller avec des fringues trempées et froides d'humidité qui ne glissent pas sur la peau mouillée. Mes mouvements sont gauches, le froid me paralyse et je claque des dents. Je crois que jamais je ne pourrai remettre mes chaussettes, mes pieds me paraissent morts.

Espio ne semble même pas avoir fait d'effort; il est déconcertant. Rhabillé bien avant moi, il vient très gentiment, mais violemment, me frotter le dos, le ventre, les cuisses pour réactiver la circulation en insistant pour que je me dépêche :

« Allez, il faut partir d'ici. »

Le seul avantage de ce bain est que mes jambes me paraissent un peu détendues. On repart, mon sang circule, je ne pense plus à rien. La marche redevient ascensionnelle, tout me colle au corps mais, à ma grande surprise, j'arrive à avancer. Mon cerveau est vide, mes sens anesthésiés, je n'attends plus rien, je n'espère plus rien.

Des heures de montée se sont écoulées depuis la traversée de la rivière, sans un mot, juste un casse-croûte et un coup de pinard. Je recommence à rêver d'un abri sec, de me sécher, de boire, de m'allonger, de ne plus souffrir de fatigue, de dormir des jours entiers, de tout oublier. Espio disparaît soudain dans une sorte de cabane en branchages où je le suis. L'entrée est minuscule, le sol est sec, recouvert de fougères. C'est étroit, bas, on ne tient qu'assis, mais ce qu'on est bien ! On recasse la croûte, omelette froide, pain, fromage, vin. C'est le paradis ! Je suis follement heureux d'être là avec Espio. De nouvelles forces reviennent, le moral suit, pour un peu je crânerais !

Tout bas, Espio me dit que maintenant nous sommes au centre du dispositif de surveillance franco-allemand de la frontière qui n'est plus qu'à peu de temps de marche. Nous serons obligés de passer si près d'un poste allemand qu'il ne faudra faire aucun bruit qui puisse alerter les chiens. Comme la pluie a cessé, Espio répandra du poivre moulu sur notre passage pour que les braves bêtes ne cherchent pas à nous trouver. Tout en mâchant mon pain mou, j'essaie de savoir où nous sommes. Sans succès. Après tout, je m'en fous ; la seule chose qui m'importe c'est que, vers six heures, nous nous arrêterons dans une ferme quelconque pour la journée.

La nuit suivante, nous pénétrerons plus loin en Espagne, jusqu'à une autre ferme où il me quittera. Je n'ose pas lui demander combien de route il reste à faire pour atteindre cette ferme. Je m'abandonne aux événements et à Espio ; je suis trop las pour penser, imaginer, discuter, je ne fonctionne plus que comme une mécanique usée.

« T'es prêt ?

— Oui, ça va.

— Alors, méfiance totale, il faudra ramper à certains endroits, pas un bruit, colle à moi, et n'aie pas peur. »

J'avais tout, mais tout, sauf peur. Comment aurais-je eu, en plus, la force d'avoir peur ?

On repart, et ça monte toujours. Soudain, Espio se couche sur le sol ; je l'imite sans savoir pourquoi. En fait, à trente mètres à peine, sur notre gauche, il y a un poste de garde que, bien sûr, je n'avais pas vu dans le noir absolu. Après quelques secondes d'attente, on progresse à même le sol, dans la boue. À l'abri d'une paroi, on se remet debout et la marche reprend. Un deuxième poste de garde est à proximité ; Espio marche courbé, c'est la pire des épreuves pour le dos. Comme nous sommes en contrebas, on ne s'allonge pas pour passer, car un mur de rochers nous protège, lorsque ces cons de chiens se mettent à hurler. Espio jette du poivre sur notre piste, mais ces satanées bêtes nous ont sentis ou entendus. On accélère pour se réfugier dans une anfractuosité de rochers en attendant la suite.

Espio se place devant, un énorme couteau, genre navaja, à la main droite, sa veste roulée autour de son bras gauche, écoutant tous les bruits. Un moment passe. Tout bas, il me dit qu'il faut partir d'ici, très vite, et que je vais passer devant pour qu'il assure l'arrière. Il est courageux, ce gars. L'ennui, c'est que je ne connais pas le chemin, mais il me guidera avec une branche pour me mettre chaque fois sur la bonne voie. On repart à cadence rapide, et ça monte encore et toujours.

Je suis trempé, je n'ai plus froid du tout, je transpire même dans mon humidité et j'ai soif d'eau. Je ne pense qu'à ça, ne plus monter et boire. Les Pyrénées ont quand même bien deux versants dont un qui descend ! Il fait si noir que je ne vois rien, ni sommet, ni vallée. Je ne sais pas s'il fait froid, mais il ne pleut plus. Le sol est trempé et il n'y a pas un pouce de vent. Espio, derrière moi, est bien obligé de marcher à mon pas d'épuisé, ce qui le fait me pousser avec sa branche pour que j'accélère ; il est infernal et increvable. Le danger des chiens étant écarté, il repasse devant et replace son couteau dans sa poche après l'avoir embrassé ! Curieux homme. Tout d'un coup, on ne monte plus. On redescend ! Insensiblement, mais on redescend, c'est sûr. Les aurions-nous franchies, ces

Pyrénées ? Je n'ose pas l'espérer, mais, comme par magie, des forces me reviennent, le moral aussi.

Il est cinq heures passées, Espio stoppe et m'explique que maintenant plusieurs postes de la garde civile espagnole doivent être contournés. Très proches des postes allemands, ils sont souvent en cheville avec eux pour leur livrer les évadés. La frontière sinue sur plusieurs kilomètres ; de France, on passe en Espagne et, en poursuivant sa route, on retombe en France pour revenir en Espagne sans avoir changé de direction. Plusieurs se sont fait prendre stupidement à ce piège et c'est dans ce cas que la garde espagnole, qui doit être récompensée pour cette assistance, livre les fuyards aux Allemands.

Il faut reconnaître, à notre honte, que la gendarmerie française avait fait la même chose, et sur une grande échelle, avec les réfugiés républicains espagnols qui, en 1939, fuyaient Franco, les relivrant à leurs bourreaux alors qu'ils étaient arrivés en France, « terre d'asile ». Quelques milliers échappèrent à cette trahison, qui n'était qu'une étape de notre lâcheté, car en 1941, Vichy renvoya par trains entiers à Franco ceux qui s'étaient réfugiés en zone dite libre. Certains réussirent à prendre le maquis où ils périrent à côté des Français dans la lutte contre les Allemands. Espio était donc très méfiant et la partie de cache-cache avait lieu alors que nous passions vraiment très près des postes frontaliers. Mais ça descendait ! Nous avions fait le plus terrible et je marchais vers ce que je croyais être la liberté[1]. Le

1. De 1941 à 1944, 30 000 Français furent internés en Espagne, sans jugement, après avoir franchi clandestinement les Pyrénées pour rejoindre les Forces françaises combattantes (FFC).

1 200 furent tués par les patrouilles allemandes ou moururent de froid en montagne.

5 000 furent déportés, arrêtés par les Allemands ou livrés à eux par les Espagnols.

600 moururent en prison ou dans des camps de concentration.

23 000 s'engagèrent.

12 000 furent tués au combat.

(Source : Croix-Rouge internationale, ministère des Anciens Combattants et Victimes de guerre, Association nationale des évadés de France.)

jour n'était pas encore levé quand nous sommes arrivés dans une ferme espagnole voisine de la frontière. Là aussi, on ne parlait que le basque. J'étais une loque couverte de boue, épuisée, et je n'éprouvais même pas la joie d'être « passé ».

Des gens hospitaliers nous ont accueillis en nous faisant aller, illico, dans une pièce, derrière la maison. Espio m'a expliqué que souvent la garde civile passait le matin prendre un café ici pour se réchauffer et bavarder, moyennant quoi elle ne surveillait guère la maison et ses habitants ; mais il fallait être très prudent pour ne pas faire courir de risques à nos hôtes. La pièce de derrière, où nous étions Espio et moi, était assez spacieuse. Il y avait un grand lit, une table, des chaises, et une gigantesque armoire à glace où, dans la pénombre, je me vis. C'était calamiteux ! Les volets étaient clos et une faible lampe à pétrole suffisait largement pour éclairer le spectacle que nous offrions. Une jeune fille, sans doute la fille de la maison, nous apporta du café brûlant.

J'enlevai mes chaussures et le maximum de mes vêtements trempés de pluie, de transpiration et couverts de boue, pour me frotter avec une serviette. J'aurais bien voulu pouvoir faire sécher tout mon barda, mais il n'y avait rien pour ça dans la pièce et il n'était pas question de le transporter dans la pièce principale où il y avait un grand feu de bois dans la cheminée. Si la garde passait... Espio, qui était aussi mouillé que moi, en parla à la patronne, une bien brave femme, très souriante, qui s'empara énergiquement de toutes nos affaires, y compris nos slips que nous avions quand même gardés sur nous, et disparut avec le paquet de loques crasseuses.

Espio était à poil, avec son béret gigantesque sur la tête, il avait l'air d'un champignon maigrelet. On prit chacun une couverture du lit pour nous envelopper et ne pas crever de froid. La fatigue rend frileux, et je me vengeais sur le café pour essayer de me réchauffer lorsque la jeune fille apporta une magnifique omelette et du vin. Je devais avoir pâle gueule dans la couverture à claquer des dents, mais Espio avait l'air tellement ridicule à conserver son béret trempé qui dégoulinait sur ses épaules que ça me consolait un peu.

La jeune fille dit à Espio qu'après sept heures nous pourrions aller nous réchauffer dans la salle, car les gardes ne passeraient plus avant le soir. J'attendis donc sept heures en grelottant, mais le ventre plein. Enfin, on nous invita à aller devant le feu que la patronne activa et je fis la connaissance de son mari et d'une grand-mère âgée mais tout sourire. Ils étaient tous aimables, cordiaux et pleins d'attentions. Nos vêtements séchaient, mélangés aux leurs et, vers huit heures, réchauffés, nous sommes allés, Espio et moi, nous coucher côte à côte dans le grand lit, derrière. Là, je sombrai dans un sommeil sans fond. Espio avait enlevé son béret !

Vers quinze heures, la patronne apporta à manger, Espio n'était plus dans le lit, sa place était froide. Pendant un instant, l'idée me vint qu'il était reparti, sans rien dire, me laissant là. C'était mal le juger et je m'en fis le reproche, car il bavardait dans la salle avec le patron. Espio ne m'aurait pas quitté comme ça. Pas lui.

Il revint dans la chambre déjeuner avec moi ; nous étions toujours enroulés dans nos couvertures. Je n'avais pas grand-faim et j'aurais bien préféré qu'on me laisse dormir jusqu'au soir. Espio avait l'air reposé, il s'était rasé ; ces quelques heures de repos devaient lui suffire pour récupérer, moi j'étais loin du compte.

« Ce soir, dès la nuit, je vais te conduire à quelques kilomètres d'ici, à Maya, où tu passeras la nuit et, dès demain matin, tu partiras seul, moi je devrai rentrer. De Maya, tu prendras la route d'Elizondo où tu te feras arrêter par la garde à un moment quelconque. De là où tu seras, il n'y aura plus de risque d'être remis aux Allemands, alors tu n'auras qu'à te livrer sans faire de difficultés, ils sont habitués à ramasser les étrangers qui arrivent en fraude. Ne discute pas, laisse-toi conduire par eux jusqu'à un poste de police. Après, tu suivras la filière de tous les autres. Nous partirons d'ici vers dix-neuf heures, après le passage des gardes. En attendant, tu n'as qu'à dormir. La patronne s'occupe de tes vêtements. »

Je me recouchai pour me rendormir aussitôt.

À dix-huit heures trente, Espio me réveilla. Il était rhabillé. Mes vêtements étaient secs, propres, repassés, pliés sur une chaise. Je n'en croyais pas mes yeux et, en moins de deux, j'enfilai le tout. Il devait déjà faire nuit, mais la garde n'était pas encore passée, il nous fallait attendre, en silence. Avant dix-neuf heures, on les entendit frapper et s'installer pour boire un coup. Ils parlaient tous fort et, par moments, Espio souriait en les écoutant. Certains propos devaient l'amuser, lui, le contrebandier qui passait et repassait ces Pyrénées, que pour l'heure je haïssais. J'aurais bien aimé voir une carte, savoir où j'étais, où étaient Maya et Elizondo, voir le trajet effectué depuis Urt et où nous étions passés dans la montagne, mais je ne le sus jamais. C'était le secret des passeurs. Vers dix-neuf heures, les gardes repartirent et un bon moment s'écoula encore avant que l'on nous fasse sortir de notre chambre, le temps qu'ils s'éloignent.

J'étais reposé, courbatu mais capable de pouvoir continuer. Nous avons bu un vin chaud, j'ai demandé à Espio de remercier la patronne pour mes vêtements et après de chaleureuses poignées de main de ces braves gens, nous sommes partis pour Maya. Il ne pleuvait pas, le temps était froid mais, en marchant, il faisait bon. Le tout-terrain était terminé, nous empruntions des sentiers très praticables et, sans aucune difficulté, nous sommes arrivés à Maya vers vingt-trois heures. La maison où nous allions était un peu en dehors du bourg qui lui-même était petit.

Dans cette maison d'une seule pièce, avec un grenier à foin ouvert du genre mezzanine, il y avait trois hommes. Trois hommes du type d'Espio qui avait l'air d'être chez lui ici. Ils étaient à table, en train de discuter, eux aussi cachés sous leur béret. Aucune manifestation d'accueil, juste un regard. Espio alla dans le buffet, mit deux couverts, coupa des tranches d'un énorme jambon posé là et se mit à discuter avec les trois autres. En basque. Le vin était bon, le pain aussi. Les restrictions n'existaient pas, c'était la campagne et chez des trafiquants. Il y avait bien longtemps que je n'avais pas tant mangé, mais ça n'allait pas durer ! Les trois gars partirent, sans un mot. Il était minuit passé, c'était maintenant que nous allions nous quitter.

« Tu vas monter derrière le foin, tu verras, il y a une bâche sur le sol et là tu vas dormir. Dès que tu te réveilleras, au jour, tu rejoindras la route d'Elizondo qui passe à deux cents mètres derrière la maison, tu ne peux pas te tromper. Une fois sur la route, tu partiras à gauche. Si tu es seul en partant, tire juste la porte. Fais-toi un casse-croûte avec du jambon, en cas. Allez, on ne se reverra pas, mais ça ne fait rien, on s'est connus, c'est le principal. Bonne chance pour la suite. »

Une poignée de main, à peine le temps de le remercier, et il disparut dans la nuit.

Quel type, cet Espio !

Moi, j'étais plus sentimental, j'aurais préféré qu'on se quitte moins vite, bien qu'après tout il avait sans doute raison, et puis, pour lui, passer les Pyrénées, ça n'avait pas la même signification que pour moi. Il ne devait faire que ça depuis toujours et il ne partait pas à l'aventure.

Je montai derrière le foin, m'allongeai sur la bâche et, comme je n'étais pas bien vieux, je me sentis très seul. Je pensai à mes parents qui devaient penser à moi, et une fois de plus je chassai André de mon esprit. Et puis, gentiment, le ciel ne me laissa pas solitaire : un chat vint se coucher près de moi et ronronner. On bavarda avant que je m'endorme. Sa présence me fut d'un très grand réconfort.

Je me réveillai à neuf heures passées. Mon copain le chat était parti vivre sa vie de son côté, et moi j'allais attaquer la mienne. En bas, personne. Je me fis deux casse-croûte, tirai la porte et pris la route d'Elizondo, à gauche. Il faisait un temps superbe, frais et ensoleillé. Les gens ne me prêtaient aucune attention et je marchais tranquillement, cette fois en plein jour et sur de l'asphalte. Elizondo : sept kilomètres. Combien en ferais-je avant de rencontrer les carabiniers ? Peu, deux peut-être. Nous marchions les uns vers l'autre sans changer notre pas.

Au lieu de nous croiser, nous nous rencontrâmes très calmement. Je ne parlais pas un mot d'espagnol et eux pas un de français. Je compris quand même qu'ils voulaient mes papiers et présentai ma carte d'identité qu'ils me rendirent. En revanche, j'eus plus de mal à comprendre qu'il fallait s'asseoir sur le talus de la route. J'étais donc, entre ces deux types, assis dans l'herbe, à attendre je ne savais pas quoi. Le temps passait lorsqu'un petit autobus antédiluvien déboucha arrivant du nord. Mes gardes le stoppèrent et on monta s'asseoir au milieu des quelques passagers indifférents.

À Elizondo, ce fut un poste de police et l'attente, dans les locaux crasseux, qu'arrive un « supérieur » baragouinant quelques mots de français. Il me fit signer un imprimé où, en résumé, je demandais l'asile politique et déclarais, sur l'honneur, ne pas être condamné de droit commun dans mon pays d'origine. C'était grotesque de poser une telle question, comme si un condamné allait le proclamer ! Après avoir obtenu ma déclaration, il me rendit ma carte d'identité. Je ne me rappelle plus quelle heure il était, mais rien dans ce poste ne permettait d'accueillir un détenu pour y passer la nuit.

Je n'étais plus libre, il fallait que j'admette mon statut de prisonnier et que je cesse de vouloir diriger ma vie dont j'étais spolié. Assis sur un tabouret dans un coin de la pièce, près des toilettes, les heures s'écoulaient lentement. Plusieurs fois, le « gradé » essaya d'obtenir un correspondant au téléphone, sans succès. Et puis, le miracle se produisit : une conversation put s'établir. Il épela mon nom d'emprunt et, une fois la communication terminée, il s'adressa à moi. Je ne compris rien de ce qu'il me dit. Pour passer le temps, je mangeai un des casse-croûte en pensant à Espio et, toujours pour m'occuper, je demandai la permission d'aller aux toilettes dont, par pudeur, je ne parlerai pas; après, nouvelle attente. J'avais mal aux fesses d'être assis sur ce tabouret et j'obtins, avec force explications gestuelles, de faire les cent pas dans la pièce. Dans le courant de l'après-midi, deux carabiniers m'invitèrent à les suivre jusqu'à une place, à quelques centaines de mètres, où des gens attendaient à l'arrêt d'un bus.

Lorsqu'il arrive, nous montons avant tout le monde nous installer sur la banquette arrière que les gardes font évacuer. Direction Pampelune, à soixante-dix kilomètres. Le bus est dans un triste état, mais la route est belle, sauf son revêtement complètement défoncé. Avec les nombreux arrêts, il fait nuit quand nous arrivons. Une voiture de police nous attend au terminus. Direction la prison où on recommence les formalités d'écrou avant de me conduire dans une cellule de vingt mètres carrés où il y a déjà huit personnes dont cinq Français et trois étrangers qui ne parlent pas l'anglais.

Vu l'heure, la soupe est déjà passée, donc je n'en aurai pas. Il n'y a pas de couchettes, que des bancs en fer, sans paillasse. Les tinettes, immondes, sont dans un coin, un lavabo crasseux à côté. Je m'installe sur un banc et bavarde avec les Français. Ma première impression est qu'ils ne sont pas tous là mus par les mêmes convictions ni avec le même objectif que moi. Certains y sont depuis six jours, d'autres deux, et j'appréhende de rester là-dedans plusieurs jours en leur compagnie. La nuit est dure et je ne suis pas en confiance avec les gars qui m'entourent. Je m'allonge sur mon banc avec mon sac sous la tête pour ne pas qu'on y touche à mon insu.

Le lendemain matin, je n'ai guère dormi quand arrive un jus dégueulasse avec une seule tranche de pain noir par personne. On ne se lave qu'un peu, car l'eau coule à peine du lavabo, et on bavarde sans enthousiasme. Je suis nettement le plus jeune, les autres ont entre vingt-cinq et quarante ans. Sur les cinq Français, je suis à peu près persuadé que trois sont des miliciens ou autres qui se sont évadés pour fuir des représailles de la Résistance. Ils posent trop de questions sur ma présence en ces lieux pour me paraître honnêtes. Je ne dis rien sur rien et écoute leurs bavardages, convaincu qu'ils mentent. Je me tiens sur mes gardes en évitant toute discussion. Le temps est long et stupide. La soupe arrive, honteuse, et je resterai là douze jours, en cellule, à attendre, à lutter contre l'ennui, la désespérance, les cafards, les poux, la faim et le froid. Je dois absolument apprendre à attendre dans l'incertitude et avec fatalisme. J'ai beaucoup de mal à demeurer calme et patient. Je ne suis pas parti pour ça. Quelle candeur et quelle déception d'avoir imaginé trouver la voie de la liberté alors que commençait pour moi une vie nouvelle et inattendue qui allait durer des mois : celle du taulard disciplinaire.

Je l'ai très mal accepté, car rien ne motivait que je sois traité de la sorte et astreint à un régime de subordination et de soumission carcérale contre lequel je me suis sans cesse révolté, ce qui rapidement m'a coûté très cher en injustices, en sanctions, en brutalités, en sévices. Je ne demandais rien à l'Espagne, seulement de la traverser pour rejoindre au plus vite les Forces françaises combattantes en Afrique du Nord. Passer sans m'arrêter, sans déranger. Pauvre dupe, c'était sans compter sans le régime dictatorial et opportuniste de Franco qui jouait le double jeu des Allemands contre les Alliés et des Alliés contre rétribution. J'étais devenu une monnaie d'échange, un objet de troc entre les mains d'un despote soi-disant neutre. Quittant mon pays occupé par l'armée d'un sinistre dictateur que secondaient les polices d'un traître contre lesquelles j'avais lutté à la mesure de mes pauvres moyens, je me retrouvais à nouveau entre les mains d'un autre tyran mégalomane et cruel, soutenu et magnifié par un clergé corrompu, nationaliste, absolutiste et revanchard. Je ne mêle à ces propos aucune amertume politisée ou anticléricale simpliste ; j'ai vu, j'ai subi, je témoigne.

L'Espagne n'était pas remise d'une guerre fratricide inique dont elle payait le prix fort : un million de morts, cinq cent mille exilés, trois cent mille détenus politiques, deux cent cinquante mille assassinés ou morts en prison, deux cent mille civils morts de famine ou de maladie auxquels il faut ajouter cent cinquante mille « disparus » que les statistiques officielles n'ont pas retenus[1]. Le peuple était très malheureux, en deuil, sous-développé et contraint au silence par un régime oppressif. Comme toujours et partout, durant ces périodes d'asservissement, se réveillent des milices d'allégeance fanatique qui, ici, s'appellent la Phalange[2]. J'en sortais, c'étaient les mêmes qu'en France occupée et j'allais les attirer !

Il existait trois formes d'autorité en Espagne : la Guardia Civil, correspondant un peu à ce qu'est notre gendarmerie, la Phalange et le clergé. Dans les faits, l'ordre du pouvoir doit être inversé. La Guardia Civil ne faisait jamais qu'un travail de police et de surveillance classique, sans agressivité particulière, mais avec une crainte, mal dissimulée, de ses supérieurs qui voulaient se protéger dans leurs fonctions précaires. La Phalange, c'était la Milice de Darnand. Aucune de ces deux institutions n'avait théoriquement autorité sur l'autre mais, comme en France occupée – entre la police et la Milice –, la Phalange ne rendait aucun compte à la Guardia Civil qui s'inclinait, complice devant les exactions de la Phalange, hors hiérarchie, en toute impunité. D'où les mêmes licences que celles de la Milice en France. La Guardia Civil était pauvre, en salaires, en matériel, en moyens. La Phalange était pourvue, protégée, autonome. Elle était la cohorte prétorienne de

1. Source : UNESCO.
2. Fondée en 1933 par José Antonio Primo de Rivera, fusillé sur ordre du gouvernement du Front populaire en 1936. Les franquistes le célébrèrent toujours comme un martyr.

Franco et du clergé. Comme la Milice, elle était essentiellement composée de voyous et de brutes.

Certains prisonniers, arrivés après moi, partent. D'autres, arrivés bien avant, attendent toujours. On ne sait rien de ce qui régit ces décisions arbitraires. Les journées sont infiniment longues et insipides, nous n'avons ni lecture, ni jeux de cartes, rien pour écrire, pas d'informations sur la guerre, aucune visite d'un service social ou de la Croix-Rouge. C'est l'exclusion totale. Je ressasse inlassablement les mêmes choses, comme une mécanique qui tourne à vide. La faim, la crasse, la vermine, la compagnie deviennent insupportables.

Une chose m'obsède : l'épouvante que l'Allemagne capitule avant d'avoir le temps de participer, en armes, à son effondrement. Cette idée me ronge, enfermé à ne rien faire d'autre qu'attendre que le temps passe, ce temps qui lutte contre moi. Durant toute ma captivité en Espagne, cette anxiété ne me quittera pas. Déjà, j'en veux à ce pays de retarder le moment de pouvoir me battre.

Dixième jour d'internement : malgré les allées et venues, je n'ai pas encore connu un garçon avec lequel je puisse avoir un peu de camaraderie, d'échanges. J'ai déménagé trois fois de cellule ; dans l'actuelle, plus petite, nous ne sommes que quatre, tous Français. Pourquoi mes codétenus successifs me paraissent-ils aussi douteux ? Les uns parlent trop, racontent trop de choses sur la France occupée, sur eux, sur ce qu'ils ont fait, sur des personnes qu'ils connaissent, sur tout... D'autres s'isolent dans un mutisme, peut-être de circonstance, mais exagéré. Je reste accessible, mais ne parle de rien. Qui sont ces gars ?

Douzième jour, quatorze heures : rassemblement dans la cour avec nos affaires. Je suis enfin un peu heureux . allons-nous partir pour Gibraltar et le Maroc ? On appelle trente-cinq noms, je suis dans le lot, et c'est la sortie, encadrés par des carabiniers, direction un autobus garé devant la porte de la

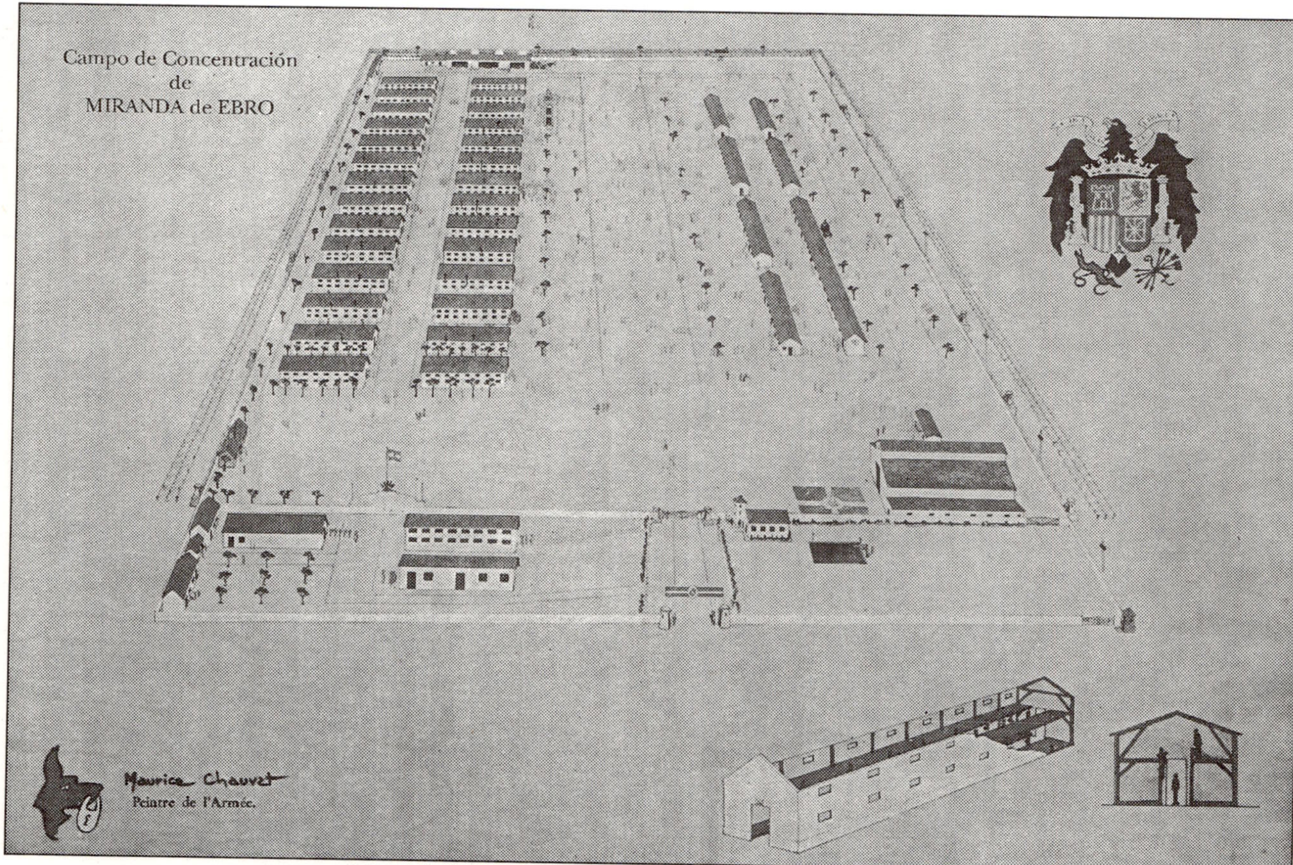
Campo de Concentración
de
MIRANDA de EBRO
Maurice Chauvet
Peintre de l'Armée.

prison. L'air, du soleil, pas de murs, un minuscule sentiment de liberté, une parcelle d'espoir. Quinze heures quinze : appel, contre-appel, et départ. Le véhicule est un bus vaguement militaire, peu confortable, mais avec des fenêtres : c'est déjà beaucoup. Le hasard des places fait que j'ai près de moi un garçon de vingt-deux ans qui était aussi à la prison de Pampelune depuis dix jours mais dans d'autres cellules. En quelques minutes, nous sympathisons. Pendant tout le voyage, on va bavarder, il a un bon accent du Sud-Ouest et, jusqu'à la fin de la guerre, on ne se quittera pratiquement plus. Nous ferons bien des coups ensemble, nous évitant réciproquement la mort à plusieurs reprises, que ce soit à Monte Cassino ou pendant la campagne de France et les combats meurtriers des Vosges et d'Alsace.

Nous ignorons où nous allons, et il est impossible d'obtenir le moindre renseignement des gardes qui nous accompagnent. J'espère secrètement qu'on va à une gare prendre un train pour le Sud, mais nous roulons plutôt vers l'Ouest... Après une centaine de kilomètres, nous traversons Vitoria pour, une trentaine de kilomètres plus loin, arriver à Miranda de Ebro que l'on contourne. En pleine nature, le car stoppe devant un immense camp où, au-dessus du portail d'entrée, une grande pancarte indique : « Campo de Concentración ».

Consternation !

Je n'écrirai pas des chapitres à détailler la vie qui a été la mienne pendant près de trois mois dans ce camp. Je ne parlerai que des faits saillants, ceux qui m'ont touché, marqué, blessé. Le reste fut inepte et méprisable. Aucune utilité non plus de décrire le camp; on l'imagine beaucoup mieux en consultant le document d'un artiste qui l'a immortalisé – l'un des seuls, si ce n'est le seul. Nul besoin d'explications.

Construit en 1937 pour «décongestionner» les prisons surpeuplées par des milliers de prisonniers républicains décimés par les mauvais traitements, il fut dès 1940 principalement affecté aux internés étrangers dont la plupart arrivaient par la France : réfugiés d'Europe centrale, résistants, aviateurs alliés[1], juifs, collaborateurs soudain repentis ou menacés, condamnés de droit commun évadés, etc. À partir de 1945, il ne servit plus qu'aux opposants au régime dictatorial; le négoce avec les

1. Ceux-ci avaient le privilège, grâce au vent qui tournait et au pouvoir de pression des ambassades américaine et anglaise à Madrid, de ne séjourner que très peu de temps en Espagne. En revanche, le Gouvernement provisoire de la République française n'ayant été reconnu qu'en août 1945 par les Américains (!) et n'ayant jusqu'alors aucune existence «légale», sa représentation en Espagne ne bénéficiait d'aucun pouvoir sur Franco. Celui-ci y tolérait une présence réduite à Madrid, trop heureux de considérer tant les Français que les autres réfugiés comme des détenus politiques à négocier chèrement.

réfugiés politiques étrangers en otages était terminé. Le bon Général Francisco Franco Bahamonde ne pouvait plus échanger de lots de détenus contre des cargos de blé, faisant monter les enchères au cours du temps.

Le « Caudillo » (le Guide) – terme équivalant à Führer et à Duce –, après s'être assuré depuis 1936 le concours actif de l'Allemagne nazie et de l'Italie fasciste, seuls pays qui osèrent prendre une part criminelle à la guerre civile au côté des nationalistes naturellement, se trouvait subitement bien isolé et son pays encore un peu plus pauvre. Par la suite, arguant de sa neutralité (!) durant le conflit de 39-45, il réussit à rompre l'isolement de son pays – avec l'aide des États-Unis – et l'Espagne entra à l'ONU en 1945. Après 1960, l'Espagne bénéficia, par secours, d'un renouveau économique tout en restant soumise aux influences des éléments traditionnels : Église, fric, Phalange (parti unique), jusqu'à la mort de Franco en 1975. En 1960, le camp de Miranda fut détruit. Pour l'heure, j'y entrais !

Le portail s'ouvre, le bus pénètre et s'arrête aussitôt. Défense de descendre ; appel, contrôle de police ; on nous affecte des numéros de détention. Tout le monde est là, tout va bien, on descend. Colonnes par deux, direction le bâtiment 5, déjà partiellement occupé. Avec mon nouveau camarade, on trouve deux châlits, en bas, voisins, proches de la porte. Je suis accablé de me trouver dans ce grand baraquement en planches, moche, triste, sombre, sale et nauséabond. Combien de temps va encore durer cet enfermement ? Combien de jours vais-je encore perdre avant de pouvoir m'engager dans l'armée ? À quelle discipline stupide vais-je être astreint ?

Parmi nos voisins de lit, certains sont là depuis un mois, d'autres plus, la rumeur prétend que la durée du séjour est entre six et douze semaines. La bouffe est paraît-il infecte et congrue. Les gardiens très cons. Tout le monde se gratte et les « anciens » ont le crâne rasé. Les tinettes, avec quelques douches, la plupart du temps sans eau, ainsi que de longs abreuvoirs servant de lavabos sont éloignés du bâtiment. Ailleurs, quelques lavoirs en ciment pour la lessive.

À peine arrivé, je pense déjà à m'évader. Cette idée, qui n'aura pas de suite, m'occupera pendant une bonne partie de mon séjour. La chose était faisable, et de plusieurs façons, mais ne parlant pas un mot d'espagnol et la période à supporter étant quand même limitée, j'ai chaque fois abandonné le projet qui présentait trop de risques de se faire reprendre et sévèrement punir pour ne gagner peut-être que quelques semaines.

Je bavarde avec mon ami; nous échangeons nos noms; je lui donne le mauvais, celui de mes papiers, en le prévenant que ce n'est pas le bon, et lui dis le vrai. Maintenant, ça n'a plus d'importance. Il décide de m'appeler «Fafa» et ce sera pour toujours. Lui, c'est Marcel Lavigne, il est originaire de Nay, dans les Pyrénées-Atlantiques. Instituteur. Pour échapper au Service du travail obligatoire, il s'était planqué dans une espèce de maquis où c'était un tel bordel qu'il a préféré partir pour s'engager. Il a un sacré accent local et un vocabulaire imagé. C'est un garçon gai, démerdard, bon vivant, cultivé, assez artiste et poète dans son genre. Il a des cheveux de jais, la peau claire, est un peu plus petit que moi et bien bâti. Je suis content d'avoir trouvé un ami. Nous nous entendrons très bien en captivité et encore longtemps après, en Afrique, en Italie et en France retrouvée.

À dix-neuf heures, la soupe, effectivement infecte, un minuscule morceau de pain noir et c'est terminé. À vingt heures, extinction des feux. On bavarde et on se couche. Il n'y a qu'une seule couverture par lit et les nuits sont froides. Je vais en chercher deux sur des lits inoccupés. Cette initiative me coûtera cher.

Réveil à six heures, alors que nous n'avons rien à foutre. Jus, ou plutôt eau tiède teintée, et deux petites tranches de pain noir.

« Les nouveaux, dehors[1] ! »

En rang, on part vers un autre baraquement où cinq types nous mettent la boule à zéro. Quelle tronche ! Après, dans une autre baraque, douche obligatoire. Il n'y a qu'un filet d'eau froide qui ne permet pas de se rincer suffisamment. Pendant ces douches, nos vêtements sont fouillés et nous retrouvons nos affaires en vrac avec le contenu de nos poches sur le sol, en tas. Manquent ma montre et celle de tous les autres. Ils n'ont pas trouvé mes dollars dans les épaulettes de ma veste. J'ai horreur qu'on touche à mes affaires, a fortiori qu'on me les vole. Ultérieurement, j'ai tenté de récupérer ma montre, et ça n'a pas été loin de me coûter la vie. On gueule pour le principe, mais ça ne changera rien, si ce n'est d'être menacés de ne pas avoir de soupe au déjeuner. Le menu est identique à celui du dîner et ce presque tous les jours de la semaine.

Il n'y a aucune visite médicale et il n'y en aura aucune pendant toute la durée du séjour. Les malades seront soignés par des médecins détenus (quand il y en a) qui se procurent, avec difficulté, quelques médicaments périmés dans un semblant de pharmacie. Nous regagnons nos bâtiments. Là, nos sacs ont été vidés, fouillés, et le contenu étalé sur les lits. Ils ont pris mon couteau de poche, mais laissé mon petit éléphant en peluche que j'avais amené comme mascotte[2]. Ce genre de procédé me met hors de moi. Tout commence mal, et ça va durer.

Quel comportement pour une nation se prétendant neutre vis-à-vis de personnes innocentes que, sans jugement, l'on traite comme des prévenus coupables de crimes, de menaces contre la société, d'atteintes à la sécurité des personnes et du pays, alors que nous ne sommes, pour la plupart, que des réfugiés politiques en transit. On ne demande qu'à

1. Tout se passe en langue espagnole, heureusement certains la parlent et servent d'interprètes.

2. Il ne me quittera pas pendant toute la guerre, et je le donnerai en 1945 à ma petite sœur qui l'a toujours.

traverser ce pays et le quitter le plus vite possible. Pour beaucoup en tout cas. Pas tous, car certains tenteront de rester en Espagne pour échapper à la Sécurité militaire en Afrique du Nord.

Marcel est plus fataliste que moi, plus patient, plus méridional, plus bavard, plus raisonnable (en tout cas ici...). Le soir, à la lumière d'une lampe de poche, volée chez le coiffeur, il écrit sur un petit carnet. Il m'explique qu'il prend des notes pour une thèse future sur la connerie, qu'il veut rédiger en vers. Il faut dire qu'il est au bon endroit pour ce genre d'étude, c'est un vivier ici.

Il y a d'abord le personnel de surveillance, qui semble avoir été sélectionné pour sa débilité, et aussi pas mal de détenus, car la population est très hétéroclite et il se crée des groupes antinomiques, ce qui ne facilite pas la vie quotidienne et les rapports entre nous tous. En principe, nous sommes des réfugiés politiques, mais... pas forcément de la même ! Dans les faits, la population du camp est très composite. Il y a, comme je l'ai déjà dit, des résistants « brûlés » en France occupée, des gars désireux d'aller se battre mais qui n'ont pas forcément fait de la résistance, d'autres qui se sont évadés parce que menacés par le Service du travail obligatoire, des équipages alliés qui ne restent qu'une ou deux semaines, des juifs aux abois, des réfugiés d'Europe centrale pourchassés, des collaborateurs de toutes espèces : ceux qui sentent que le vent tourne dangereusement, d'autres qui sont poursuivis par la Résistance et qui fuient les représailles (hommes politiques, miliciens, gendarmes, actifs du marché noir à outrance, etc.), des voleurs, des pilleurs, des assassins, des condamnés qui ont profité du bombardement de leurs prisons pour se faire la belle, etc.

Tout ce monde, de nationalités diverses, cohabite avec difficulté, mais avec un régime de détention identique. Tous ou presque arriveront un jour à Casablanca où la Sécurité militaire les attend déjà. L'armée y trouvera les siens, la police d'autres, et la justice une partie du reste. Mais j'y reviendrai au moment opportun, car ce fut cocasse, sacrément efficace et rondement mené. M. Pucheu, entre autres, en a su quelque chose[1]. Au milieu de tout ça, Marcel évoluait. Il parlait, questionnait, s'occupait, travaillait à sa « thèse », pendant que moi je traînais un peu partout pour mettre au point des plans d'évasion.

On n'avait pas le droit de circuler dans le camp, le règlement interdisait que l'on quitte son baraquement. Seul, pendant les heures autorisées, un morceau de terrain qui y était attenant servait de lieu de détente. Je circulais quand même, avec précaution, mais je circulais. C'est en passant derrière des bâtiments « administratifs », près de la clôture du camp, que, par une fenêtre, je vis des cartons pleins de montres volées aux détenus. C'était une fenêtre banale qu'avec un levier je devais facilement arriver à ouvrir en la forçant. J'en parlai à Marcel qui, avant de me « conseiller », voulait voir les lieux.

« Fafa, me dit-il en revenant de son inspection, tu risques gros pour une petite montre. Juste à côté de la pièce, il y a des mecs qui vont et viennent, et t'as vu le tas de montres ! Comment veux-tu trouver la tienne là-dedans ? Tu n'auras pas le temps de la chercher qu'un mec rentrera et tu te feras piquer. J'veux bien t'aider à ce que tu veux, mais je pense que tu fais une connerie.

— Nous sommes arrivés les derniers ici, donc nos montres sont sur le dessus d'un des cartons, je n'aurai pas besoin de tout fouiller. Il faut faire ça pendant qu'ils bouffent. Ce soir, j'irai voir à quelle heure ils vont à leur réfectoire.

1. Pierre Pucheu, ex-membre du PPF de Doriot, ministre de l'Intérieur du cabinet Darlan (l'amiral), devint en 1942 le protecteur de Darnand (Joseph) au moment où celui-ci transformait le Service d'ordre légionnaire (police politique) en Milice, avec les vifs encouragements de Pétain et la bénédiction d'un certain clergé. En bon opportuniste, désireux de se refaire une virginité, Pucheu gagne l'AFN via l'Espagne en 1943. Dès son arrivée à Alger, il est mis en résidence forcée, puis condamné à mort par un tribunal militaire et fusillé le 20 mars 1944 à Alger.

— Commence déjà par ne pas te faire ramasser en y allant et en revenant, tu sais comme ils sont cons. Le soir, en dehors d'eux qui patrouillent, il n'y a personne et il faut traverser l'esplanade.

— J'irai en longeant la clôture, sans couper par l'esplanade.

— S'il y a un appel dehors, je répondrai pour toi, mais si l'appel est dans la baraque, ça se passera mal. As-tu pensé aux miradors ?

— L'appel est toujours à dix-neuf heures trente. Je partirai à vingt heures faire mon tour et, s'il n'y a personne, je ferai le coup ce soir. Les miradors sont bas, je les éviterai, la nuit c'est sans beaucoup de risques. Il me faut un bout de fer pour forcer la fenêtre, démerdons-nous pour le trouver avant la nuit.

— Laisse-moi faire, je sais où trouver ça. »

Dix minutes plus tard, Marcel revenait avec, sous sa chemise, un morceau de ferraille rouillée mais solide du genre démonte-pneu. C'était parfait pour faire sauter la fenêtre.

À dix-neuf heures trente, appel dans le baraquement. À vingt heures, extinction des feux. À vingt heures dix, je pars. Sans encombre, j'arrive devant la fenêtre qui m'intéresse. La pièce est noire et les volets ne sont pas fermés. Personne dans les pièces voisines. En quelques secondes, la crémone cède et j'entre avec, dans ma poche, la lampe fauchée chez le coiffeur. Il y a quatre cartons pleins de montres. C'est incroyable de voler ça à des réfugiés. Dans le troisième carton, sur le dessus, elle est là, elle m'attendait. Je suis ravi. Je repasse par la fenêtre que je tire derrière moi et la coince. Ça n'a pas duré deux minutes. Doucement, en utilisant les zones d'ombre, je refais le chemin en sens inverse, le bout de ferraille à la main pour le jeter plus loin. J'arrive jusqu'à mon baraquement, que je contourne pour atteindre la porte qui est à dix mètres, lorsque, passant le dernier angle du bâtiment, la porte n'étant plus qu'à quatre mètres, je tombe nez à nez sur deux gardes qui ne faisaient aucun bruit. Quatre mètres, quatre mètres et j'avais gagné ! C'était terminé. Foutu.

Poste de police, menottes dans le dos, fouille, on trouve la montre, deux claques magistrales, et attente debout qu'un supérieur arrive après avoir dîné. Marcel doit s'inquiéter et se douter du résultat de mon expédition. Il n'a plus de lampe pour sa thèse. Moi, j'attends que quelqu'un arrive. Trois types me gardent en baragouinant à mon sujet, ça ne m'inquiète pas et je me promets de retrouver un jour ou l'autre le petit salaud qui m'a giflé aussi violemment. Un long moment s'écoule avant qu'un gradé arrive. J'ai faim et il dévore devant moi une gigantesque tartine de beurre et fromage avec un verre de vin rouge dans l'autre main. Il me regarde comme s'il n'avait jamais vu un être humain et tourne sans cesse autour de moi en mastiquant. Sa bouffe terminée, c'est un déluge de paroles qu'il gueule et auxquelles je ne comprends strictement rien. Comme je suis incapable de répondre à ses questions, de guerre lasse il tend ses deux mains vers moi, les doigts écartés, en hurlant : « *Calabozo, calabozo, carcel*[1]... » Ça va, j'ai compris, dix jours de prison. Je ne regrette rien de ce que j'ai tenté. Ça a foiré, ça aurait pu réussir. Je suis déçu, mais content d'avoir essayé et presque gagné. En revanche, pendant les dix jours, j'allais en baver !

Le cachot, c'est un réduit complètement obscur, sans aucune ouverture sur l'extérieur. J'ai eu le temps de le mesurer de toutes les façons : il fait deux mètres vingt de long sur un mètre soixante de large. Un placard ! Le sol et les murs sont en béton, la porte en fer avec un judas qui ne fonctionne pas. Dans le bas de la porte, il y a une trappe, genre chatière, par où on glisse la gamelle de soupe. Jamais la porte n'est ouverte. L'aération ne se fait que par un jour de cinq centi-

1. « Cachot, cachot, prison... »

mètres de haut qui fait toute la largeur du bas de la porte. Pas de lit, pas de paillasse, pas de couverture. Sur le sol sont fixées des planches brutes pour s'allonger : soixante centimètres de large sur un mètre soixante-dix de long. Pas de lavabo. Dans un angle, du côté des planches, un trou dans le sol de quinze centimètres de diamètre, sans cuvette, sans rien qui permette de le trouver dans le noir absolu. Naturellement, pas d'eau pour nettoyer, mais une odeur putride qui arrive par cet orifice sec, sans siphon, aboutissant directement dans une fosse. C'est tout. Aucune lumière ne filtre par le dessous de la porte qui donne sur le bout d'un couloir à l'extrémité du bâtiment. Une soupe liquide par jour, pratiquement froide, un morceau de pain noir rassis et la valeur de deux quarts d'eau. Dans ce réduit de trois mètres carrés cinquante, en enlevant la surface occupée par les planches-lit de un mètre carré, il reste deux mètres carrés cinquante pour évoluer, en évitant d'approcher du « trou ». C'est donc deux mètres carrés pour circuler...

Le noir total et, naturellement, l'absence de montre font que, très rapidement, je n'ai plus aucun repère du temps. Je ne sais plus si c'est le jour ou la nuit, si c'est le matin, midi ou minuit. Ce manque de références chronométriques est très déstabilisant. Comme pour l'aggraver, le jus de soupe n'arrive jamais de façon régulière : certaines fois la distribution est rapprochée, d'autres fois très espacée.

Nous sommes en octobre, il ne faisait déjà pas chaud dans le baraquement en bois où nous étions nombreux ; ici, dans ce cachot en ciment, il fait franchement froid. Je n'ai rien d'autre que mes vêtements, dont heureusement ma veste et un pull en laine synthétique. Je marche en tournant en rond et fais des pompes pour me réchauffer. Pendant des heures et des heures, j'arrive, au début, à ne penser à rien. Des jours doivent passer, mais combien ? Est-ce que quelqu'un les compte au poste de garde ?

Les choses durent ainsi, péniblement et stupidement, jusqu'à ce que ma santé se détériore. Le froid et la quasi-absence de nourriture me provoquent des douleurs abdominales et des maux de tête. Une affreuse diarrhée se déclenche, c'est un calvaire. Je me vide complètement alors que je n'ai rien dans le ventre. Je grelotte de fièvre et le moral lâche. La dysenterie, le typhus, la mort lente ? Quoi faire ? Je passe mon temps au-dessus du « trou » que je ne distingue même pas. Ce que j'élimine dans la douleur me brûle l'anus, comme si c'était de l'acide. Je vais crever. Et si c'était du sang ? Je ne vois rien. En me forçant, j'avale cette saleté de soupe et le pain pour avoir quelque chose à restituer, mais c'est sans fin. Qui et comment appeler ? Et feraient-ils quelque chose ? Le gardien qui passe la gamelle par la trappe la pousse avec le pied en récupérant la vide et disparaît aussitôt. Comment dit-on « malade » en espagnol ? Je me vide de choses pestilentielles et si pressées que je ne remonte même plus mon pantalon, question d'urgence et de saleté. Si seulement je pouvais laver cet endroit, l'essuyer. Combien de temps vais-je tenir ? Combien de temps me reste-t-il à être enfermé ici ?

Il faut absolument que je tienne jusqu'au bout, mais dans quel état vais-je sortir et qui va me soigner, calmer cette déroute qui me détruit ? Mon estomac, mon ventre et le reste sont en feu. Je voudrais pouvoir m'asseoir sur une chaise, mais je ne peux le faire que par terre, sur les planches où je m'allonge entre chaque crise en me massant le ventre pour le réchauffer.

Je suis épuisé et je voudrais pouvoir dormir, mais les urgences soudaines m'empêchent de me reposer. Il ne faut pas que je dorme pour ne pas faire sous moi, ce serait intolérable.

Je tremble, la fièvre, l'épuisement, le désespoir de n'attendre aucun secours. Je suis épouvantablement seul, abandonné, en train de m'éteindre. Je pense à mes parents qui vont perdre leur unique fils de si stupide façon. J'ai beaucoup de peine pour eux.

Avec le prochain quart d'eau, j'en boirai un peu et me laverai avec le reste. Ou plutôt, non : je me laverai avec l'eau tiède de la soupe, l'eau qui est en surface de la gamelle, et avec celle du quart, je me nettoierai la main. Je vais aussi essayer de déchirer le bas de ma chemise pour avoir un chiffon pour m'essuyer après ma « toilette ». Cette idée me fait du bien, au moins je vais tenter quelque chose pour, peut-être, calmer localement cette brûlure. Les massages de mon ventre me soulagent un peu, sans doute la chaleur qu'ils provoquent, mais rien ne cesse pour autant.

Je vis allongé ou accroupi, le dos plaqué contre le coin du mur pour me soutenir au-dessus du trou. Le temps n'existe plus depuis belle lurette, je n'imagine ni depuis quand je suis ici, ni combien il y a encore à attendre pour peut-être ne pas perdre la vie. Ma tête est aussi vide que le reste de mon corps.

La dernière fois, j'ai été jusqu'au trou sans arriver à pouvoir me mettre debout sur mes jambes. Tout est tellement sale dans ce coin que j'ai la hantise de tomber sur le sol souillé. Ça m'écœure. Je vis dans la puanteur, une forme de lente agonie.

J'essaie de me raisonner, mais j'arrive toujours à la même conclusion : tout ne peut aller qu'en s'aggravant, car le temps contribue à me détériorer. J'ai mal partout, mais au moins je n'ai plus faim. Par contre, j'ai froid, tout le temps froid, et ma fièvre persiste. J'attends en claquant des dents et en grelottant de froid et de température. Au début de mon séjour dans ce cachot, j'avais mal au dos et aux cervicales à dormir allongé sur les planches nues à même le sol. Maintenant, je ne sens plus rien de tout ça, ma vie disparaît progressivement sans rien à quoi me raccrocher, sans plus aucun espoir. Je crève, pris au piège, oublié. C'est dommage. Je ne veux pas mourir ici.

Je suis inerte lorsque la porte s'ouvre. C'est la voix du garde qui m'arrache à ma torpeur. Il répète sans cesse la même chose en parlant de plus en plus fort et son bruit m'éclate la tête après tant de silence intense. Je ne comprends rien. Il s'approche et me tire pour que je me lève, mais j'en suis incapable. Il essaie de me soulever avec impatience, et ça n'a pour effet que de me faire tomber sur le sol en ciment, empêtré dans mon pantalon baissé en permanence. Le garde repart, laissant la porte ouverte, de l'air vient du couloir et je prends conscience de l'odeur de putréfaction dans laquelle je vis sans plus m'en rendre compte. Je sens le mort. Trois gardes arrivent avec un brancard. Je crève de froid et ils n'ont pas de couverture. Les gardes m'engueulent pour l'odeur et l'état du coin chiottes qu'ils éclairent avec une lampe électrique. Je tourne le dos, allongé sur le brancard, et je ne vois rien. Je m'en fous. Je veux de la chaleur et, d'urgence, des soins.

Les dix jours devaient être passés, je n'étais pas mort mais dans un état de décrépitude moribonde.

En sortant du baraquement, je me trouve soudain en plein jour. Je pousse des cris, surpris par la lumière qui m'aveugle, me brûle les yeux habitués au noir complet, et les gardes me posent par terre sans comprendre pourquoi je hurle. Un de mes bras sur les yeux, on repart vers l'infirmerie qui est loin, près du poste de police, presque à l'autre bout du camp. On me couche sur un lit, dans une pièce où il fait chaud mais où il y a trop de lumière pour que je puisse regarder quoi que ce soit. Je ne sais pas où sont les toilettes et j'appréhende d'en avoir besoin. De toute façon, je ne peux pas bouger, je suis aveugle et mes jambes ne me soutiennent plus.

Aucune idée de l'heure et du jour qu'il est. Doucement, je me réchauffe. J'ai mal à la tête, l'abdomen très douloureux, de la fièvre. Je suis épuisé, malade et si seul. Une voix s'adresse à moi dans un français très compréhensible. C'est un médecin dont le ton calme est très apaisant. Je lui raconte mon état depuis des jours, ce dont et où je souffre, la « nourriture », tous mes maux et leurs conséquences. Comme j'ai toujours mon bras sur les yeux, il le remplace par un linge en me demandant d'essayer de l'enlever progressivement, sans précipitation, et il appelle un infirmier. Je suis plutôt méfiant envers le nouvel arrivant qui, finalement, se révélera très bien. Mais un infirmier de la Guardia Civil, ce n'est pas forcément sécurisant...

Le médecin m'explique que l'on va me perfuser dans un bras pour calmer mes douleurs et faire cesser ma diarrhée, qu'en même temps, dans l'autre bras, on me transfusera du glucose et je ne sais plus quoi pour me rétablir, que dans quelques jours je serai sur pied, mais qu'il faut me forcer à m'alimenter, même sans appétit. Je m'abandonne à lui, il n'y a pas de choix. L'infirmier m'aide à me déshabiller, me lave, m'enfile une espèce de chemise d'hôpital grise et rêche et me place une perfusion et des attelles à chaque bras. Je m'endors avec une épaisse alaise sous moi et une épaisse couverture sur moi.

Des jours passent sans que j'aie conscience du temps. Je retrouve mes yeux avec l'aide de gouttes, mon ventre est moins sensible et on exige que je marche. Ça va mieux, je récupère assez vite, bien que ce ne soit pas encore la grande forme. La nourriture est bonne, trop grasse mais bonne. Ça doit être celle, quotidienne, de ces salauds de gardiens. Plusieurs fois par jour, le médecin vient me voir, l'infirmier est dévoué et compétent, demain il m'accompagnera dehors faire un tour. Je n'ai toujours aucune idée de quel jour nous sommes et pense à Marcel qui doit me croire mort. La balade à l'extérieur se passe bien, je suis maintenant plus solide sur mes jambes et je recommence à avoir faim. Mon ventre est redevenu sage et presque indolore. Je ne prends plus que trois comprimés quatre fois par jour.

Un matin, lors de sa première visite, le médecin s'assied près de moi pour bavarder. J'ai l'impression qu'il a plaisir à parler français et il me pose un tas de questions sur moi. Je reste très prudent, tout en trouvant cet homme sympathique et chaleureux. J'apprends que je suis à l'infirmerie depuis sept jours, j'ai tellement dormi et divagué que je n'en reviens pas. J'apprends aussi que cette infirmerie est réservée au personnel du camp, pas aux détenus, qu'il n'y a pas de service de santé pour les détenus qui doivent être soignés par les médecins, s'il s'en trouve parmi eux ! Je lui fais part de ma stupéfaction. Et s'il n'y a pas de médecin ? Et de quoi disposeraient-ils comme médicaments, comme moyens en cas de besoin ? Parmi les centaines de prisonniers, de nombreux peuvent être malades d'un tas de choses ! Il ne dit rien, se contente de hausser les épaules, mais je comprends très bien à son regard qu'il en est lui-même scandalisé.

« Pourquoi alors ai-je été soigné par vous, ici ?

— Par humanité, mais c'est contraire au règlement.

— Vous risquez quelque chose ?

— Moi, non. En tant que médecin, je ne pense pas.

— C'est invraisemblable !

— Vous êtes maintenant en état de retourner à votre baraquement, mais je vais vous garder deux jours de plus pour que vous vous alimentiez correctement. Dites à l'infirmier que vous souffrez encore du ventre. Je repasserai vous voir demain. Sortez, marchez dehors, bougez le plus possible et faites un peu travailler vos jambes dans la pièce. À demain. »

Au milieu de ma poisse, j'ai une chance folle d'être tombé sur cet homme, humain, généreux, sensible. Il y a un type bien dans ce camp de concentration, c'est réconfortant.

Le lendemain, il resta encore un long moment à converser. J'en savais plus sur lui que lui sur moi. J'appris, entre autres, que de façon inopinée la Phalange pouvait débarquer au camp pour se livrer à de prétendues inspections, que c'était dangereux et qu'il fallait être très prudent car ils avaient tout pouvoir, que souvent la nourriture qui était utilisée pour la soupe était avariée et qu'il valait mieux quoi qu'il en coûte s'abstenir de la manger si elle avait un goût douteux, que le choix des partants était uniquement fait en fonction des caprices du colonel qui commandait le camp, etc.

Le surlendemain, c'était mon dernier jour à l'infirmerie. Le médecin ne vint me voir que dans l'après-midi pour, je pense, me faire bénéficier du repas de midi. Dans une poche en papier, il me remit une quantité de comprimés à continuer de prendre pendant dix jours, et vers seize heures, je l'ai quitté après qu'il m'eut recommandé de ne parler à personne de ce traitement prolongé. Je l'ai beaucoup remercié de ses soins et de son dévouement.

Je suis propre, mes vêtements ont été un peu nettoyés, j'ai pris régulièrement des douches, il me semble avoir récupéré du poids et de la santé. Un garde me raccompagne jusqu'à mon bâtiment. Marcel n'est pas là, mais ses affaires y sont. Je retrouve les miennes, qu'il a dû surveiller, et je m'allonge sur mon lit, heureux de vivre encore. Quand il arrive, sa première question est :

« Où t'étais ? »

Il a l'air stupéfait et complètement paniqué de me revoir.

« T'as pas bonne mine. J'n'avais aucunes nouvelles.

— Pourtant je t'ai envoyé deux cartes postales.

— Fafa, où étais-tu ? »

Je lui raconte tout de A à Z. Ça prend des heures pendant lesquelles il écoute sans poser une question. Puis :

« Je t'avais prévenu que c'était risqué. T'as fait le con. Pour un peu, tu crevais pour une montre !

— C'est un cadeau de mon père.

— Ton père, il t'a donné la vie comme cadeau, pas une montre.

— Il m'a donné la vie et une montre.

— Je pense qu'il préfère que tu conserves la vie plutôt que la montre.

— Bon, t'as raison, j'ai fait le con, j'ai payé très cher, beaucoup trop cher, ça suffit comme ça, parlons d'autre chose. C'est le Moyen Âge ici, Marcel, on vous laisse crever dans un cul-de-basse-fosse. Un gars m'a foutu une paire de gifles, incroyable, je le retrouverai un jour celui-là. Une brute.

— Tu ne veux pas recommencer quand même ! T'as pas compris maintenant ?

— Pas tout de suite, mais je le retrouverai. Il faut d'abord que je me retape complètement, que le temps passe un peu. Quoi de neuf ?

— T'es marrant, toi, quoi de neuf, tu disparais pendant près de trois semaines, tu réapparais tout d'un coup et tu me demandes quoi de neuf ?

— Ben oui, pendant que j'étais en villégiature, il s'est bien passé des choses...

— Oui, beaucoup, maintenant on mange à la carte. On a droit à une bouteille de bon bordeaux par personne et par repas et les gardiens distribuent des bouillottes tous les soirs. Le matin, croissants et confiture ; au choix : café, thé ou chocolat. Il paraît que des filles superbes vont venir nous tenir compagnie et que...

— Bon, ça va. Rien de nouveau, quoi !

— Si, ton retour, couillon ! »

Et on éclate de rire. Mon Dieu, que ça fait du bien de vivre et d'avoir un ami !

Les choses sont ainsi faites qu'en retrouvant ce baraquement, qui me désespérait en y arrivant, je m'y trouvais bien après mon séjour au cachot. J'avais un lit, mes petites affaires près de moi, un ami, de l'air et presque un sentiment de liberté. Il me fallut encore une quinzaine de jours pour avoir complètement récupéré mes forces malgré la soupe insignifiante. Tout le reste était rentré dans l'ordre, je ne souffrais plus du tout, certainement grâce aux comprimés de ce brave toubib.

Un jour, dans le courant d'un après-midi ensoleillé, une énorme limousine noire, du modèle de celles qu'utilisent les chefs d'État, pénétra dans le camp et s'arrêta au milieu de l'esplanade. C'était l'heure durant laquelle nous étions autorisés à prendre l'air devant nos baraquements. Cette luxueuse voiture, dans ce camp de minables, était insolite et grotesque, ce qui fit dire à Marcel :

« Fafa, ça ne peut être que pour toi. »

Des rideaux cachaient l'intérieur de l'arrière du véhicule. On ne voyait que le chauffeur en livrée et casquette blanche. Il se passa quelques secondes avant que ne descende le passager près du chauffeur. Il était tout vêtu de noir, on le distinguait mal. En fait, c'était un jeune prêtre, pâle, habillé d'une longue soutane et coiffé d'un de ces chapeaux plats assez curieux qu'on ne voyait plus en France depuis des années. Ce jeune abbé grotesque fit le tour du véhicule avec empressement pour ouvrir la portière arrière gauche d'où émergea un gros prélat en grand falbala pourpre. Tout ça était burlesque et ne faisait que commencer. Un deuxième dignitaire descendit, habillé de mauve. Ils étaient gras, ventrus et maladroits. L'abbé était maigre, voûté, le teint olivâtre. Les deux gros « saints hommes » avaient aussi des chapeaux plats, assortis à leurs robes, et couverts de guipures et de glands à leur pourtour, des mocassins à boucles, vernis, des chaussettes fines assorties à leurs robes, et une grande croix pectorale en argent passée dans leur large ceinture sous-ventrière. Le jeune abbé ouvrit le coffre de la voiture où il se mit à entreprendre une cuisine qui dégagea une épaisse fumée.

Bouche bée, silencieux, les quelques centaines de prisonniers regardaient ce numéro de cirque incongru lorsque arriva, marchant au pas, un détachement de gardes destinés à protéger le haut clergé de notre « fureur agressive ». Les gardes firent un large demi-cercle autour des prélats. Il ne manquait que la Phalange. L'abbé avait terminé sa préparation et tendit, avec componction, au gros pourpre un encensoir fumant comme une chaudière. Avec des gestes pleins d'emphase, cette enflure fit le tour du véhicule en nous encensant ! Le jeune, virevoltant en tous sens, ne cessait de faire des signes de croix en gesticulant pour nous inviter à l'imiter. L'échec !

Tout ça était si risible et pénible à la fois que, sans aucune concertation, tous les détenus rentrèrent dans leur baraquement. Quelle rebuffade ! Par une fenêtre, Marcel et moi regardions la fin du spectacle pour ne rien manquer de cette affligeante comédie. Tout était réussi : le décor, les costumes, la mise en scène ; seuls nous manquaient les dialogues, mais ça avait l'air de chauffer. Très nerveux, l'abbé rangeait le matériel dans le coffre de la voiture pour se précipiter et ouvrir les portières à Leurs Suffisances qui aboyaient. La garde présenta les armes, sans raison, et la voiture fit demi-tour pour repartir avec un morceau de robe pourpre qui dépassait, coincé dans une portière. Le temps imparti pour la sortie n'étant pas terminé, on retourna dehors. La bénédiction tint lieu de dîner, car le soir nous fûmes privés de soupe. Merci mon Dieu, voilà ce que vaut de ne pas se signer sur commande dans ce pays.

L'Espagne était pleine de ce genre de potentats et de sous-fifres esclavagés. Il y eut même un Français dans cette cohorte. Fervent vassal de Pétain, Monseigneur Boyer-Mas, évêque in partibus, se fit nommer par Vichy « attaché ecclésiastique » auprès de l'ambassade de France à Madrid. Le titre n'existe pas, mais il lui permit de circuler librement pendant toute l'Occupation entre son domicile de Saint-Jean-de-Luz et Madrid, avec une cocarde sur son véhicule de « fonction ». Ce Monseigneur fit trop parler de lui et, à la Libération, son activité passée fit apparaître qu'il n'avait pas été très clair. Il eut quelques... ennuis, mais aussi le privilège de mourir accidentellement et assez rapidement contre un platane, dans sa voiture conduite par sa secrétaire... On l'y a peut-être aidé. C'est de bonne guerre.

L'inactivité recommençait à me peser, c'était bon signe. Si bon signe qu'un jour, j'eus une idée : mes dollars ! J'en parlai à Marcel : il fallait essayer de corrompre un gardien pour qu'il nous fournisse, en douce, de la nourriture qu'on irait manger tous les deux aux tinettes, à l'abri de la vue des autres. Des dollars, ici, c'était de l'or, et il nous fallait estimer ce que nous devions exiger en contrepartie. Mes billets étaient de cinq dollars, on ne pouvait pas faire de monnaie, donc il ne fallait pas payer avant d'en avoir eu pour notre argent. Marcel trouvait l'idée géniale et, avant même d'avoir un complice parmi les gardiens, on se livra au calcul de ce que pouvaient représenter en bouffe cinq dollars, en étalant les livraisons dans le temps.

«Fafa, on met le dollar à mille francs[1] ; donc pour cinq mille francs, tu imagines ce qu'on peut exiger, d'autant que ce qu'il nous apportera, il l'aura volé !

— Il faut savoir ce qu'on veut lui demander et étaler ça semaine par semaine, à raison de deux livraisons par semaine. On va faire une liste de nos besoins, la chiffrer et fixer les dates de livraison.

— T'as soixante dollars, à cinq par semaine, ça fait douze semaines : trois mois. On sera partis bien avant.

— D'accord, mais il faut trouver un gardien sûr, avec qui on puisse traiter sans risque. Moi, je ne parle pas un mot de leur langue et toi à peine. Comme il n'est pas question de mettre un autre dans le coup, comment opérer ?

— J'm'occupe de ça. Dans... deux jours, j'aurai trouvé ce qu'il nous faut.

— Sois prudent.

— Ça te va pas mal de me dire d'être prudent. Laisse-moi faire, contente-toi de payer, Fafa. »

On fit une liste type pour une semaine, avec livraison le mardi et le vendredi. Le garde devrait déposer le colis sous un de nos lits pendant l'heure de sortie où le bâtiment était vide. En cas de fouille prévisible, la livraison serait remise au lendemain. Sur la liste, il y avait certaines choses pour le mardi,

1. Anciens.

d'autres pour le vendredi, plus ce que le garde pourrait y mettre de sa propre initiative au cas où un des produits demandés manquerait. Restait à faire traduire cette liste. Toute la soirée, on ne parla que de ce coup.

Le lendemain, Marcel partit remplir sa mission, comme s'il allait négocier un traité de paix qui engageait l'avenir du monde. À midi, rien. Le soir, aucun résultat. Je ne fis pas de commentaire, mais ne pus m'empêcher de lui demander comment il opérait.

« T'occupe pas, demain c'est dans la poche.

— Et la traduction de la liste ?

— Pareil.

— Bon. »

Le lendemain matin, il repart négocier et revient à midi, toujours sans rien, sauf la liste traduite. Le soir, vers dix-sept heures, il rentre en me faisant un clin d'œil.

« Viens, on va pisser. »

C'était le seul endroit, avec le lavoir, où on pouvait parler sans voisins trop à l'écoute. Dans le baraquement, il fallait chuchoter, assis l'un à côté de l'autre sur l'un de nos lits. Et encore, les gars du dessus avaient toujours la tête qui dépassait pour écouter ou essayer d'entendre.

« Fafa, on va être obligés de mettre un gars dans le coup pour servir d'interprète, autrement ce n'est pas possible !

— Pas question !

— Il y a un type au bout de notre baraquement qui est complètement bilingue, sa mère est espagnole et il bavarde régulièrement avec tous les gardiens. Il est sympa et acceptera sûrement de nous aider.

— Tu sais qui c'est ce type ?

— Un détenu comme nous.

— Comme nous, comme nous ! Ça peut être n'importe qui, ce mec, même s'il te paraît sympa. Il est peut-être évadé de taule, en France, voleur, assassin, n'importe quoi, et tu le mettrais au courant de tout, de notre fric, de la cache de la bouffe, de notre combine... Tu n'y penses pas. Il peut nous faire chanter, exiger du fric, on aura bonne mine. Et s'il révèle notre système, n'obtenant pas ce qu'il veut... hop, on se retrouve au cachot. Merci bien.

— T'es vachement méfiant.

— J'ai appris à ne faire confiance à personne, et ici encore moins qu'ailleurs. Tu lui as parlé de quelque chose ?

— Non, t'es fou, pas un mot.

— Bon, alors laisse tomber ce mec. Ne parle de rien à personne. Pas de connerie irréversible. Moi, j'ai déjà donné. À aucun prix, Marcel, un autre que nous deux et un gardien ne doit être au courant de quoi que ce soit.

— Allez, on rentre et on cherche une bonne formule avec des sécurités partout. »

La soupe, le lit et on pense à notre affaire. Ça occupe. Avant de m'endormir, j'ai un embryon d'idée, mais ça ne sera pas commode.

Le lendemain matin, cette idée me semble être la seule envisageable, et Marcel et moi allons au salon-pissoir.

« Voilà ce à quoi j'ai pensé, c'est osé, mais je ne vois rien d'autre, à moins que tu aies une idée ?

— Non.

— Bon, alors il faudrait que je puisse revoir mon toubib, en qui j'ai toute confiance, et que lui nous trouve un correspondant. S'il le veut bien. Mais comment faire pour revoir ce médecin ? Prétexter de nouveaux maux de ventre ? Jamais je n'aurai le droit d'aller à une infirmerie interdite aux détenus.

— Alors comment le contacter ?

— Il faut lui faire passer un mot, voilà la solution, et que lui me réclame. On peut écrire en français, le tout est de réussir à le lui faire parvenir.

— Par mon gars, il le filera à un gardien qui le portera au toubib.

— Non, celui-là, il faut l'abandonner. Il soupçonne déjà peut-être quelque chose. À fuir, ce mec.

— Qui alors ?

— Je ne sais pas encore.

— Viens, on va rentrer. Trouve une feuille de papier et un crayon et je vais déjà faire la lettre, après on verra.

— Une feuille de mon carnet, ça suffira ?

— Très bien, au contraire, ça fait taulard. »

Il ne manquait plus que le porteur.

Le docteur s'appelait Rodriguez, je mis son nom sur la petite lettre. L'infirmerie étant proche du poste de garde, ça ne devait pas poser de gros problèmes à un volontaire.

« Fafa, tu sais, le petit garde assez âgé (il devait avoir quarante-cinq ans !) qui, certaines fois, pousse le chariot de la soupe, il a une bonne tête. Un jour où il sera de service, je l'attendrai à la sortie du baraquement et je lui donnerai le petit mot à porter au toubib. Ça, je peux lui expliquer en espagnol. Un papier pour un médecin, c'est sérieux, il le fera peut-être...

— D'accord, mais tu feras gaffe aux deux gardes qui l'accompagnent.

— Ils sont toujours derrière à traîner dans le baraquement, j'ai presque une bonne minute.

— Il faudra te grouiller et ne pas te faire voir dehors. Écoute, j'ai encore un peu de fric français, donne-lui mille francs avec le papier. »

Le lendemain soir, c'était le petit garde qui était de service. Avant qu'il n'ait complètement terminé de remplir les gamelles, Marcel part au bout du bâtiment par où l'autre ressort habituellement avec son chariot. De loin, j'observe le manège et vois le garde sortir, son service terminé. Effectivement, les deux autres glandouillent derrière. Marcel est dehors à s'expliquer et rentre avant que les deux gardes ne soient partis rejoindre celui du chariot. Il les croise dans le couloir, mais rien ne se passe d'anormal. Revenu dans notre coin, Marcel ne moufte pas, prend sa gamelle et mange comme tout le monde. Après la soupe et avant l'extinction des feux, on a le droit d'aller pisser une dernière fois : on en profite.

«Je crois que c'est dans la poche. Le gars n'a fait aucune objection. Les billets lui ont plu. Je pense qu'il va bien faire le facteur. Je lui ai dit de ne remettre le pli que demain matin au toubib, en main propre.

— T'as su dire tout ça ?

— Fafa, tu sous-estimes mes capacités.

— Maintenant, il faut attendre et espérer, d'abord que le mot parvienne bien à son destinataire, ensuite que celui-ci prenne le risque de me convoquer et qu'enfin il accepte de jouer les entremetteurs.

— Il n'y a pas d'autre solution.

— Alors on dit : "Fafa, t'es génial !"

— Attends le résultat final, ô génie de Miranda ! »

Et on rigole un bon coup, parce que tout ça c'est drôle et distrayant. Et ça fait du bien de rire, surtout ici, à monter des coups. Nous en ferons tant d'autres plus tard, ensemble.

Le lendemain matin, à neuf heures trente, un garde vient chercher Beaumont. Beaumont, c'est moi. Marcel me fixe des yeux quand je le quitte, il est un peu inquiet et... moi aussi. Le médecin me reçoit seul, dans la pièce de l'infirmerie où j'ai passé plus d'une semaine. Il est affable et souriant.

« Vous souffrez encore ?

— Non docteur, tout va bien, grâce à vous.

— Alors, vous voulez bavarder ?

— C'est plutôt ça. J'ai quelque chose d'important à vous demander.

— Vous savez que je n'ai aucun droit de vous recevoir, ici ou ailleurs. Allongez-vous sur le lit, je vais vous ausculter pour donner le change. »

Il est épatant, cet homme, prudent et complice. Il prend ma tension tout le temps de notre entretien durant lequel je lui explique le but de ma visite en le priant d'excuser mon audace.

« Il faut absolument que nous arrivions à manger un peu, docteur, c'est une question de survie.

— Je sais tout ça, mais je suis démuni de tout pouvoir ici.

— Croyez-vous la chose possible ?

— Il faut que j'y réfléchisse. Le plus difficile est de correspondre pour vous tenir informé d'une suite quelconque. C'est très risqué de venir ici et que je vous reçoive ; ça, il faut absolument le cesser. Le garde à qui vous avez confié le mot à me remettre me semble être, de tous, le seul à qui on puisse faire confiance. Vous avez bien choisi. En plus, il a de lourdes charges de famille et un salaire de misère. Il sera peut-être tenté par votre proposition, bien que ce soit très dangereux pour lui. S'il est pris, ça peut lui coûter la prison à vie, et à vous de très lourdes sanctions. Quant à moi...

— Je ne veux à aucun prix que cette affaire risque de vous nuire. Si vous pensez devoir refuser, vous devez le faire sans hésitation. Ce serait trop grave pour vous.

— Bien sûr. Laissez-moi réfléchir à tout ça et, par ce garde, je vous ferai savoir avec quelques mots ce qui est possible ou non.

— Merci, docteur.

— Avez-vous encore des comprimés ?

— Pour deux jours.

— Je vais vous en redonner pour cinq jours supplémentaires. Ce sont des sulfamides, ça ne peut que vous faire du bien. Vous avez 11,6 de tension, c'est un peu bas, mais normal après votre dysenterie.

— Merci beaucoup pour tout.

— Ne parlez surtout de rien à personne, et méfiez-vous des fouilles, surtout si c'est la Phalange qui passe. Allez, rentrez et gardez confiance. Votre passage ici n'est que provisoire. Dans votre propre intérêt, ne cherchez plus à me joindre. Bon courage. »

Un garde me raccompagne jusqu'à mon bâtiment. Marcel m'y attend, inquiet, et on va pisser pour parler. Je lui raconte tout de ma visite, de la gentillesse et de la complaisance du médecin, de la suite qu'il faut attendre, via le petit garde que, dorénavant, on appellera Tom Pouce.

Curieusement, pendant trois jours, il n'est pas de service au chariot, ni à midi ni le soir. Le suspense est long. Le quatrième jour, c'est lui qui, en remplissant nos écuelles, glisse sous la mienne un papier que je cache immédiatement. Marcel n'a rien vu. Je ne lui dis rien, nous irons aux pissotières après avoir « mangé ».

Le porteur est d'accord. Utilisez le même moyen pour correspondre avec lui.

De ce jour, et pendant cinq semaines, nous avons pu compléter avantageusement l'ordinaire, sans que jamais rien ne se sache ni ne se voie. Puis, sans raison apparente, le trafic cessa, mais Marcel et moi avions repris des kilos.

Entre-temps, j'eus de nouveau des démêlés sérieux avec les gardes. Un « arrivage » de détenus dans le baraquement fit découvrir qu'il manquait deux couvertures sur deux lits. Immédiatement, fouille générale : on les retrouve sur chacun de nos lits. Marcel est absent, c'est moi qui vais trinquer et, comme je suis déjà repéré à la suite de ma première histoire, je suis emmené directement au poste de garde où, naturellement, je tombe sur le salaud qui m'a précédemment donné une violente paire de gifles. À l'air satisfait qu'il à de me reprendre en faute, je me doute qu'il ne va pas me rater. Pourvu que je n'aie pas encore besoin de soins !

Il est onze heures. À quatorze heures, ils vont tous déjeuner et j'attends, sans manger, enfermé dans une cellule à barreaux, le bon vouloir du salaud et sa sanction. Vers quinze heures, il me sort de ma cage et m'emmène près du portail d'entrée du camp. Là, il me fait enlever mon pantalon, mes chaussures et mes chaussettes, il me passe les menottes dans le dos et, à genoux, direction l'autre bout du camp. Je n'ai aucune idée de la longueur du camp, mais c'est plusieurs centaines de mètres. Le sol est en cailloux et gravillons, avec des bosses et des trous.

Départ avec un coup de pied dans le dos. On mettra trois heures à aller et revenir. Je laisse imaginer le raffinement du supplice et l'état de douleur de mes genoux en sang où les graviers rentraient sous la peau, dans la chair. Plusieurs fois, je m'arrête, n'en pouvant plus, et chaque fois j'ai droit à un coup de pied dans le dos ou dans les côtes. Cette bête cruelle marche à côté de moi, un fusil en bandoulière, comme si j'allais l'agresser dans l'état où j'étais, les mains menottées. J'ai tellement mal au dos, aux jambes et aux genoux que des larmes de souffrance me coulent sur les joues. Pour rien au monde je n'aurais voulu pleurer devant ce sauvage. Chaque mètre est un martyre et le bout n'approche pas.

Lorsque enfin je l'atteins, je m'effondre sur le côté, épuisé et souffrant horriblement des genoux, de crampes dans les cuisses, de rage, d'humiliation. La brute me remet à genoux si violemment que je retombe de l'autre côté. Il hurle : « Debout ! Debout ! » en me jetant à la figure mon pantalon et mes chaussures. Je suis incapable de me relever, il le sait mais continue de hurler : « Debout ! Debout ! » Après un moment de cet immonde spectacle, furieux, il défait les menottes et je peux me mettre à quatre pattes, mais toujours pas debout. Alors, dans un moment de colère hystérique, il m'assène un coup au creux de l'épaule avec la crosse de son fusil et je retombe lourdement, la face contre le sol, sans plus bouger.

Deux gardes viennent et, me passant un bras sous chacun des miens, ils me tirent jusqu'à mon baraquement, les jambes et les pieds nus traînant derrière sur le sol. Là, ils me lâchent par terre, comme une bête morte, entre le lit de Marcel et le mien. Une deuxième fois, je reçois mes chaussures sur la tête. Marcel, aidé par deux autres gars, m'allonge sur mon lit. Je suis complètement prostré, douloureux de partout, les genoux décomposés, les cuisses tétanisées, épuisé de fatigue et de souffrance.

« Fafa, tu m'entends ? Ne parle pas, mais fais un signe si tu m'entends.

— Oui. »

C'est tout ce que je peux lui dire, mais je l'entends très bien.

« Ne bouge pas, Fafa, je vais chercher un docteur. »

Il m'essuie la figure et s'absente.

Lorsqu'il revient, il est accompagné d'un homme d'une trentaine d'années, détenu dans le bâtiment voisin, le docteur Auriac. Il regarde mes jambes, s'attarde sur mes genoux et j'entends :

« Les fumiers ! »

Marcel le bouscule pour qu'il intervienne de façon quelconque et le médecin lui dit fermement :

« Écoutez, foutez-moi la paix, je vais m'occuper de lui, mais restez calme ou partez. Trouvez plutôt de l'eau claire, une cuvette, un seau, des linges, mettez-lui doucement quelque chose sous la tête, je retourne chercher différentes choses et je reviens. »

Où Marcel allait-il trouver ce qu'on lui demandait ? De quoi disposait ce médecin pour me soigner ? Où avais-je le plus mal ? Je passe la main sur ma figure : mon oreille droite saigne mais j'entends bien. Ça ne doit pas être grave, et n'est pas ce qui me fait le plus souffrir. Non, ce sont mes genoux, mes rotules, les muscles de mes cuisses. Après, ce sont les côtes, là où j'ai reçu les coups de pied, et j'ai aussi très mal à la tête. Je n'arrive pas à allonger les jambes, qui restent à moitié repliées. J'ai soif, j'ai mal.

Marcel revient avant le médecin, il a tout !

« Fafa, tu m'entends ?

— Oui mon vieux, je t'entends, parle-moi.

— Ça va aller Fafa, ne t'inquiète pas, t'es entre de bonnes mains. Je m'occupe de toi, repose-toi. Le docteur va te soigner, tu n'es pas malade, Fafa, le reste c'est rien.

— Non, c'est rien, mais j'ai dérouillé.

— Je m'en doute, j'ai tout vu. On va te calmer la douleur. Si tu peux, dis-moi pourquoi ils t'ont encore fait ça ?

— Les couvertures, Marcel. Les couvertures.

— Les salauds ! Quelle bande d'ordures ! Fafa, puisque tu souffres, pleure, n'aie pas honte, Fafa, pleure. »

Et cet amour de garçon me prit la tête dans ses bras où je me mis à pleurer comme un enfant, contre sa joue. Ça me fit du bien, beaucoup de bien, à l'intérieur.

Le médecin revint. Il faisait sombre, mais il avait une lampe de poche dans une petite valise avec du matériel et des traitements divers.

« Bon, vous (s'adressant à Marcel), vous me servez d'infirmier, vous faites ce que je vous dis de faire et vous ne posez aucune question. Nettoyage des plaies des genoux : cuvette, eau, linge. Glissez un paquet de linge sous ses genoux pour ne pas souiller la paillasse. »

Le toubib mit un produit désinfectant dans l'eau et commença un nettoyage douloureux. Une fois le sang parti, les gravillons enfoncés dans la chair durent être enlevés, un par un, avec une pince fine. Marcel tenait la lampe électrique et son regard allait de mes genoux à ma tête, inquiet. Ça me faisait très mal et je gueulais alors le médecin me mit un morceau de bois dans la bouche pour que je le serre entre mes dents lorsque c'était trop douloureux. À ce moment-là, il s'aperçut qu'une dizaine de gars étaient derrière lui à regarder, plus ceux des lits du dessus. Il eut un sacré coup de gueule qui ravit Marcel.

« Vous allez me foutre le camp d'ici, bande d'abrutis ! Vous vous croyez au cirque ! Et vous, au-dessus, descendez de vos lits et allez ailleurs ! »

À la seconde même, il n'y eut plus personne, et personne ne revint.

Chaque genou prit du temps, ça n'en finissait pas. J'entendais les graviers qui tombaient de la pince dans le couvercle d'une boîte en métal. Ensuite les plaies furent nettoyées avec un produit qui brûlait.

« Je vais poser deux fils au genou gauche, ailleurs ce n'est pas nécessaire. »

Quand il me mit ces fils, la brûlure du désinfectant me faisait déjà tellement mal que je ne sentis rien de plus. Marcel était livide. Pourtant, il en verrait et en ferait de bien pires par la suite ! On passa à l'oreille. Rien. Juste une petite hémorragie sans gravité, mais un sérieux hématome.

« Allez, une piqûre dans la cuisse, deux aspirines et c'est terminé jusqu'à demain. Donnez-lui à boire. Je vous laisse un comprimé pour qu'il dorme cette nuit, qu'il le prenne à vingt heures, après la soupe. Qu'il pisse dans le seau. À demain matin, vers neuf heures. »

Le lendemain matin, j'allais un peu mieux ; bien que courbatu et cassé, j'avais dormi comme une masse. Le médecin examina mes rotules, me fit allonger et plier les jambes. Rien n'était détérioré, mais les mouvements me faisaient souffrir. Je ne pouvais ni allonger ni replier complètement les jambes.

« Il faut absolument arriver à vous mettre debout et vous forcer à marcher. Au début, appuyez-vous sur votre camarade, et après marchez seul le plus possible. Je vous laisse quatre aspirines si vous avez mal et de quoi refaire deux ou trois fois vos pansements. Si nécessaire, appelez-moi, mais ça ne devrait pas être utile. Tout va rentrer dans l'ordre. Mais faites marcher vos jambes. »

Lorsque nous fûmes seuls, Marcel conclut en me disant :

« Tu vois Fafa, je t'avais dit que ça devait aller. C'est gagné. Voilà une affaire terminée. »

Quinze jours après, c'était effectivement presque complètement terminé, mais à quel prix !

Il y avait plus de deux mois et demi que je crevais d'impatience et d'ennui dans ce lieu où, sans cesse, j'étais en butte à des brimades de gardes qui m'avaient en permanence dans le collimateur. Je continuais à vivre dans la crainte perpétuelle d'arriver trop tard dans l'armée. Nous n'avions aucune information, rien, et mon moral s'effondra le jour où Marcel partit avant moi. Nous étions arrivés ensemble, lui s'en allait, et moi je restais là. Cette séparation nous coûta beaucoup à tous les deux. Le soir de son départ, son lit vide près du mien m'emplit de tristesse et, comme un bébé, je fis un câlin à mon éléphant en peluche en lui racontant mes malheurs.

C'est dans ce climat qu'un matin un groupe d'une trentaine de phalangistes débarqua au camp. Chemises bleues, culottes de cheval noires et bottes assorties, ceinturons, baudriers, pistolets, matraques, crânes presque rasés, c'étaient des SS. Leur archétype. Lorsque la rumeur de leur arrivée parvint dans le bâtiment, ma première précaution fut de cacher, sous la paillasse du lit inoccupé de Marcel, les quelques réserves de nourriture qui me restaient. En fait, il n'y eut pas de fouille dans les bâtiments, ce qui valait quand même mieux, mais un rassemblement général de tous les détenus sur une sorte de rond-point, près de l'entrée du camp.

Au centre de ce rond-point était un mât où, tous les matins, un détachement de gardiens montait les couleurs. Ce jour-là, malgré l'heure, le drapeau n'était pas encore hissé. Ou il avait été amené pour les besoins de la circonstance. On nous fit mettre tous en demi-cercle, sur plusieurs rangs, autour du mât. En face de nous, une vingtaines de gardes, en ligne, attendaient pour présenter les armes. Juste derrière eux, les phalangistes.

Le colonel commandant le camp était là, avec son état-major; pour la Phalange, on se déplaçait. Un quelconque gradé fit un discours auquel, naturellement, la grande majorité des présents ne comprit rien. En revanche, il fit traduire les instructions qui consistaient à se mettre au garde-à-vous et à saluer le bras droit tendu, comme leurs amis allemands, lorsque les couleurs seraient montées. Une sonnerie de clairon annonça que le moment était venu d'obtempérer.

Nous étions donc, nous, les détenus, en demi-cercle, sur dix à douze rangs, et je devais être dans le septième ou le huitième, c'est-à-dire assez éloigné de ceux de devant mais pas dans les derniers. Et les couleurs furent envoyées. Le drapeau espagnol, celui de Franco, était suivi de la flamme de la Phalange. Pas une seconde l'idée ne m'effleura de me mettre au garde-à-vous et de saluer à l'hitlérienne ces choses que l'on montait. Ça ne me concernait pas. Je n'avais aucune raison pour, mais beaucoup contre, d'honorer quoi que ce soit ici et surtout ça, de cette façon-là. J'étais prisonnier de ce pays de primitifs, mon statut était celui de réfugié politique et rien ne me liait à leur régime que je haïssais comme toutes les dictatures.

Je restai donc droit, les bras le long du corps, dans une attitude parfaitement respectable. Personne ne pouvait lire mes pensées ni deviner mon dégoût. Les autres détenus s'en foutaient. Comme des veaux, ils levèrent le bras, sauf deux, le docteur Auriac, à ma droite, et un gars, pas loin, à ma gauche. Plusieurs phalangistes se baladaient dans nos rangs pendant la cérémonie. Pour voir. Et l'un d'eux vit, en passant derrière moi ; sans avertissement, sa matraque s'abattit sur mon dos, plusieurs fois. Il me gueulait des ordres que je devinais mais je ne bougeais pas. Un voisin que je ne connaissais pas me dit :

« Lève le bras, pauvre con.

— Ta gueule, t'occupe pas de ça. Tu te conduis comme un lâche, t'es une merde. »

Les coups redoublèrent jusqu'à ce que le clairon sonne la fin des couleurs. Je ne tenais debout que par volonté, orgueil et miracle. Les rangs furent dispersés et tous, sauf moi, furent invités à regagner leur bâtiment. J'avais le dos en capilotade mais je les emmerdais !

Le toubib avait tout vu, mais ni lui ni l'autre n'avaient reçu de correction, on ne les avait pas remarqués. Une fois de plus, j'avais eu droit aux faveurs de mes hôtes. Ma respiration me faisait mal aux côtes et j'ai pensé qu'il m'en avait cassé ou fêlé plusieurs, surtout du côté droit. J'aurais bien voulu m'asseoir. La garde d'honneur était repartie et il ne demeurait que le chef phalangiste et ses hommes qui bavardaient avec le colonel et ses adjoints. J'étais seul, planté au milieu de cette place qui me parut immense alors qu'elle ne l'était pas. Je m'attendais au pire : le cachot; mais un moment passé, on me signifia de rejoindre mon bâtiment. Qu'est-ce que ça cachait, cette histoire? En arrivant à ma place, le docteur Auriac m'y attendait, ce brave type, assis sur mon lit avec sa mallette de soins!

«Je suis encore une fois en mauvais état. La marche pour revenir jusqu'ici m'a été très pénible, je respire très mal à cause de douleurs dans les côtes. J'en ai vraiment marre de me faire tabasser, ils vont bien arriver à me faire crever.

— Je t'attendais à tout hasard. Allonge-toi que je regarde ça.»

Il m'ausculta devant, derrière, tout le buste. Stéthoscope, pression avec les mains; je gueulais, il s'en foutait et poursuivait son exploration.

«T'as un bon squelette, rien de cassé ni, a priori, de fêlé. Je ne vois que l'aspirine. Bien sûr, des massages au Synthol t'auraient fait du bien, mais je n'en ai pas. Je te laisse huit comprimés et je passerai te voir demain.

— Si je suis toujours là!

— Ne t'inquiète pas de ça. Repose-toi. Ton copain est parti?

— Oui. C'est vraiment dommage.

— Ce sera bientôt notre tour. Pour l'instant, récupère-toi et essaie de dormir. Tiens, je te donne deux comprimés, un pour cette nuit, un pour demain soir. Allez, bonsoir, je passerai demain matin. Ah, aussi autre chose à te dire : j'aime bien les gars qui savent ce qu'ils veulent et qui assument leurs convictions quoi qu'il leur en coûte. Quel âge as-tu ? »

Il était douze heures trente. Jusqu'au soir, pour la soupe, je n'ai pas bougé de mon lit, ne sachant dans quelle position me mettre. Le gars du dessus qui, bien sûr, regardait pendant que le toubib m'auscultait, me dit :

« Ton dos est bleu. Non, violet. Enfin, les deux...

— C'est beau, non ?

— Ouais, si on veut. »

Lui, ce pauvre con, n'avait ni mal ni le dos violet ou bleu, il avait levé le bras, comme les Boches, pour saluer les torchons de ces salauds. J'avais vachement mal, malgré l'aspirine, mais j'étais fier de moi et ça, ça me faisait du bien ! Avec un somnifère, j'arrivai à m'endormir, cassé, fourbu, douloureux, oppressé.

Le lendemain, j'avais toujours mal partout et ne pouvais pas faire certains mouvements avec le bras ni tourner le buste. Le médecin revint en début d'après-midi. Où avait-il trouvé de la pommade ? Toujours est-il qu'il me massa le dos avec beaucoup de soin, ce qui me soulagea. Le soir, il revint à nouveau me masser. Ça m'apaisait beaucoup. On bavarda, mais pas très longtemps, car il n'avait pas tellement le droit de venir me soigner sans autorisation. Il me demanda mon nom, mon prénom, pourquoi j'étais passé en Espagne, etc., et nota tout ça. Pour quelle raison ?

Trois ou quatre jours plus tard, j'étais remis. De fortes douleurs subsistaient lors de certains mouvements, mais c'était supportable, et ça valait mieux, car j'allais voyager...

Le 10 décembre, au bout de près de trois mois passés dans ce camp pourri, un gardien vient me chercher avec mes affaires. Il est sept heures du matin. L'espoir et la crainte me saisissent : où vais-je ? Que je sache, il n'est pas prévu de départ de détenus, serait-ce la sanction de la Phalange ? Direction le poste de garde. Attente. Une trentaine de gars arrivent et, vers huit heures, un vieux bus entre dans le camp et fait demi-tour pour se garer devant le poste. Je m'interdis de me réjouir avant de savoir où je vais, mais le plus clair est quand même que je vais partir d'ici et ça n'est pas pour me déplaire. Le petit salaud de garde qui m'a tellement fait souffrir est là ; il me regarde méchamment, comme si j'allais lui échapper, alors que j'aurais tellement aimé pouvoir le tuer avant de partir. À défaut, je vais quand même avoir l'occasion, inespérée, de lui laisser un bon souvenir.

On monte dans le bus, moi le dernier, par sanction, mais ça me vaut d'être assis devant, près de la porte et du chauffeur qui a l'air très pressé de repartir et gueule pour que les formalités s'accélèrent. Mon salaud de garde lui répond par la portière ouverte et, de toute évidence, le ton monte. Les papiers officiels arrivent après un long moment d'attente et le garde les jette au chauffeur exaspéré tout en continuant à l'insulter en maintenant la porte ouverte. Le chauffeur se retourne, très énervé, et me fait un signe catégorique de fermer la porte. Je suis le plus près et notre escorte est assise au fond du bus pour mieux nous surveiller tous. Je vois très bien que mon salaud de garde a les doigts passés dans la portière, côté charnière. Ils dépassent de plusieurs centimètres. Alors, avec une joie intense, j'attrape une sangle qui pend au milieu de la portière que je claque de toutes mes forces.

Ses doigts deviennent immédiatement violets et on l'entend hurler dehors. Il ne fallait pas me faire monter le dernier ! Le bus démarre et le chauffeur fait un geste obscène de la main à l'intention du garde qui gueule en courant le long du véhicule. Il roule doucement une cinquantaine de mètres, passe le portail, puis donne un coup d'accélérateur. Le garde s'effondre en se faisant traîner sur le sol tiré par les doigts qui sont devenus noirs. Je vois tout très bien par la fenêtre : le garde est allongé juste le long du bus, à ma hauteur. Le chauffeur, qui a tout vu dans son rétroviseur, ralentit et stoppe en me faisant signe d'ouvrir la porte. Je l'entrebâille et le garde s'immobilise, étendu sur le sol. Il est blême. Dans le bus, tout le monde s'en fout, même notre escorte, au fond. Pas moi ! On repart plein pot !

Je l'ai eu, ce salopard, je suis vengé, on va peut-être lui couper les doigts écrasés, il va en baver, sera réformé, touchera une pension de miséreux, mais plus personne ne souffrira à cause de lui. Je suis bien ; je lui ai fait payer sa cruauté par une autre, bien pire. J'aurais voulu que Marcel voie ça. Il m'aurait dit :

« Fafa, t'as encore fait une connerie, il va te retrouver et te le faire payer.

— Mais oui mon vieux Marcel, il va me retrouver, sûrement. Je me tire et je suis sacrément heureux de mon coup. Les comptes sont à jour. »

Je me tire, mais où allons-nous ? Si je parlais espagnol, je pense que le chauffeur me l'aurait dit, mais...

On roule vers Burgos. À Burgos, on prend la route de Madrid : deux cent quarante-cinq kilomètres. Il est neuf heures trente passés; à la vitesse où ce bus avance, si on va à Madrid, on en a encore pour cinq heures. Si tout va bien, on sera arrivés à quinze heures. En supposant que l'on aille bien à Madrid ! À quinze heures trente, sans avoir déjeuné, on entre dans la capitale et à seize heures, le bus stationne devant une gare où un groupe de gardes attend notre arrivée.

C'est l'espoir, la joie, vite déçus. Le chauffeur remet des papiers à l'un des gardes qui réceptionne les passagers. Ils échangent quelques propos au cours desquels ce garde tourne la tête vers moi. Un par un, à l'appel de leur nom, tous descendent, sauf moi qui reste dans le bus avec les quatre gardes qui nous accompagnent depuis Miranda. Le docteur Auriac, qui est du voyage, me jette un regard plein de tristesse en passant devant moi. La portière se referme et le bus repart. Je suis désespéré encore une fois. Pourquoi suis-je séparé des autres qui vont partir? Où vais-je encore aller? Jamais je ne pourrai donc quitter ce pays de malheur où j'accumule toutes les peines?

On roule et nous quittons Madrid même pour sa banlieue sud lorsque le bus s'arrête sur une avenue devant les hauts murs noircis d'un grand bâtiment austère. On m'invite à descendre après m'avoir passé les menottes et je lis sur le fronton au-dessus d'une grande porte aveugle « Carcel Carabanchel ». « Carcel », je comprends ce que ça veut dire ! J'y entre, convaincu que cette fois c'est bien pour y mourir.

C'est donc ça la sanction de la Phalange, c'est pour ça que l'on m'avait laissé regagner mon bâtiment après le matraquage. Ce coup-là, c'est la fin, je n'ai plus le tonus pour pouvoir supporter de nouvelles brimades et l'isolement complet.

Et ça recommence, contrôle d'identité, confiscation de mes affaires personnelles, fouille au corps et descente aux enfers. Descente, parce que je vais au troisième sous-sol par un labyrinthe de couloirs et d'escaliers en pierre, à peine éclairés, pour être enfermé dans une cellule où il y a déjà deux personnes. Une faible ampoule au plafond permet aux gardiens de surveiller l'intérieur à travers une lourde porte à barreaux. Les murs sont en grosses pierres noires qui suintent d'humidité, le sol est couvert d'eau sur plusieurs centimètres de hauteur.

Il n'y a qu'un tabouret pour trois, rien pour s'allonger, pas de lavabo, un trou dans un coin, comme au cachot de Miranda.

L'un des occupants se présente :

« Pierre Dac, directeur de l'établissement. En congé maladie. Heureux de vous accueillir dans mon centre de convalescence aéré. »

Et il me serre chaleureusement la main.

« Vous aviez réservé une chambre sur la mer... Vous avez les pieds dedans !

— François. Bienvenue. »

C'est l'autre, nouvelle poignée de main.

Pierre Dac est petit, pas épais, une tête curieuse, mais très sympathique, des yeux pétillants, et doué d'un humour et d'un moral à toute épreuve. C'est grâce à lui que je tiendrai le coup. François est plus grand, plus volumineux, il a une bonne tête souriante et bon moral aussi. J'ai de la chance d'être tombé dans leur cellule, c'est à eux, et surtout à Pierre Dac, que je dois de ne pas être mort de désespoir dans cette oubliette d'un autre siècle où j'aurais pu être seul.

Rapidement, ils me racontent leur quotidien. Aucun ne pose de question sur la raison de mon arrivée. Très vite, on sympathise ; tout ce que chacun sait des autres c'est qu'il s'est évadé pour rejoindre la France libre. Ici, c'est le néant, rien ne se passe et vivre les pieds dans l'eau est très pénible. Le plus dur est qu'il n'y a pas de couchette pour s'allonger et dormir, alors on se relaie pour s'asseoir sur le tabouret et s'assoupir à tour de rôle, les pieds sur un barreau. Pour le reste, le moral,

Pierre Dac fera le nécessaire. Cet homme est étonnant de fantaisie et de gentillesse. Il est là depuis douze jours et François dix. Régulièrement, Pierre Dac, debout sur le tabouret, nous fait un discours politique tellement plein de finesse et d'humour que l'on en arrive à bien rigoler dans ce cloaque, abandonnés de tous.

La vie les pieds dans l'eau est très cruelle : ils gonflent, pèlent et se crevassent, il faut renoncer aux chaussures et rester debout sur le tabouret, par roulement, pour que les pieds sèchent avant de les replonger dans la flotte crasseuse du sol où doucement les crevasses s'infectent. La bouffe est immonde, très insuffisante, froide, insipide, sans aucune calorie. Nous n'avons pas de montre bien sûr, et on vit sans repères au rythme de la soupe, mais le moral reste bon grâce à notre ami qui s'en charge avec tant de gentillesse et d'acharnement.

Des jours passent, combien, je ne sais pas. C'est l'abandon à une destinée à laquelle il ne faut surtout pas penser. Malgré moi, je suis obsédé par l'état de mon ventre qui ne doit attendre qu'une nouvelle occasion pour me démolir. Un jour, sans savoir si c'est un matin ou un soir, un garde vient chercher Beaumont ! Je suis tellement surpris que je sors, mes chaussures à la main, sans dire un mot à mes amis que je pense retrouver dans un instant. Nous regrimpons les escaliers, reprenons les couloirs et je me retrouve, toujours pieds nus, dans un local au rez-de-chaussée avec deux gardiens. Que va-t-il encore m'arriver ? Je remets mes chaussettes et chaussures lorsque entre un homme en civil qui se présente comme étant le commandant Devergne de la délégation de la France libre à Madrid.

« Vous êtes libéré, vos affaires vont vous être rendues dans un instant et vous allez partir avec moi. »

Je suis stupéfait. Pourquoi cette démarche invraisemblable ? Qui est ce commandant Devergne ? Et mes amis, eux ?

La mission

Rapidement, sans aucune formalité, je me retrouve sur le trottoir, en plein soleil, avec mon libérateur. Une voiture arborant le fanion tricolore de la France libre nous attend et, sans échanger un mot, on roule jusqu'à la calle San Bernardo, siège de la représentation diplomatique des Forces françaises libres. Nous montons au dernier étage de l'immeuble qui est en centre-ville, juste en face de l'ambassade de Vichy où flotte un drapeau français avec une francisque. Sur le bâtiment où je suis flotte le même drapeau mais avec une croix de Lorraine. Cet immeuble grouille de monde : des réfugiés, des membres de la Croix-Rouge, des « dames » françaises résidant en Espagne et qui viennent apporter leur assistance, des types qui font je ne sais quoi, mais de façon affairée.

En haut, au quatrième étage, sous les toits, se trouvent les bureaux du Bureau central de renseignements et d'action[1]. C'est là que le commandant Devergne me reçoit. Il y a sept ou huit pièces dont plusieurs sont occupées par les services radio et du chiffre où crépitent des engins de communication divers. Dans d'autres, il y a des dactylos, deux bureaux où des gens en questionnent d'autres et deux pièces « Accès strictement inter-

1. Le BCRA a été remplacé par le SDECE (Service de documentation extérieure et de contre-espionnage) avant de devenir en 1982 la DGSE (Direction générale de la sécurité extérieure).

dit». Moi, je suis dans le bureau du patron du Bureau central de renseignements et d'action local[1], affalé dans un fauteuil confortable.

Débute alors une conversation surprenante :

« Café ?

— Volontiers.

— Comment vous sentez-vous ?

— Pas dans une forme olympique.

— Ça va vite revenir à votre âge.

— Tout dépend de ce que l'on a subi, et pendant combien de temps.

— Oui, bien sûr, je suis au courant.

— Ah, bon. De tout ?

— De tout.

— Bien. Mais avant de poursuivre, mon commandant, quel jour sommes-nous et quelle heure est-il ?

— Nous sommes le 22 décembre et il est quatorze heures dix.

— Alors je suis resté...

— Dix jours à Carabanchel.

— Vous saviez que j'y étais depuis dix jours ?

— Oui, naturellement.

— Comment ? Et... puisque vous en aviez les moyens, pourquoi ne pas m'avoir fait sortir plus tôt, avec mes deux camarades ?

— Comment ? Par les informations que nous communique la police espagnole.

1. C'est ce que je croyais. En fait, le commandant Devergne était le chef du service action du BCRA. Le grand patron était Ippécourt, chef des services secrets de la France libre en Espagne. J'ai oublié son véritable nom. En 1947, je l'ai rencontré à Paris, au Cercle militaire, à l'occasion d'une cérémonie au cours de laquelle plusieurs officiers des services secrets sous l'Occupation et aussi une jeune femme extraordinaire et superbe, Betty Pack, étaient décorés. Ippécourt a écrit un livre, *Les Chemins d'Espagne*, le meilleur ouvrage sur la question, dans lequel il relate, entre plusieurs autres, la mission Fallery du réseau Comète. J'étais très fier d'être cité dans cet ouvrage qu'il me remit avec une dédicace beaucoup trop élogieuse. De façon stupide, j'ai égaré ce livre devenu introuvable.

— Pourquoi avoir attendu dix jours ?

— Simplement le temps qu'il fallait pour obtenir les autorisations nécessaires à votre libération. Vous étiez à Carabanchel en tant que condamné par un tribunal militaire, ce qui demande plusieurs jours de démarches compliquées et aléatoires auprès de différentes autorités peu diligentes.

— Condamné par un tribunal militaire ? Mais je ne suis jamais passé devant un tribunal militaire ! Qu'est-ce que c'est que cette histoire ?

— C'est ainsi.

— Ah bon ! Je suis condamné sans le savoir et sans avoir comparu.

— Beaumont, nous sommes dans un pays étranger dont il ne nous appartient pas de juger le comportement. Vous êtes ici et c'est tout ce qui importe.

— Et les deux autres ?

— Ils vont être libérés dans quarante-huit heures, mais nous n'avions pas besoin d'eux. Vous, vous étiez destiné à rester en prison pendant trois mois pour insoumission et rébellion. Eux n'y seront restés que trois semaines[1].

— Que trois semaines ! Et... en quoi avez-vous besoin de moi pour que je fasse l'objet de tant de sollicitude ?

— Vous avez déjeuné ?

— Déjeuné ? Mais vous plaisantez, mon commandant ! Jamais vous n'avez goûté les joies et le confort des prisons et des camps espagnols. Il y a quatre mois que je n'ai pas déjeuné. Ma dernière soupe froide date d'hier soir. C'était de l'eau avec quatre fèves par personne. »

Il téléphone pour faire venir quelqu'un.

« Vous allez vous doucher et vous faire habiller de neuf.

1. Pierre Dac rejoignit Londres où il participa activement aux émissions diffusées par la BBC à destination de la France occupée, « Les Français parlent aux Français », avec Maurice Schumann, Pierre Bourdan, Jacques Oberlé, Jean Marin et d'autres.

J'ai besoin de vos vêtements. Après, nous irons au restaurant et je vous montrerai votre hôtel, à côté d'ici.

— Mais... à quoi rime tout ça ?

— Soyez aimable de ne pas me questionner pour l'instant, nous parlerons tranquillement plus tard. Sachez seulement que nous avons besoin de vous.

— Pourquoi de moi ?

— Pas de questions pour l'instant, vous ai-je dit. »

Il est impératif. Sur ces entrefaites, une dame, genre « dame d'œuvre », vient me chercher pour m'accompagner jusqu'à une douche. Puis un coiffeur m'arrange les cheveux et ensuite je passe au vestiaire où on trouve de quoi m'habiller, très correctement d'ailleurs, des pieds à la tête. Tout est neuf. Dans un fourre-tout, on place mes anciens vêtements crasseux, chaussures, chaussettes, mouchoirs, tout, et le paquet disparaît. Mon accompagnatrice me remet un petit sac avec un matériel de toilette complet, quelques mouchoirs, un slip et des chaussettes de rechange. Je n'y comprends rien, mais tant qu'à faire, je lui demande si elle n'aurait pas une montre à me prêter tant j'en ai assez de vivre sans heure.

« Mais si, mais si, bien sûr, à vous donner même. »

Me voilà tout neuf, tout propre, les cheveux coupés, les dents lavées, alors qu'il y a quelques instants, j'étais au troisième sous-sol, dans une oubliette, les pieds dans l'eau glacée ! Tout ça est incroyable, mais vu que, pour une fois, ça va plutôt bien, je me laisse porter.

Il fait un temps radieux, chaud même. Le commandant m'emmène déjeuner à la terrasse d'un restaurant de qualité où je fais attention à ne prendre que des plats sains et manger peu car j'ai peur qu'un changement brutal de régime me détraque. Le repas est quand même fameux et le vin stimule le corps et l'esprit. Je crois rêver, complètement égaré. Durant le repas, nous n'avons parlé que de mes démêlés depuis mon arrivée en Espagne. J'ai pu alors constater qu'effectivement ce commandant était au courant de beaucoup de choses.

Retour à son bureau en passant devant l'hôtel où j'avais une chambre retenue avec petit déjeuner. Je prendrais mes repas à la délégation, avec le personnel.

« Asseyez-vous, je vais vous expliquer pourquoi nous avons besoin de vous en particulier : je désire vous confier une mission importante en France. »

J'aurais reçu une décharge électrique que je n'aurais pas eu une réaction différente. Il était fou ou avais-je mal compris ?

« Mais... vous ne pensez quand même pas que je vais retourner en France occupée alors que depuis début septembre je me bagarre pour rejoindre les Forces françaises libres en Afrique et que j'ai déjà beaucoup trop attendu et dérouillé ? Il n'est pas...

— Attendez, ne vous emballez pas. Cette mission est de très courte durée, vous ne serez absent que trois jours, quatre maximum, et dès votre retour vous partirez en priorité pour l'Afrique du Nord. C'est une chance pour vous, au contraire, car sans ce choix, vous passiez encore deux mois et demi à Carabanchel.

— Peut-être, mais imaginez-vous ce que ça peut être de repasser dans les deux sens les Pyrénées, de me retaper des nuits de marche en montagne, de risquer de me faire prendre à la frontière deux fois de suite, de retourner en taule en revenant si je ne me fais pas préalablement ramasser en France ?

— Vos passages n'auront rien de comparable avec le précédent. Tout sera organisé en Espagne pour vous y accueillir et vous passerez là où il y a très peu à marcher. Vraiment très peu. Ce sont des filières spéciales que seuls nos agents utilisent.

— Mais pourquoi moi ?

— À cause de votre âge et du Service du travail obligatoire.

— Mon âge, mon âge... Vous ne le connaissez même pas !

— Si, très bien. Vous n'avez que dix-sept ans et vous aurez dix-huit ans le 8 août prochain.

— ...

(C'était mon âge véritable, pas celui de ma carte d'identité au nom de Beaumont.)

— Votre nom aussi, nous le connaissons. Le vrai. Nous savons tout, y compris ce que vous avez fait avant de quitter la France. Je sais aussi que vous ne pouvez pas refuser de servir le pays quand ça lui est utile.

— C'est du chantage au patriotisme...

— Non, c'est une nécessité pour la France libre !

— Mais vous ne voyez pas dans quel état physique je suis ? Le passage des Pyrénées, sous-alimenté depuis trois ans, la prison à Pampelune, pas alimenté, le camp de Miranda, on en a parlé, les sévices subis, la taule de Madrid, et vous m'imaginez capable de refaire un tour complet ? Mais ce n'est pas sérieux ! J'ai besoin de manger, dormir, me balader au soleil et ne plus vivre dans la crainte et les coups. Or, ce que vous me proposez est tout le contraire, et je n'en ai plus la force physique ni morale.

— Trois ou quatre jours maximum qui ne sont rien à côté des deux mois et demi que vous auriez pu avoir à faire à Carabanchel.

— Et si je refuse formellement votre... proposition, vous n'allez quand même pas me reconduire en prison ?

— Non, évidemment.

— Et... vous faites quoi de moi, alors ?

— Vous partez dans deux jours pour Algésiras puis le Maroc et on ne parle plus de rien. »

J'étais coincé ! C'était très fort de me laisser un choix pareil car ça devenait très difficile de me dérober.

« Il faut tout m'expliquer sur la façon dont fonctionnent vos fameuses filières, ce que j'aurai à faire en France, où j'aurai à aller, pourquoi et quand.

— D'accord, mais je dois connaître votre décision avant de tout vous livrer. C'est normal, convenez-en.

— Il est dix-sept heures. À dix-huit heures, ici. Il faut que je réfléchisse.

— OK. Avez-vous quelques pesetas ?

— Non.

— Tenez, prenez ça, si vous voulez boire un verre.

— Merci, à tout à l'heure. Mais n'ayez pas trop d'espoir. »

Je ne pouvais pas me défiler. Je sentais que ma décision était déjà prise bien malgré moi, mais je ne voulais pas donner ma réponse comme ça, sans réflexion, pour une affaire qui, en tout état de cause, me contrariait énormément. J'étais très fatigué, c'était vrai, mais aussi pas du tout en forme moralement. Et puis j'avais encore mal au dos et aux côtes des coups de matraque, et mes genoux étaient toujours douloureux. Ils le resteront définitivement.

Ce n'était pas le pire ; ce qui m'inquiétait le plus c'est que je n'avais aucun enthousiasme à l'idée de retourner en France rejouer les clandestins. Je n'y croyais plus, je ne pensais plus qu'à me battre autrement, en plein air, avec une arme. Le reste, j'en avais ma claque ! Bien sûr, je pouvais refuser, mais le Bureau central de renseignements et d'action m'avait quand même fait sortir de taule où jamais je n'aurais tenu trois mois. Ça valait quelque chose. Je savais bien que c'était intéressé de leur part, mais quand même... Et puis, quatre jours, peut-être trois seulement, ça n'était pas le bout du monde. Non, c'était faisable, mais en avais-je les possibilités ? Quitte à devoir le faire, il fallait que ça se fasse rapidement, car les événements s'accéléraient et ma hantise d'arriver trop tard me taraudait.

Quelle mission pouvait encore être tellement utile ? Si je lui donnais mon accord avant de savoir ce qu'il attendait de moi, je ne pourrais plus revenir en arrière. Ça pouvait très bien être un coup tordu. Ça l'était sûrement d'ailleurs. J'étais piégé. Il était très fort, ce type. Il m'avait eu, en me laissant le libre choix de retourner en France ou de partir dans deux jours pour Algésiras. Je devenais son obligé sans aucune forme de pression de sa part. J'allais lui dire oui en essayant de me conserver une petite porte de sortie si le coup était trop gros, mais il fallait absolument que ses filières soient en velours. J'accepterais d'assumer en France mais plus en Espagne, là, ce serait à lui de se démerder pour que tout fonctionne sans aucun problème et rapidement. Déjà qu'en France il y avait cette saleté de zone interdite à repasser deux fois ! Peut-être que dans le sens Sud-Nord, c'était moins dangereux ? Il resterait quand même Nord-Sud après et... Oh ! On verrait bien.

Avant dix-huit heures, je suis au quatrième étage pour mon rendez-vous. Des radios émettent, reçoivent, des téléscripteurs cliquettent, des magnétophones tournent, une vraie ruche, avec des gars en bras de chemise, des écouteurs sur les oreilles, qui prennent des notes, se les passent ou les portent rapidement à un bureau voisin. Jour et nuit ça doit être ainsi, comme dans tous les « greniers » d'ambassade. Dans les greniers, parce que près des toits, pour les antennes.

Je me demande ce qu'il peut y avoir dans les pièces où il est interdit d'entrer. Et en face, comment est-ce, de l'autre côté de la rue, chez Vichy ? En allant et venant je n'y ai pas vu un chat entrer ou sortir, le hall est vide. Ici, l'immeuble est plein de gens actifs qui circulent sans cesse. En face, c'est très grand et luxueux. Ici, c'est trop petit et modeste.

À l'heure juste, le commandant me reçoit.

« Vous fumez ? demanda-t-il en me tendant un coffret de cigarettes.

— Un peu, merci. »

Ça me donnera une contenance.

« Alors, vous avez profité du soleil ?

— Oui, c'est bon, vous ne pouvez pas savoir.

— Je m'en doute. Avez-vous réfléchi et décidé ?

— Mon commandant, vous exigez une réponse que je me suis engagé à vous donner et que vous souhaitez affirmative alors que je ne sais rien de ce que vous attendez de moi.

— Comprenez, une fois pour toutes, que je ne peux pas vous affranchir de l'objet d'une mission si vous n'entendez pas la remplir.

— C'est une question de confiance et je pense que vous l'avez en moi pour me solliciter de la sorte, alors pourquoi craindriez-vous une fuite de ma part en cas de refus ?

— Nous avons toute confiance en vous, sans quoi vous ne seriez pas là où vous êtes en ce moment, mais à...

— Oui, je sais où !

— Ici, c'est le Bureau central de renseignements et d'action, pas une agence de voyages, et nous ne pouvons pas nous permettre un seul écart de sécurité ni nous tromper de personne. Les choses sont comme ça, vous êtes un ancien de Comète, alors dépassons cette question et répondez-moi.

— C'est maximum quatre jours ?

— Ça peut même n'être que trois.

— Vous m'assurez des filières en or et aucun internement en Espagne au retour ?

— Je vous en donne ma parole.

— Alors, c'est d'accord.

— Bien. Vous partirez demain matin. D'ici là, nous passerons le temps voulu à vous fournir les instructions et à établir les documents nécessaires à votre double passage. Sachez d'abord que dès cet instant, vous êtes militaire.

(En fait, je l'étais déjà, sans le savoir, depuis le 10 septembre où j'étais en Espagne. La période d'internement fut comptée comme service actif pour les garçons qui s'engagèrent immédiatement dans l'armée.)

— Votre mission est extrêmement simple et urgente, et vous allez avoir confirmation, si besoin était, de notre confiance absolue, car il s'agit de transporter une mallette de fonds, d'un très gros montant, jusqu'à Paris et de revenir aussitôt après l'avoir remise à une personne déterminée. C'est tout.

— Ça paraît effectivement assez simple, dans le principe.

— Très. C'est votre âge, je vous l'ai déjà dit, et votre activité passée qui ont déterminé notre choix.

— Il y a une grosse somme dans cette mallette ?

— Énorme, mais vous ne saurez pas combien. Ça n'a d'ailleurs aucune importance pour vous.

— Non, aucune. Mais elle est lourde ?

— Dix-huit kilos. C'est une mallette très banale.

— Bien. Sous quelle identité vais-je voyager ?

— L'actuelle. Vous serez muni de documents particuliers pour l'aller et le retour afin de vous faciliter les choses le plus possible.

— La zone interdite est la plus dangereuse.

— Pas à l'aller, vers le Nord. Vous ne risquez que des contrôles de routine. Pour le retour, nous vous donnerons une couverture pour le voyage, la traversée de la zone interdite et de la frontière. Votre récupération sera immédiate. Avant de poursuivre, je dois appeler notre faussaire "maison" pour qu'il établisse, dès maintenant, les documents de votre couverture en France et les coupe-circuits espagnols pour l'aller et le retour. »

Un petit homme grassouillet, chauve et avec des lunettes de myope arriva à pas pressés.

« César, je vous présente Roger Beaumont. Veuillez lui préparer ce dont nous sommes convenus », dit le commandant. Puis, s'adressant à moi :

« Votre carte d'identité, je vous prie. »

Sans un mot, César repartit.

« C'est un faussaire professionnel d'une adresse remarquable. Nous l'avons aussi récupéré en prison, mais lui est grec. Il ne prononce jamais un mot, mais parle six langues couramment et dispose d'une documentation fabuleuse sur tous les papiers officiels d'au moins dix pays belligérants, y compris le Japon. Il était l'un des plus forts dans la fabrication des faux billets de banque, ses contrefaçons étaient indétectables, alors les faux papiers, pour lui, c'est un jeu d'enfant. Sa vie est un véritable roman. Les Anglais nous le jalousent depuis des années, mais c'est nous qui avons réussi à le récupérer alors qu'il purgeait une peine de vingt ans. Pour faux, naturellement. Il n'a fait que trois ans et sera libéré à la fin des hostilités, car nous lui ferons quitter l'Espagne pour services rendus. Actuellement, il est en liberté conditionnelle.

— Si nous avions eu un homme comme ça dans le réseau !

— Il y en a plusieurs en France qui travaillent pour la Résistance, mais pas dans votre réseau. Bien, poursuivons... »

À vingt-deux heures, tout était en ordre dans ma tête, il ne me restait que trois dialogues de reconnaissance à apprendre par cœur. Les papiers seraient terminés le lendemain matin, César allait y passer la nuit. Ça devrait bien se dérouler, les gens d'ici connaissent leur boulot, ils ont des moyens, des relations et du métier.

Après avoir dîné, je rejoignis mon hôtel. Un rendez-vous était fixé à neuf heures le lendemain matin avec le commandant. Un bain chaud, un vrai lit avec des draps, quel bonheur et quelle bonne nuit j'ai passée en ne pensant qu'à ma joie d'être toujours en vie.

À neuf heures, j'étais sur place. La première chose était de me rhabiller entièrement avec mes anciens vêtements pour ne partir avec rien qui ne soit pas de France et usagé. Entre-temps, tout avait été chez le teinturier ou le blanchisseur, pour revenir impeccablement propre. On me reprit la montre offerte, qui n'était pas commercialisée en France, pour m'en donner une autre, d'occasion, d'un modèle courant dans le pays. Quand je me fus changé, une personne vint m'inspecter des pieds à la tête, me fit vider mes poches et les retourner pour s'assurer qu'aucun indice ne pouvait me trahir. Le commandant me remit les papiers et documents d'authenticité fabriqués par César. Effectivement, du travail de grand professionnel. C'était troublant qu'un homme puisse, aussi rapidement, fabriquer de tels faux. Ah, j'avais été un piètre amateur, moi qui m'étais cru très fort !

Il y avait deux enveloppes, une pour l'aller, l'autre pour le retour ; chacune contenait des papiers à mon nom en français, en allemand et en espagnol. Avec les enveloppes, il y avait une somme d'argent français pour mes frais et, comble, les billets de train aller et retour avec les réservations de places. J'étais ébahi.

« Les billets de train sont authentiques, eux, me dit le commandant.

— Comment, de Madrid, avez-vous fait pour avoir des billets de train et des réservations en... quatorze heures sur le réseau français ?

— C'est notre affaire.

— Vous faites un travail passionnant.

— Vous pourrez rester avec nous à votre retour, vous apprendrez le métier.

— Non, c'est aimable de votre part, mais je veux me battre avec autre chose qu'un téléscripteur et des faux papiers.

— Je l'ai bien compris.

— Je pars quand ?

— En début d'après-midi, en voiture jusqu'à Irún, pour passer dès demain matin de la façon que vous connaissez.

— Qui me conduit ?

— Un agent espagnol à nous. En revenant, vous pourrez reprendre les vêtements que nous vous avions fournis.

— Non, merci beaucoup. Je préfère arriver à Casa dans les vêtements que j'avais en partant de Paris.

— Vous êtes très attaché à l'esprit des choses.

— Très.

— Je regrette que vous ne restiez pas travailler avec nous. La fin de la guerre ne signifiera pas la fin de notre activité. Bien au contraire.

— Je sais, je sais. Actuellement, toute mon énergie est fixée sur le désir impérieux de me battre pour libérer le territoire français et venger des amis. Rien ne me fera dévier de cet objectif que je n'arrive pas à atteindre depuis bien trop longtemps.

— N'en parlons plus pour le moment. Je vous invite à déjeuner, votre départ est prévu pour quatorze heures trente. Votre chauffeur s'appelle Paco. Il est très sûr. Rien n'est à craindre et, comme vous le savez, grâce à César, vous avez le statut diplomatique en Espagne tant à l'aller qu'au retour. C'est une garantie de bonne fin. »

Je n'avais toujours pas vu la valise. Après un bon repas, à quatorze heures quinze, nous étions de retour à l'« ambassade ». Jusqu'à quatorze heures trente, le commandant resta avec moi, et à quatorze heures trente précises un de ses adjoints apporta la fameuse valise. Elle était banale mais devait peser plus de dix-huit kilos. Notre séparation se fit sans emphase, une poignée de main :

« À bientôt, bonne route. »

Les billets de train avaient été pris pour un retour qui limitait mon absence à trois jours, c'était sympa. Je suis parti pour Irún le 24 décembre, conduit par un homme d'une quarantaine d'années, très agréable, qui parlait parfaitement le français. Un « aimable correspondant ».

Une centaine de kilomètres après notre départ, Paco me dit que nous devions faire un petit crochet par Siguënza où il avait à rencontrer, à son domicile, un officier de police espagnol. Siguënza est un gros bourg situé au nord-est de Madrid, un peu en retrait de la route nationale sur laquelle nous circulions. Le détour nous faisait faire une cinquantaine de kilomètres en plus, mais l'arrêt serait de courte durée. La maison où se rendait Paco était sur la place principale de la ville au centre de laquelle siégeait une église vaguement romane, sobre, un peu lourde, d'une architecture plus militaire que religieuse.

« Pendant mon absence, vous pouvez vous promener, sans vous éloigner, ou m'attendre dans la voiture. Je ne pense pas en avoir pour plus de quinze à vingt minutes. Et si on vous demande quoi que ce soit, montrez votre permis de circuler, vous n'aurez aucun problème, mais restez à proximité pour que nous puissions repartir dès que j'en aurai terminé. »

Le temps magnifique m'incita à aller marcher un peu sur la place et faire le tour de l'église dont la porte d'entrée était fermée à clef. En longeant les murs construits comme ceux d'une citadelle, je fus stupéfait d'être soudain appelé par une voix qui sortait d'un soupirail au ras du sol où de gros barreaux entrelacés rappelaient ceux d'une prison d'il y a cinq siècles. La voix, qui parvenait faiblement par cet orifice noir, était celle d'un Français. Je m'accroupis pour mieux entendre ce qui semblait sortir des entrailles de la terre.

« Aidez-moi ! Aidez-moi ! Je vais mourir ici, aidez-moi ! Au secours ! Aidez-moi... »

C'était déconcertant, il fallait répondre à cet appel pathétique. Pour ne pas trop attirer l'attention, je mis péniblement un genou au sol, faisant semblant de refaire les nœuds de mes lacets de chaussures.

« Qui êtes-vous ?

— Mon Dieu, vous êtes français !

— Oui. Qui êtes-vous ? Dépêchez-vous.

— Je m'appelle Yves Rousset. Je suis enfermé ici par le curé depuis six semaines, coupé du monde, aidez-moi, je vais mourir dans ce trou noir, abandonné, pas nourri, malmené et...

— Pourquoi es-tu là ?

— Je me suis évadé de France, seul. J'ai marché de nuit jusqu'ici où j'ai commis l'imprudence de demander à une famille de m'héberger pour me reposer seulement deux jours.

— Et puis, dépêche-toi.

— Et puis, le lendemain de mon arrivée chez ces gens, ils m'ont dénoncé au curé qui est venu me chercher avec deux autres types et ils m'ont enfermé ici. Le curé m'a dit que j'étais son prisonnier et que je paierais pour avoir voulu abuser de la fille de la maison où on m'avait accueilli. Que j'étais un apatride, un ennemi du pays, un communiste révolutionnaire...

— La vérité, c'est quoi ?

— Il n'y avait pas de fille dans la maison où j'étais. Je suis français, originaire de Clermont-Ferrand. J'ai vingt-six ans et je vais mourir dans ce trou...

— Pourquoi as-tu quitté la France ?

— Je suis mécano de l'armée de l'air. J'ai fait l'École de Rochefort et je voulais rejoindre les Forces françaises libres.

— Je vais essayer de te faire sortir d'ici le plus vite possible. Garde confiance.

— Le curé est une bête dangereuse. C'est un malade. »

Paco arrivait pour me rechercher.

« J'ai terminé, on repart. Que faites-vous ici par terre ?

— Venez, je vais vous raconter.

— Aie confiance, Rousset.

— Mais... à qui parlez-vous ?

— Venez. »

Dans la voiture, j'ai tout raconté à Paco qui parut moins stupéfait que moi. Ces mœurs ecclésiastiques devaient être monnaie courante dans le pays.

« Quelles sont ces méthodes ? Un curé peut donc interner une personne de son propre chef dans un cachot, sous une église, sans en référer à quiconque, sans enquête, sans jugement, rien ? Paco, il faut intervenir très vite, téléphonez au commandant qu'il fasse le nécessaire. Personne ne sait que ce garçon est en Espagne, prisonnier de ce curé. Il peut crever dans ce trou, personne ne l'y cherchera, personne ne le réclamera, il aura disparu de la terre sans laisser de trace. Et tout ça à cause d'un curé cinglé, intoxiqué par le régime, protégé par l'immunité de sa soutane, c'est odieux !

— On ne peut téléphoner au commandant sous aucun prétexte. Une fois arrivé à Irún, vous lui ferez une lettre pour tout lui raconter. Je la lui remettrai dès mon retour à Madrid. Demain. »

Pendant toute la durée du voyage jusqu'à Irún, je n'ai pensé qu'à ce garçon, à la lettre que j'allais écrire au commandant Devergne, à ce curé fasciste, à ce régime de terreur, au clergé et à ce pays pourri.

À vingt-deux heures, nous étions arrivés sans aucun problème. On s'arrêta dans un quartier populaire à l'est de la ville, un peu en dehors de l'agglomération, devant un immeuble assez triste. Paco s'absenta quelques minutes pour revenir avec un grand gars, trente ans environ, qui monta dans la voiture pour bavarder.

« Cet homme est Alberto, il va vous conduire en voiture jusqu'à Behobia. Alberto est garde-frontière à Behobia, il connaît tout le monde là-bas. Après, pour le passage en France et gagner Hendaye, vous êtes au courant. Votre train est à sept heures demain matin. En attendant, vous dormirez chez Alberto. N'oubliez rien », ajouta-t-il en regardant la valise.

Comme si j'allais l'oublier, celle-là !

« Je n'oublierai rien, soyez tranquille là-dessus ; mais vous, n'oubliez pas qu'avant de repartir je dois écrire une lettre au commandant et que vous devez la lui remettre demain, sans faute. »

J'avais en tête tout le texte de cette lettre que j'écrivis chez Alberto. Pendant la route, je m'étais répété cent fois ce que je voulais dire et que je rédigeai en style concis. Tout y était, même la supplique par laquelle j'espérais le déterminer à agir très vite, comme je l'avais promis à Rousset.

« Paco, je compte sur vous, lui dis-je en lui remettant l'enveloppe.

— Vous pouvez.

— Oui, je sais.

— Je vous quitte, bon voyage et bon Noël. Je serai là où il faudra au moment convenu. »

Bon Noël, oui. Sans doute un des meilleurs de ma vie !

Il y avait trois passages de poste-frontière pour rentrer en France : l'espagnol, le français et l'allemand. Avec Alberto, l'espagnol n'aurait pas existé que les choses auraient été identiques.

Au poste français, Alberto me remit entre les mains d'un gendarme de la police des frontières qui m'invita à prendre un café. Sitôt après, il me dit :

« Vous connaissez la manœuvre ?

— Oui, pas de problème, et je lui tendis mes poignets. »

J'étais menotté. Quel 25 décembre !

« Charles, tu m'accompagnes ?

— J'arrive. »

Charles prit mon sac, l'autre la valise, et entre deux gendarmes, dont l'un me tenait par une sorte de laisse attachée aux menottes, nous sommes partis... vers le poste allemand. Il était six heures dix, et il faisait encore nuit.

Au poste allemand, deux gardes étaient dehors à bavarder sans se préoccuper de notre venue.

« Salut, Karl, celui-là, il est bon !

— *Ja, ja.* »

On ne s'arrêta même pas, direction les locaux de la gendarmerie française...

Vingt minutes de marche pour arriver derrière le bâtiment d'une usine désaffectée où l'un des gendarmes m'enleva les menottes, puis me rendit la valise, et l'autre mon sac.

« Ne suivez pas la voie, continuez deux cents mètres et vous tomberez sur l'avenue qui mène à la gare, là, à gauche. Bon voyage.

— Merci, à bientôt peut-être.

— Je vous le souhaite. »

À six heures quarante-cinq, j'étais devant la gare. Le train était à sept heures dix. Installé dans une zone d'ombre, j'attendis sept heures pour pénétrer sur le quai. Le train était en gare et la gendarmerie allemande faisait les cent pas sur le quai sans trop s'occuper des voyageurs, peu nombreux. Ma place étant réservée, je m'y installai, sidéré par la façon dont les choses s'étaient passées. Avec un peu de retard, mais sans contrôle, le train quitta Hendaye à sept heures trente. La valise était au-dessus de moi, mon sac à côté, avec dedans des casse-croûte et une bouteille, mi-vin mi-eau, qu'Alberto avait préparée. Jusqu'à Bordeaux, aucun contrôle.

Nous étions cinq dans le compartiment, trois femmes, un monsieur âgé et moi. Pendant l'arrêt en gare, vérification des papiers par la gendarmerie française. Aucune fouille de bagages. Poitiers, nouveau contrôle, par des Français, toujours sans fouille. C'est humiliant, dans son propre pays, occupé par une armée étrangère, de se faire contrôler et suspecter par la police française aux ordres de l'occupant. À dix-neuf heures, j'étais à la gare d'Austerlitz, après avoir dormi une bonne partie du voyage.

À Paris, où il faisait très froid, je devais me rendre à l'hôtel Monsieur le Prince, dans la rue du même nom, y prendre une chambre pour deux nuits et ne plus sortir jusqu'au lendemain, onze heures. Ce que je fis après avoir acheté de quoi dîner sommairement dans ma chambre. La valise était sur un fauteuil, recouverte par le dessus-de-lit. Pour la première fois, je me demandai quelle somme d'argent il pouvait y avoir dedans. Vu son poids, ça devait être fabuleux. Mais... était-ce bien de l'argent?

Je n'avais pas sommeil, pour avoir dormi dans le train, alors mon esprit se mit à vagabonder. Ça faisait la deuxième fois, depuis mon départ raté, que je revenais à Paris et que je ne pouvais ni donner de mes nouvelles à ma famille ni prendre des siennes. C'était dur.

La facilité du voyage depuis Madrid était déconcertante, inconcevable. Les services secrets disposaient de beaucoup de moyens en plein conflit, mais allaient-ils se donner autant de mal pour mon retour, une fois la mission accomplie? Je ne présentais plus d'intérêt dès lors que la valise était arrivée à bon port. Leur fallait-il prendre les risques de me récupérer? Je n'avais qu'une foi relative dans les services secrets; Thibaut m'avait raconté des histoires pas croyables de lâchage au terme d'une mission. En réalité, j'étais groggy par tout ce que je vivais depuis des mois et je me sentais un peu déboussolé par la rapidité et l'irréalité des événements. Je m'endormis.

Le lendemain à onze heures, départ pour le Café des Sports, rue Blanche. Paris est calme. J'y vois peu d'Allemands. À onze heures quarante-cinq, je dois être au bout et à droite du comptoir, le journal *Signal* (hebdomadaire allemand en langue française) sur le zinc, mon coude gauche dessus, la valise par terre à ma droite et un demi de bière à moitié vide devant moi, et je dois me recoiffer avec un peigne de poche. Quelqu'un doit arriver et se placer près de moi, à ma droite, où j'aurai laissé une place libre, et un dialogue s'engagera. (Je me le répétais mentalement depuis l'hôtel.)

À onze heures quarante-cinq pile, alors que je me recoiffe, un consommateur se place à ma droite. Il commande, comme prévu, un blanc cassis.

Lui : La bière, le matin, je trouve ça indigeste.

Moi : Quand on a très soif, c'est agréable.

Lui : Oui, mais l'après-midi, en fin d'après-midi. Avant l'apéritif bien sûr.

Moi : Je ne prends jamais d'apéritif.

Lui : Moi, rarement, surtout en ce moment, j'ai mal au foie.

Merde de merde ! Il s'est trompé ! Il aurait dû me dire : « J'ai le foie fragile. » La conversation marque un bref temps d'arrêt et il se rattrape.

Lui : Enfin, mal au foie, non, j'ai le foie fragile.

Moi (de ma propre initiative et hors dialogue) : Il faut faire très attention.

Lui (reprenant le dialogue prévu) : Bon, je termine ça et je rentre déjeuner.

Moi : Bon appétit.

Lui : Merci, peut-être à un de ces jours si vous habitez le quartier.

Moi : Peut-être, qui sait !

Et je le laisse repartir avec la valise.

Une petite erreur, rattrapée, avait eu lieu. Ça me tracassait, mais tout le reste était bon : il avait le journal *L'Œuvre* dans la poche gauche de sa veste, une cravate verte, une montre-bracelet arrêtée qui marquait quinze heures, tenait ses lunettes de la main gauche et avait à la bouche une cigarette Gauloise pas allumée. C'était un lapsus qu'il valait mieux éviter dans ces cas-là, ça pouvait être dangereux, très dangereux, et ça m'agaçait.

Si les choses s'étaient bien passées, je devais téléphoner à douze heures quarante-cinq à Trocadéro 41-20 pour demander un vélo-taxi et mon interlocuteur me répondrait :

« Mais, monsieur, vous êtes chez le docteur Rousseau ici.

— Excusez-moi, je me suis trompé d'indicatif (et non pas "de numéro"). »

Voilà, j'avais terminé ma mission, tout était en ordre, je n'avais plus qu'à attendre de reprendre le train le lendemain matin, drôlement soulagé de ne plus avoir cette valise en charge. J'étais persuadé que le pseudo-docteur Rousseau avait déjà prévenu, par un système de relais, le commandant Devergne. Lui aussi devait être soulagé.

Moi, il fallait que je retourne à Madrid et ça ne serait sûrement pas aussi facile que de venir à Paris malgré tous les apaisements du commandant. Je déjeunai boulevard Saint-Michel et, l'après-midi, j'allai au cinéma pour passer le temps. Après dîner, dès vingt heures, j'étais dans ma chambre pour préparer les papiers du voyage du lendemain et brûler dans le lavabo ceux du voyage aller.

Le train était à sept heures vingt, à Austerlitz, et je me fis réveiller à six heures. La filière de retour n'était pas du tout la même qu'à l'aller mais, chose curieuse, je devais, comme lors de mon premier passage, me rendre à Urt.

À la gare d'Austerlitz, contrôle de police à l'entrée même du quai, toujours par la police française, vraiment coopérante. Mon sac fut fouillé par un flic tatillon qui regarda plusieurs fois ma binette et ma date de naissance avant de me dire : « Allez. » Pour ce type, j'étais à l'âge limite pour le Service du travail obligatoire et, se faisant avec célérité l'agent de l'occupant, il aurait avec complaisance envoyé volontiers un jeune Français travailler pour l'ennemi dans une usine en Allemagne.

Quelle honte ! Comment un individu investi d'une parcelle d'autorité peut-il tomber aussi bas ? Ils furent des milliers à se conduire ainsi ! La peur ? Le gagne-pain ? L'opportunisme ? La lâcheté ? La traîtrise en tout cas. À la Libération, on remit à la police nationale la fourragère de la Légion d'honneur. Pour les remercier, sans doute ! Certains furent remarquables d'initiatives, de courage, d'héroïsme, mais ce ne fut qu'une minorité à l'échelle du pays, à tel point qu'il fallait craindre la police française autant que la police allemande.

Mon wagon était en tête du train. Le compartiment plein. Même confort que lors de mes précédents voyages : banquettes en bois et poussier de charbon. Entre Poitiers et Angoulême, arrêt pendant deux heures, en rase campagne, et arrivée à Bordeaux avec deux heures et demie de retard. Ce qui n'empêche pas un contrôle de police allemande qui n'en finit pas. Encore une heure et demie qui s'ajoute au retard, mais pas de problème. Le train arrive à Bayonne avec plus de quatre heures de décalage sur l'horaire, il est près de vingt et une heures, c'est l'heure où j'avais rendez-vous à Urt !

Comme en septembre, contrôle de police en gare, personne ne descend. J'ai de quoi largement satisfaire aux demandes des flics avec les documents faits par César. Certains sont en allemand, je n'y comprends rien, mais ça marche si bien que ça me vaut un petit salut d'un des policiers. Quelle embrouille ! Il n'y a plus de Micheline à cette heure, mais à vingt-deux heures dix, un train pour Tarbes qui s'arrête à Urt. Je n'y serai pas avant vingt-deux heures quarante, avec deux heures de retard à mon rendez-vous. M'aura-t-on attendu comme prévu ? Sinon, je serai dans de beaux draps !

Le train est presque complet et quelques voyageurs descendent dans cette petite gare que je connais. Cinq policiers allemands sont sur le quai à la porte d'accès de la gare qu'il faut traverser pour sortir. Ça me surprend, car la fois précédente il n'y avait personne, ni police ni contrôle des billets. On fait la queue pour être filtrés et je passe, pas très fier, mais je passe. Merci, César.

Devant la gare, il y a une place où aurait dû se trouver une fourgonnette bleue d'un plombier-chauffagiste nommé Arrieta. Rien. Je pense qu'Arrieta a dû savoir, à la gare, que le train de Paris avait du retard et qu'il a eu le réflexe de penser que j'avais pris celui de Tarbes à défaut de la Micheline. J'attends, assis sur un muret, dans un coin sombre. Les cinq flics repartent vers leur cantonnement. La place est vide et triste.

À vingt-trois heures quinze, la camionnette arrive lentement, fait le tour de la place et, avant qu'elle ne s'arrête, je sors de mon coin pour qu'il me voie. Il stoppe à ma hauteur et... dialogue convenu :

Moi : Vous ne connaîtriez pas un hôtel près d'ici ?

Lui : Pour plusieurs nuits ?

Moi : Non, seulement ce soir.

Lui : Il y a l'Hôtel de la Gare, en face, et l'Hôtel de la Poste, sur l'avenue, à droite.

Moi : Vous pourriez me déposer à l'Hôtel de la Poste s'il vous plaît ?

Lui : Allez, montez.

C'était bon, et j'étais drôlement soulagé.

« Vous avez un sacré retard, ça va compliquer les choses, car je ne peux pas prévenir que nous arriverons si tard à notre rendez-vous.

— Combien y a-t-il de route à faire ?

— Au moins cinq heures, s'il n'y a pas de neige.

— Nous y serons vers six heures, il ne fera pas jour.

— Enfilez le bleu de travail qui est là et on part en vitesse parce que la route est à lacets et ça monte. »

... Labastide-Clairence, Hasparren, Cambo, Sare, deux contrôles de patrouilles sans histoire, et ça commence à monter. Ça montera et ça tournera de plus en plus jusqu'au col de Lizarietta, poste-frontière, où nous arrivons à quatre heures quarante-cinq. Le moteur de la voiture commence à chauffer sérieusement.

Police française : pas de problème. Police allemande : deux gardes dorment debout devant le poste. Ils nous collent une lampe torche en pleine figure, regardent nos papiers assez vite, font le tour de la fourgonnette qu'il faut ouvrir, nous rééblouissent et nous laissent passer. Encore merci, César. Poste espagnol : personne. L'ennui c'est que, pour revenir, Arrieta a besoin des tampons de la douane et de la police sur sa feuille de route. Il descend, va au poste, frappe, tape, personne !

On repart et, encore après une bonne dizaine de kilomètres en virages dangereux, nous arrivons à Etxalar. Il est presque six heures. Après avoir fait le plein avec un jerricane, Arrieta repart, et moi, tout naturellement, je retrouve là Alberto qui m'attend depuis plus de trois heures sans s'impatienter.

Quelle organisation ! Quand je pense à mon premier passage, c'est inconcevable. Le commandant a été honnête, pour une filière en or, c'en est une, et il ne m'a pas lâché ! On repart aussitôt pour Irún. J'ai sommeil, tous ces virages m'ont soûlé, je n'ai pas mangé depuis la veille à midi et je suis las de ces heures interminables de train et de voiture. Mais... ma mission, que j'appréhendais tant, est terminée. Il n'y a plus qu'à gagner Madrid et Casablanca. Je suis heureux ; fatigué, désorienté, mais heureux.

Vers sept heures trente, je me retrouve chez Alberto où je mange et m'endors sur un canapé dans la salle de séjour chauffée. À quatorze heures, c'est Paco qui me réveille. Je ne sais plus où je suis, quel jour nous sommes, quelle heure il est, ni ce que je fais ici près d'un sapin de Noël couvert de guirlandes. Paco s'en amuse.

« Tout va trop vite, me dit-il.

— Oui, ça c'est sûr.

— Il faut quand même repartir tout de suite, j'ai à manger et à boire dans la voiture, pour la route. »

Et re-voiture jusqu'à Madrid où nous arrivons sans problème vers vingt et une heures trente.

Je pense avoir dormi une bonne partie de la route, car le trajet ne m'a pas paru long.

En bon responsable, Paco m'accompagne jusqu'au bureau du commandant, qui m'y attend, et il nous quitte.

« Alors, ce n'étaient pas des filières en or, comme vous dites ?

— C'est assez déconcertant.

— C'est notre métier, celui que vous refusez de faire.

(Il ne va pas remettre ça !)

— Je suis un peu paumé et fatigué.

— Avez-vous faim ?

— Un peu, mais...

— Allons dîner en vitesse, après vous retournerez à votre hôtel passer une bonne nuit. »

Pendant que nous dînons, je lui dis qu'il y a eu un petit raté au bistrot lors de la remise de la valise.

« Je sais, mais ça a été vite rattrapé.

(Il m'agace à tout savoir sur tout.)

— Sur le moment, c'est quand même inquiétant, et j'ai eu une hésitation sérieuse.

— C'était une bonne réaction de votre part et une faute grave de votre correspondant.

— S'il n'avait pas corrigé très rapidement, je revenais avec votre magot.

— Je pense bien ! Tout s'est très bien passé, j'en suis très satisfait.

— Moi aussi, je peux vous le dire, et surtout que ce soit terminé, car j'ai atteint et même dépassé la saturation. Paco vous a bien remis une lettre rédigée à votre intention ?

— Paco me l'a effectivement remise dès son retour.

— Alors ?

— Alors ? Eh bien, Rousset n'est plus dans son oubliette de Siguënza depuis trente-six heures.

— Bravo. Où est-il ?

— Dans un dispensaire de la Croix-Rouge internationale à Segovia. Son état de santé nécessitait des soins avant qu'on puisse le faire partir en Afrique du Nord.

— C'est fou cette histoire. Qu'en pensez-vous ?

— J'en pense que je ne suis pas Dieu le Père et qu'il n'est pas en mon pouvoir de remédier à toutes les exactions d'un régime que je n'accepte pas plus que vous. J'occupe des fonctions bien déterminées dans un pays où déjà, de façon “illégale”, j'extrapole mon rôle “légal” d'attaché d'ambassade dont je suis loin... Je me suis occupé de Rousset d'abord pour lui, mais aussi dans le but de vous être agréable et de vous apaiser.

— Je vous en remercie très sincèrement. Vous avez sauvé un Français en détresse, ce n'est pas rien. Je me demande depuis quelques jours si ce qu'il m'a raconté sur lui est bien exact, ce qui me confondrait vis-à-vis de vous.

— Tout est parfaitement vrai, n'ayez aucune crainte là-dessus.

— Merci de votre obligeance, mon commandant. Lui n'aura jamais l'occasion de pouvoir vous le dire, de vous connaître et d'avoir de la gratitude pour celui qui l'a sorti d'un sale pétrin.

— C'est sans importance, Beaumont. L'affaire est close. »

Le repas achevé, je regagnai mon hôtel avec un rendez-vous pour le lendemain, onze heures trente, à son bureau. J'avais une telle envie de dormir et d'oublier que je ne pris un bain que le lendemain matin.

À onze heures trente, rapport détaillé de la mission au cours de laquelle tout avait irréprochablement fonctionné.

« Vous ne regrettez pas d'avoir accepté maintenant ?

— Non, mais ça va bien comme ça. Je voudrais pouvoir atteindre mon but initial.

— Vous avez servi votre pays en assumant ce transport, ce n'était pas une perte de temps, croyez-moi.

— Non, non, mais...

— Oui, je sais. Il n'y a donc rien à faire pour vous convaincre de rester avec nous ?

— Non, mon commandant, rien. Je voudrais partir le plus vite possible.

— Nous nous reverrons après la guerre, il ne sera pas trop tard pour en reparler.

— D'accord, on verra à ce moment-là.

— Bien, alors maintenant, j'ai une bonne nouvelle pour vous ; mais au préalable, voulez-vous me rendre tous les documents du voyage de retour je vous prie ?

— Ah, vous n'oubliez rien !

— Ça vaut mieux pour tout le monde.

— Voilà, tout est là, avec le reste de l'argent français.

(Il vérifie quand même...)

— Le bateau pour lequel vos camarades sont partis de Miranda, bien avant vous, ne quittera Algésiras que demain soir, à la suite d'avaries de machines. En prenant, ce soir, le train de nuit à vingt heures quinze à la gare d'Atocha, vous serez demain matin à bord.

— Ça, c'est un beau cadeau. »

J'étais fou de joie, je n'avais donc pas perdu de temps, malgré les brimades, la taule, le voyage en France, et j'allais retrouver Marcel, et aussi le docteur Auriac. Quel bonheur !

« Voici votre billet de train, le voyage vous est offert par la maison, et... en première classe, en remerciement pour services rendus.

— Merci, mon commandant.

— Reprenez vos affaires personnelles au rez-de-chaussée. Tenez, dans cette enveloppe, il y a la montre qui vous avait été donnée en arrivant et les dollars qui étaient dans votre veste (ce qu'il en restait...).

— Vous les avez trouvés ! Parce qu'à Miranda, ils avaient échappé aux fouilles.

— Ici, ce n'est pas Miranda. Il n'y a que des professionnels dans nos services. »

Il se leva et me serra chaleureusement la main.

« Bonne guerre... Beaumont », ajouta-t-il avec un léger sourire complice.

Comment savait-il que je ne m'appelais pas Beaumont ? Il avait même prétendu connaître mon vrai nom, et il devait le savoir.

Naturellement, après la guerre, je le revis

Le lendemain, à dix heures vingt, j'étais à Algésiras, et à onze heures quinze, j'embarquais sur le *Gouverneur Général Lépine* qui faisait la navette vers Casablanca. C'était le cœur en fête que j'allais pouvoir poursuivre mon combat qui n'avait jamais cessé. Depuis début septembre, je me débattais dans des difficultés, des contrariétés, des peines, et enfin j'étais sur ce bateau que j'attendais depuis si longtemps sans plus oser y croire.

Il y avait plein de gens à bord, quelques femmes mais surtout des hommes entre vingt et quarante ans. Quelques personnes âgées aussi. Ils attendaient depuis vingt jours de pouvoir prendre la mer, et moi, j'arrivais juste pour le départ. Ma première idée était de retrouver Marcel dans cette foule. Je l'ai cherché partout, demandé partout, pas de Marcel. Jusqu'au jour où, en mer, un gars me dit l'avoir connu à Miranda et qu'il avait eu la chance d'arriver à Algésiras le jour même du départ du bateau précédent, le *Sidi Brahim*, il y avait trois semaines, peut-être quatre. C'était raté, j'avais peu de chances de le retrouver à Casa ou ailleurs.

Le voyage me fit un bien fou : j'ai dormi des journées entières sur le pont, au soleil, j'ai mangé de la cuisine française, bonne et copieuse, je me suis complètement retapé et, en atteignant Casablanca, le 3 janvier 1944, j'étais en pleine forme et tout bronzé. Vraiment pas une gueule de détenu !

L'arrivée à Casa fut mémorable. Le bateau accosta le long d'un large quai que longeait un bâtiment transformé en centre d'accueil. Sur ce bâtiment, il y avait des drapeaux tricolores partout et une grande banderole « Honneur aux évadés de France ». Un détachement militaire rendait les honneurs et une musique de l'armée jouait des airs martiaux. Une nuée de « dames » de la Croix-Rouge s'affairait.

Le débarquement se passa sans bousculade et, du bateau jusqu'au bâtiment d'accueil, une haie serrée de militaires encadrait les passagers. (Sur le moment, j'ai pensé que c'était pour rendre notre arrivée encore plus prestigieuse. En fait, je l'appris un peu plus tard, c'était uniquement pour qu'aucun passager ne disparaisse dans la nature.) Dans le bâtiment, il y avait des tables et des chaises, des collations étaient offertes, un discours de circonstance fut fait par un homme vénérable et les « dames » couraient partout, aux petits soins. La Croix-Rouge était, ici, beaucoup plus efficace qu'en Espagne où on en aurait pourtant eu tant besoin. Bref, c'était la fête.

Un monsieur s'empara du micro pour nous informer des dispositions prises pour le dîner, la nuit et le lendemain matin où nous serions invités à bien vouloir nous soumettre, avec complaisance, à quelques petites « obligations administratives ».

Après une nuit en dortoir « gardé » vinrent un petit déjeuner consistant et les « obligations administratives ». Les hommes étaient dans un bâtiment, les femmes dans un autre, les couples dans un troisième. Chez les hommes – ailleurs, je n'ai pas vu, mais ça devait être identique –, il y avait beaucoup de militaires MP qui surveillaient les allées et venues, bloquant les accès.

Pour les obligations administratives, on gagna, bien encadrés, un autre bâtiment, rempli de bancs, faisant face à une brochette d'officiers, chacun assis à une table pleine de listings avec une chaise devant eux. Derrière ces officiers se tenaient des MP à l'allure peu engageante. D'autres gardaient les issues. On appelait par ordre alphabétique. Beaumont vint assez vite, et le dialogue fut à peu près celui-ci :

« Je suis le capitaine X de la Sécurité militaire. Je vais vous poser quelques questions auxquelles je vous prie de bien vouloir répondre très honnêtement dans votre propre intérêt. Au préalable, je vais relever les empreintes digitales de vos dix doigts. »

Main droite, main gauche...

« Avez-vous une pièce d'identité ?

— Oui.

— Veuillez me la remettre, je vous prie. Est-ce votre véritable identité ?

— Non.

— Bien. Veuillez remplir cet imprimé, avec naturellement votre véritable identité, date de naissance, adresse en France, et répondre à la question en bas de page. »

La question était la suivante : « Connaissez-vous, au Maroc, une personne pouvant répondre de vous ? Si oui, indiquez son nom et son adresse. »

Au moment de se séparer, mon père m'avait dit :

« On ne sait jamais, si ton point d'arrivée est le Maroc, tu peux, si besoin est, te recommander du prince Murat qui habite Fedala, près de Casablanca, ou même faire appel à lui. Je n'ai pas de ses nouvelles depuis cinq ou six ans, mais il se souviendra sans difficulté de moi. »

Je ne savais pas que mon père connaissait le prince Murat, mais bon, ça pouvait éventuellement servir. La preuve. Tout content, j'indique donc le nom et la ville où réside le prince Murat et rends la feuille au capitaine.

Il lit, et me regarde bizarrement.

« Vous connaissez le prince Murat ?

— Non, pas du tout. C'est une relation de mon père.

— Depuis combien de temps votre père ne l'a-t-il pas vu ?

— Cinq ou six ans, m'a-t-il dit.

— Savez-vous où est le prince Murat ?

— Oui, à Fedala. Je l'ai indiqué sur la feuille.

— J'ai vu. Mais actuellement ?

— À moins qu'il n'ait déménagé sans que mon père le sache, il est toujours à Fedala. Il y était à l'époque où mon père avait quelques relations avec lui.

— Il a effectivement déménagé, il est en prison depuis un an, condamné par un tribunal militaire.

— Ah ! »

J'étais interloqué. La recommandation était bonne ! Ça aurait bien amusé mon père.

« Vous l'ignoriez ?

— Si je l'avais su, je n'aurais quand même pas mis son nom sur cette feuille.

— Pourquoi avez-vous quitté la France ? »

Et ainsi de suite. Ça dura un bon moment, cet entretien où les questions de toutes sortes se succédaient, pour enfin arriver à :

« En Algérie, personne ne répondra de vous ?

— Non, je n'y connais personne.

— Bien. En Espagne non plus ?

— Oh, si. Là, je connais quelqu'un, le commandant Devergne, chef de l'antenne du Bureau central de renseignements et d'action à Madrid, 21 Calle...

— Je sais, je sais. Comment connaissez-vous le commandant Devergne ?

— Le mieux serait que vous le lui demandiez.

— Regagnez votre place, je vous rappellerai. »

Très sec le capitaine, ma suggestion n'avait pas dû lui plaire. On ne plaisantait pas. Mais après tout, il pouvait lui téléphoner, puisqu'il prétendait le connaître aussi. Il appela un jeune militaire à qui il remit un papier sur lequel il avait écrit quelques lignes. Le gars disparut dans une autre pièce avec son papier après avoir claqué les talons. Retour à ma place et attente pendant plusieurs heures.

Ils étaient douze officiers de la Sécurité militaire, installés en ligne, à recevoir un par un les arrivés de la veille. C'est là que j'ai bien rigolé ! À l'appel d'un nom, un gars se lève. Je le reconnais : il était un de ceux avec qui j'avais été en prison à Pampelune et que je trouvais douteux. Quelques instants d'interrogatoire, dix, quinze minutes maximum et... deux MP lui passent les menottes et l'embarquent. Un moment s'écoule et, à l'appel d'un nom, je reconnais un deuxième gars qui était également à Pampelune. Interrogatoire, consultation des listings, discussion très animée, agitée même, et hop, menottes et la porte ! Est appelé bien après un troisième de Pampelune, celui qui était le plus âgé, une quarantaine d'années et une grande gueule, il savait tout et connaissait tout le monde... et hop, de trois ! J'étais au cinéma. Je les avais sentis, ces mecs, c'étaient des mauvais, j'en avais la preuve. Ça n'avait pas traîné. Bravo les gars, vous me faites du bien.

Il y avait plus de trois heures que j'attendais à ma place, sans m'ennuyer, lorsqu'on appela : « Fallery, alias Beaumont. » Je retourne à la table de mon officier traitant, un sourire aux lèvres.

« Qu'est-ce qui vous amuse ? »

Je le lui raconte, en lui témoignant ma satisfaction.

« Bien, voici un certificat provisoire d'identité, je conserve votre fausse carte. Le commandant Devergne se porte garant de vous. Vous êtes libre. »

Pour ne pas paraître trop gamin, j'avais déclaré (sur l'honneur !) une fausse date de naissance, me vieillissant de seize mois. Mon livret militaire fut donc établi sur cette base, ce qui me valut après ma démobilisation d'être appelé pour faire mon service militaire. Ce que je ne fis quand même pas ! Il faut ajouter qu'en dehors des trois personnes que j'avais particulièrement remarquées pour les avoir approchées, d'autres subissaient le même sort à toutes les tables. C'était la fuite de France par crainte des représailles, mais ici l'accueil ne badinait pas. J'en étais content, parce que c'est un peu facile de fuir ses crimes pour se refaire tout neuf, sans mauvaise conscience.

Une fois libre, l'armée m'attendait, à la sortie même du bâtiment. Quel grand bonheur. J'avais un badge sur ma veste indiquant que j'étais volontaire pour m'engager, ce qui me valut de monter dans un car de l'armée pour le camp de Mediouna, à quelques kilomètres de Casa. À Mediouna, il y avait autant de bureaux d'engagement qu'il existe d'armes et de spécialités dans chacune d'elles. Je choisis une unité susceptible d'être rapidement engagée et trois jours après je la rejoignis à Ouchda, quelques jours avant son départ pour Trapani, en Sicile.

Opération Virus

En arrivant à Ouchda, j'eus la grande joie de retrouver Marcel qui, sans que nous nous soyons concertés bien sûr, avait fait le même choix que moi, en s'engageant au 1er régiment de parachutistes. On ne se quitta pratiquement plus jusqu'à la fin des hostilités, faisant équipe dans tous les combats qui suivirent.

Nous passons sans problème les épreuves du brevet français. Je demande ensuite à être détaché dans une école d'élèves officiers, formés pour les commandos.

Pendant mon stage, je suis rappelé d'urgence par mon régiment qui, via la Sicile, doit rejoindre le corps expéditionnaire français en Italie. Je suis affecté au Groupe de reconnaissance et d'observation (GRO), composé de douze garçons, dont Marcel.

Fin mars 1944, nous débarquons à Naples, encore fumante des récents combats, et montons vers le nord et la bataille acharnée de Monte Cassino. Les premiers jours de juin, nous débarquons à l'île d'Elbe couverte de montagnes et d'artillerie allemande. Après la capitulation de l'ennemi, nous sommes ramenés au repos en Corse, à Aléria, où nous apprenons le débarquement allié en Normandie et la libération de Rome.

Je m'engage alors, ainsi que dix-sept autres, pour une formation au fameux Airborn Training Center. Marcel me gratifie d'un :

« Mon pauvre Fafa, t'es complètement cinglé. Chaque fois qu'une connerie se présente, tu ne la rates jamais. Mais que vas-tu faire chez les cow-boys ? »

Départ pour la banlieue de Rome où se déroule le stage organisé par l'armée américaine. Six moniteurs sont là, des athlètes du corps des « Marines ». Entraînement très dur, très physique, discipline de fer. Beaucoup flancheront en route. Enfin, ayant obtenu mon brevet américain, je reviens vers Aléria au sein du régiment où mon colonel me signifie qu'à la suite de ce stage américain, je suis promu au grade d'aspirant et chef du GRO. Je n'ai pas encore dix-huit ans.

Le 20 juillet, mon commandant de compagnie m'informe que je vais être absent du régiment pendant plusieurs semaines. Sans plus d'explication.

Une jeep me fait traverser la Corse et me dépose à un centre de rassemblement du génie de marine à Calvi. Je retrouve là sept garçons qui, comme moi, ne savent pas ce qu'ils y font.

De Calvi, où nous avions été regroupés, un camion conduit par un sous-officier du génie de marine nous avait déposés devant une auberge avec nos sacs et comme seul commentaire : « Le patron du bistrot vous attend, tout est prévu pour vous accueillir ; à vous d'attendre les instructions. » Et il était reparti.

Sans que l'on comprenne pourquoi, à l'abri de tout uniforme, on nous laissait vivre comme des vacanciers dans ce petit coin paradisiaque d'Argentella sur la côte ouest de la Corse à soixante kilomètres au sud de Calvi. Installés là par l'armée, nous arrivions tous d'une région différente, certains de Corse même, d'autres d'Italie ou de Sicile, mais aucun n'avait d'informations sur les motifs de ce déplacement.

Nous nous sommes installés, chacun dans une chambre individuelle, il était seize heures, il faisait chaud, alors nous sommes allés nous baigner. C'est pendant le premier repas du soir, et tard après dans la nuit, que nous avons commencé à bavarder en nous posant la même question : qu'étions-nous venus foutre ici ?

Les jours passèrent sans que rien se produise. Pas de visites, pas d'informations, mais beaucoup de soleil, de bains, de flemme et de pastis... Le sixième jour, plus aucun n'ignorait quoi que ce soit des autres. Les longues nuits claires et chaudes étaient propices aux bavardages à bâtons rompus ; la douceur ambiante, l'isolement et les rafraîchissements n'étaient pas étrangers aux confidences. Nous étions maintenant entre amis, là, comme pour y vivre une éternité, sans plus nous poser de questions sur... rien.

La surprise eut lieu le septième jour vers midi. Nous rentrions de la plage pour nous doucher avant de prendre un ou deux verres et déjeuner. À la terrasse de notre auberge, seul à notre table habituelle, il y avait un uniforme. Un commandant.

Nous huit étions en maillot de bain, pas rasés, une serviette-éponge autour du cou, pieds nus. La présence de ce militaire était insolite, là, installé devant notre auberge, sous nos platanes, à notre table où nous nous asseyions pour le deuxième apéritif et le repas. Il n'y eut pas de mouvement de recul, mais presque ; en tout cas une vive réprobation devait se lire dans nos regards. Qu'est-ce que ce gars foutait là, chez nous, à cette heure-ci, sans avertir, sans ménagement ? Alors que nous passons à quelques mètres de lui, notre progression de touristes décontractés est stoppée net :

« Dans quinze minutes, rasés et en tenue pour le déjeuner. »

La douche glaciale !

Notre petite vie s'était parfaitement organisée, nous nous entendions tous très bien et on s'était fait des copains parmi les gens du pays. (Je suppose même que Varallo a pris quelques risques avec la femme d'un pêcheur. Mignonne, d'ailleurs.) Et tout d'un coup, sans crier gare, ce commandant débarque dans notre paradis. Le charme est rompu, et c'est très contrariés que quinze minutes plus tard, au grand dam de nos copains avec qui nous prenions chaque jour un premier verre au bar, nous gagnons en tenue et rasés notre table avec un couvert de plus.

Les choses allèrent très vite, trop vite pour nous qui avions cessé de nous demander pourquoi nous étions là. Cette question ne nous effleurait plus depuis belle lurette, ni celle-là ni aucune autre, la guerre était loin de nos préoccupations, l'armée aussi, et ce commandant en particulier. Lui en revanche savait très bien pourquoi il était venu, et il lui fallut peu de temps pour nous faire brutalement sortir de notre douce béatitude. Les vacances étaient terminées, adieu les potes !

À quinze heures, un camion nous embarque pour un camp proche de Calvi où nous sommes consignés. Le dîner, c'est la gamelle, et la nuit sur des châlits superposés par trois dans un petit bâtiment où nous sommes seuls. Douches et W-C à deux cents mètres. Le lendemain, réveil à six heures, réunion à sept heures après un jus abject. L'armée est de retour...

La réunion fut instructive. À huit, nous devions former un commando destiné à effectuer une opération nommée Virus, à l'intérieur des lignes allemandes, sur la côte varoise. La préparation et l'exécution de cette opération devaient être entourées du secret maximum pour des raisons stratégiques et de sécurité. En tant que responsable du commando je serais le seul des huit à savoir que l'exécution de Virus précéderait de trois jours le débarquement des forces alliées sur les côtes de Provence le 15 août 1944.

Cette opération consistait en trois choses dont aucune n'était réalisable en une seule fois, c'est pourquoi trois nuits nous étaient allouées. En abrégeant les détails, notre tâche consistait :

1) à rendre inopérant le minage par les Allemands de

l'aqueduc d'Anthéor qui alimentait en eau potable une grande partie de la côte varoise ;

2) à détruire à heure prescrite le blockhaus du Rastel, l'une des deux centrales radio qui couvraient l'ensemble de la partie ouest du dispositif de défense ennemi, et ce afin de le couper de toutes ses liaisons avant l'arrivée des premières vagues d'assaut alliées ;

3) à tenter de détruire un dépôt de munitions des batteries côtières de gros calibre. En cas d'impossibilité de notre part, l'aviation le bombarderait.

Ce qui eut lieu, car il se révéla totalement impossible d'approcher de ce dépôt sans donner l'alerte.

Au cas où nous échouerions, l'opération serait remplacée par la destruction d'une gigantesque antenne de radio située au sommet du grand pic du cap Roux. En dehors de la sauvegarde, bien compréhensible, de l'aqueduc d'Anthéor, on peut se demander quel intérêt il pouvait y avoir à prendre, comme on le verra, tant de risques pour faire sauter une centrale radio et une antenne, alors qu'une avalanche d'obus de marine et de bombes allait s'abattre sur la côte avant le débarquement et tout bousculer.

À ça, deux raisons. D'abord le pire des bombardements de préparation ne détruit jamais tout, quels que soient son intensité et son désir de précision. Le 6 juin 1944, les gigantesques bombardements de l'aviation américaine destinés à réduire les défenses côtières du mur de l'Atlantique avant l'arrivée des troupes du débarquement, face à la plage de Ouistreham, détruisirent tout à cinq kilomètres à l'intérieur des terres où ne se trouvait aucun objectif militaire, laissant intactes les défenses ennemies sur la côte. D'où l'épouvantable hécatombe en vies humaines et en matériel sur cette plage stratégique qui faillit se transformer en désastre général. Ces bombardements sont de relative courte durée pour faire place aux troupes d'assaut qui suivent aussitôt. Or, ce qui n'a pas été atteint de vital ne peut que très difficilement l'être par la suite, en raison de la présence de ses propres troupes sur le terrain, et continue de présenter un grave danger, en particulier les liaisons radio.

Le but recherché est que l'ennemi soit isolé et ne puisse plus communiquer, ni sur sa ligne de front, ni vers l'intérieur avec ses arrières. Il faudra donc s'assurer de ces destructions préventivement, dans la mesure où nous y parviendrons. Ensuite, nos objectifs devront sauter le 15 août à trois heures quinze. Cette heure avait été fixée trente-cinq minutes avant le début des bombardements de trois heures cinquante à huit heures. Nos destructions avaient pour autre but de créer un effet de panique chez l'ennemi, entravant considérablement ses possibilités de réaction. Le manque de liaisons radio d'une armée statique crée un désarroi considérable quand il a lieu inopinément et sans raison apparente.

Outre nous huit, participèrent à cette réunion le commandant de la veille, Alain Barthe, un lieutenant et un sous-officier, très fayot, qui va tenter de nous materner, avec maladresse, jusqu'à notre départ. Dauvers, Muth et Varallo ne peuvent pas le blairer, les autres le supportent, moi je le trouve ridicule. Sa fonction est d'être « avec nous », de nous accompagner partout, d'assister à tout, de penser pour nous et de ne servir à rien qu'à, sans doute, rendre compte aux supérieurs. Dès le premier jour, on l'appela « la glu ». Lié par le secret de notre préparation, il n'en était pas peu fier, au point de jouer les conspirateurs auprès de ses collègues qui ne manquaient pas d'en rigoler. Pendant les rares moments de tranquillité que nous avons le soir, c'est le souvenir de nos vacances à Argentella qui est au centre de nos conversations pendant les premiers jours, puis le programme chargé de notre travail à venir prend le dessus et Argentella disparaît de nos préoccupations. Huit jours passent, vite, laborieux, souvent fatigants et toujours consignés.

Un matin, « la glu » nous informe que nous allons au magasin pour être habillés de neuf, puis à l'armurerie et chez le toubib passer une visite. Notre uniforme sera la tenue de combat des troupes aéroportées américaines. Celle que je porte depuis mon incorporation, mais pas les autres : veste et pantalon en toile beige très solide, sans camouflage, les deux couverts de poches, chemise beige clair, bottes de saut, ceinturon, calot bleu, pas de casque, aucun rechange. D'ailleurs, dès le premier jour, nous enlèverons nos chemises en raison de la chaleur pour ne porter que la veste, manches roulées, à même la peau. Je préfère que personne ne porte de galon ni d'insigne distinctif d'une unité quelconque. Seul, sur la manche gauche, un écusson « France », et sur la poitrine l'insigne du brevet de parachutiste que tous possèdent et ne veulent pas quitter. En dehors de nos livrets militaires, nous n'emporterons aucun papier personnel, aucune photo ni aucune somme d'argent. Autour du cou, nos plaques d'identité, c'est tout.

C'est à l'armurerie que c'est le plus long, bien que tout ait été choisi et organisé les jours précédents, mais il convient de bien préparer nous-mêmes tout ce que nous emporterons et de déjà répartir les charges entre nous huit. Le matériel de radiotéléphonie, de détection, les plans et cartes, le matériel d'escalade et les explosifs sont entreposés ailleurs dans les locaux de la MP sous surveillance.

Après la douche du soir, « la glu » vient nous informer que nous dînerons au mess des officiers, sans lui, invités par le commandant Barthe :

« Y être à vingt heures trente, en tenue de ville. »

Et d'ajouter, c'est plus fort que lui :

« Les gars, c'est pour demain. »

Dès qu'il a quitté la pièce, Varallo se libère :

« Pauvre con, si on nous file aujourd'hui tout le bordel, c'est pas pour aller à la pêche ! Si par hasard un jour ce mec tombe sous mes ordres, croyez-moi, il en chiera ! »

Le fait est que Varallo était plus gradé que « la glu », mais il avait été convenu que pendant notre séjour au camp aucun grade ne devait être pris en considération dans nos rapports avec les tiers, sauf envers les officiers supérieurs, et vice versa.

À vingt heures trente, nous faisons notre entrée au mess en tenue de combat neuve : nous n'avions pas de tenue de ville. Certains nous dévisagent en se demandant ce que ces huit hommes de troupe viennent faire ici. Il y a des galons sur toutes les épaules, sauf sur les nôtres. On se sent un peu ridicules, Muth veut se barrer. Varallo et Barbier vont au bar et commandent deux whiskies que le barman-troufion refuse de leur servir. Je sens que ça va mal se terminer et j'explique au barman que nous sommes invités par le commandant Barthe pour le dîner. Ce con me répond : « On me la fait pas » et file prévenir le gérant du mess, un gros rougeaud, qui rapplique, menaçant, et s'apprête à nous virer. Varallo va le tuer au moment où le commandant entre dans le mess et nous rejoint, souriant. Il était moins une.

Le repas se passe bien, la bouffe est bonne, le vin aussi, le commandant est aimable et nous présente au colonel commandant le camp. Arrivés au café, nous apprenons que demain à dix heures nous embarquerons :

« Réveil à cinq heures, départ six heures trente. Tout le matériel sera chargé sous votre seul contrôle dans un camion, vous voyagerez dans un autre. Destination Galeria, à trente kilomètres au sud. Je prendrai le petit déjeuner avec vous, à cinq heures quarante-cinq, ici même. Bonsoir, à demain. »

Nous le remercions et à vingt-deux heures, dans la piaule, on refait le point entre nous. Entre nous, ça marche toujours, on est vraiment copains, les uns calment les autres, aucun n'est caractériel ni difficile à vivre. Une certaine hiérarchie, que je désire naturelle et spontanée, s'instaure toute seule sans aucun problème. Pourvu que ça tienne dans l'épreuve. Je n'ai pas l'intention de commander, je ne veux pas avoir à donner d'ordres, mais encadrer, organiser, prévoir, calmer, suggérer. Ces garçons sont tous gradés, spécialistes brevetés et combattants éprouvés. Je ne peux être le responsable que parce qu'ils le veulent bien. Déjà, ils m'appellent Fafa, c'est sympa. Le respect flagorneur du grade m'importe peu, je préfère leur confiance et leur amitié. D'ailleurs je suis trop jeune et ce n'est pas dans mon caractère de jouer les petits chefs et les aboyeurs. Ça marchera comme ça, et même très bien.

Il fait chaud et lourd dans la piaule, nous n'arrivons pas à nous endormir alors que c'est notre dernière nuit au calme. Dehors, la nuit est étouffante, claire, couverte d'étoiles. Leguenec propose d'aller faire un tour en ville pour notre dernière soirée, les autres sont partants. Sans m'y opposer, je le leur déconseille, en leur rappelant que nous sommes consignés et que ça ne me paraît pas être le moment idéal pour faire les cons. On change de sujet et à une heure on va se doucher. À notre retour, « la glu » est dans notre piaule, très inquiet de ne pas nous y avoir trouvés en train de dormir. Varallo le fout dehors sans un mot et « la glu » s'étale à cinq mètres de la porte. On n'en parlera pas, on se couche et on s'endort. Le lendemain matin, le matériel est chargé dans un Dodge, on embarque dans un autre. Le commandant, très amical, nous fait ses adieux (« la glu » a disparu) et nous partons pour Galeria, trente kilomètres de virages, avec un copieux petit déjeuner dans l'estomac.

Il est juste six heures trente, il fait grand jour et déjà chaud. Nos Dodge sont précédés et suivis par deux jeeps de la MP, ça fait sérieux ; route en lacets ininterrompus, vue magnifique. À huit heures quinze, nous arrivons à Galeria pour embarquer à dix heures, c'est l'armée ! Un lieutenant MP de la jeep de tête nous intime l'ordre de ne pas descendre du véhicule où nous allons donc sécher au soleil. Il a tellement confiance en nous que trois MP nous gardent pendant que trois autres surveillent le deuxième camion derrière le nôtre. Dauvers trouve, à juste titre, qu'ils en font un peu trop. Je le calme, les ordres sont les ordres, et on attend.

Les véhicules sont garés sur une jetée où toute circulation est interdite, les bateaux de pêche ont même dû être déplacés car la jetée est libre de bout en bout. Vers neuf heures, une vedette accoste juste à notre hauteur où se trouve un escalier pour l'atteindre. Alors, pendant que les MP font la haie, tout le matériel est descendu à bord par les soins minutieux de six matelots qui font la chaîne.

Nous, on regarde passer avec un peu d'angoisse à l'idée de devoir trimbaler tout ça sur notre dos dans des conditions... aléatoires. Ça pèse lourd, c'est encombrant, c'est dangereux ; on a peut-être vu un peu grand ! On embarque à neuf heures trente et nous quittons Galeria pour le large. C'est divin : pas de mer, de l'air, de l'espace. Quel pays !

Quelques minutes avant dix heures, la vedette accoste le sous-marin britannique *Milway II* par bâbord. Là, sous l'œil d'aigle d'un officier de Sa Majesté, moustachu et rose, qui ordonne tout par gestes sans une parole, les six matelots déchargent le matériel de la vedette sur la plage arrière du sous-marin. Nous, nous ne monterons à bord qu'après. J'aperçois sur l'avant du bateau nos deux canots pneumatiques, des « rubber-boats », retournés et bien amarrés par de larges sangles. C'est l'équipage du sous-marin qui descendra notre attirail dans la coque afin de le ranger à sa convenance pour ne pas le gêner, et, avant même que nous ayons gagné l'intérieur, la vedette est repartie. La place qui nous est assignée est pour le moins réduite et inconfortable. Il faut dire que ce sous-marin est une petite unité et il faut arriver à nous y caser pour un bon moment. Le panneau de plongée est refermé. Dès lors, nous ne saurons plus rien pendant quatorze heures.

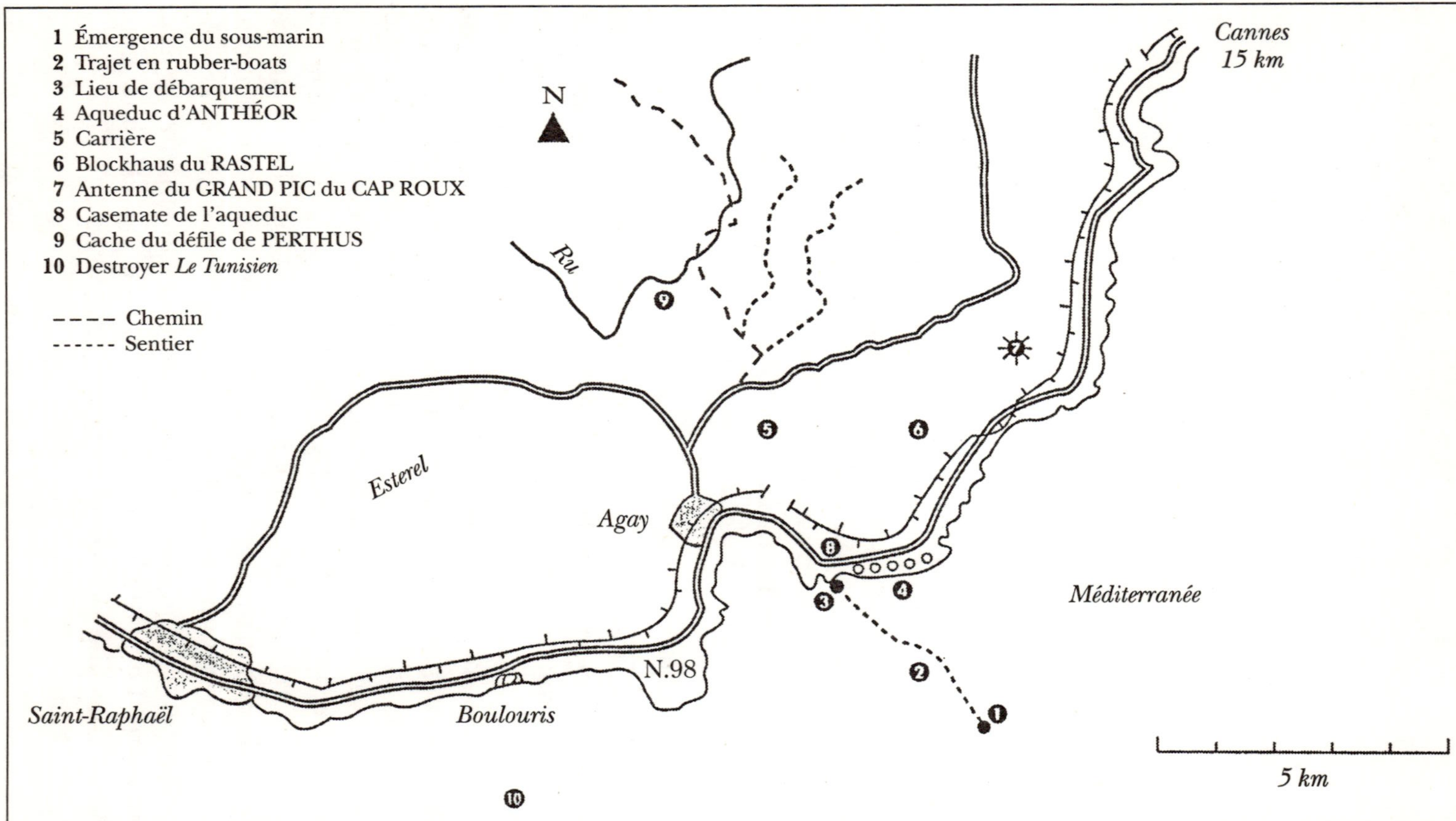
1 Émergence du sous-marin
2 Trajet en rubber-boats
3 Lieu de débarquement
4 Aqueduc d'ANTHÉOR
5 Carrière
6 Blockhaus du RASTEL
7 Antenne du GRAND PIC du CAP ROUX
8 Casemate de l'aqueduc
9 Cache du défile de PERTHUS
10 Destroyer *Le Tunisien*
---- Chemin
------ Sentier
N
Ru
Cannes 15 km
Esterel
Agay
Méditerranée
N.98
Saint-Raphaël
Boulouris
5 km

« Fafa, tu sais pourquoi ce sous-marin s'appelle *Milway II*? me demande Vincenti.

— Non.

— Parce que le *Milway I* a coulé ! »

Il était content de lui, il aimait beaucoup ce genre de plaisanterie. D'ailleurs, il n'avait pas forcément tort, mais ça n'ajoutait rien à mon appréhension.

Comme les sept autres, je n'avais jamais mis les pieds sur un sous-marin et j'avais – et j'ai toujours – une aversion pour ces engins. Leur forme oblongue et noire inquiète, leur fonction est sournoise, la vie à bord est carcérale, il y fait lourd, l'air est confiné, ça sent l'huile surchauffée, tout est tellement concentré qu'il ne reste pas un pouce de place pour... rien. La lumière artificielle est faible. À l'exiguïté s'ajoute l'incommodité. On ne voit rien d'autre que partout cadrans, tuyaux, vannes, câbles, les portes étanches sont trop basses et, avec tout ça, le bruit des diesels qui cognent et puent. J'ai vraiment plus l'âme d'un fantassin que d'un sous-marinier. Mourir là-dedans, quelle épreuve !

Les heures passent. Ça bouge à peine, nous ne rêvons à rien, essayant à chaque instant de trouver une meilleure position surtout pour les jambes toujours trop longues et repliées. Je pense à notre mission, me remémorant la quantité de choses assimilées en quelques jours et que nous devrons tenter d'appliquer à la lettre, en conservant pour les sept autres le secret de la raison profonde de notre intervention pendant les trois jours qui vont suivre. La constitution de ce groupe de combat était des plus hétéroclites; aucun n'appartenait à la même unité, le choix des hommes ayant été fait uniquement en fonction des qualités techniques de chacun et de son expérience au combat que déterminait la tâche à accomplir.

En dehors de l'action au feu que j'avais connue en Italie, je n'avais pratiquement aucune connaissance du métier d'artificier sur lequel reposait tout le succès ou l'échec de notre mission. Tous ces garçons étaient, eux, des maîtres de l'art.

Moi, je n'aime pas manipuler les explosifs, les mines en particulier. C'est comme les sous-marins, sournois.

Les heures sont longues. On casse la croûte et plusieurs s'endorment malgré la température, le manque d'air, le bruit, l'odeur et les crampes. Je crois que j'en ai fait autant pendant plusieurs heures. En reprenant conscience, mon premier réflexe est de regarder ma montre : minuit quarante. Nous devions faire surface à une heure, à deux milles de la côte. Je ne sais pas si nous étions allés trop vite ou s'il existait un danger en surface, mais le bateau était en stationnement immergé, sans plus aucun bruit, alors que l'heure où nous devions le quitter approchait.

Soudain, une série d'ordres provoque un mouvement indéterminé de la coque qui me paraît basculer pour finalement se stabiliser et s'immobiliser. Tous sont réveillés, cherchant à se détendre le corps engourdi et douloureux, lorsqu'une arrivée d'air pur nous fait prendre conscience que nous sommes en surface et que le panneau de plongée est ouvert. Nous avons vingt minutes de retard sur l'horaire et le sous-marin ne doit rester en surface qu'un minimum de temps en raison des risques qu'il prend si près de la côte, et nous avec...

Des matelots désamarrent les deux canots pneumatiques et les jettent à l'eau pendant que le matériel est remonté sur la plage arrière et méthodiquement chargé à leur bord. Tout ça très vite, sans un mot, et en ordre parfait. Un bref adieu de la main à nos amis de cet engin abominable et nous nous mettons à pagayer pour créer rapidement le maximum de distance entre nous et le sous-marin qui va replonger.

Le grand air, l'espace, la liberté et le désir d'action nous redonnent l'énergie voulue. Je me retourne pour voir une dernière fois la coque noire de cette curieuse bête. Il n'y a plus rien. Nous sommes seuls.

Du 11 au 12 août 1944, première nuit

Le silence enveloppe les canots qui ont franchi presque deux milles, mais la fin du parcours qui nous sépare encore de la côte est la plus dangereuse.

Quelques jours auparavant, un instructeur, sosie de Charles Bronson, nous avait appris avec la lame d'un couteau agitée dans une bassine d'eau comment pagayer à l'indienne : aucun bruit, aucun sillage, cadence feutrée, pas une goutte d'eau ni une trace ne doit se voir en surface ou s'entendre.

Depuis longtemps, la côte est en vue et les deux canots, distants de quelques mètres l'un de l'autre, glissent furtivement vers leur objectif. Une légère dérive, due à un courant, nous pousse vers l'est, mais la mer est d'huile et la nuit malheureusement trop claire, alors que les prévisions prévoyaient un ciel brumeux. Malgré notre entraînement et une parfaite forme physique, les bras et le dos souffrent du mouvement répétitif que nous exécutons allongés dans une position pénible pour n'offrir que le minimum de visibilité sur une surface plane que la clarté de la nuit rend brillante. Les canots chargés semblent de plus en plus lourds et la chaleur de cette nuit colle nos chemises à la peau et nous sèche la gorge.

Après avoir repris le bon cap, il faut estimer, sans aucun moyen technique, le temps que nous devons encore mettre pour atteindre la terre. Difficile en mer d'apprécier les distances. Encore plus la nuit. Et pourtant, nous devons accoster à minuit quinze, juste avant la relève de la deuxième garde de nuit des Allemands, en misant sur la lassitude de ceux qui, depuis des mois, surveillaient du vide. D'ailleurs, les projecteurs des défenses côtières, évités jusqu'alors par miracle, balaient beaucoup moins régulièrement la mer et, portée par l'écho de l'eau, la voix des gardes parvient jusqu'à nous suffisamment clairement pour nous laisser deviner qu'ils bavardent entre eux avant d'aller se coucher. Tout ça est bon à condition de profiter de ce moment de relâchement pour terminer notre approche à l'heure voulue.

Au jugé, la côte doit être distante de cent cinquante à deux cents mètres. Nous disposons de vingt minutes pour parcourir cette distance théorique, ce qui est beaucoup trop, quelques minutes suffisant amplement à vitesse très réduite. Un choix rapide s'impose et qui peut être lourd de conséquences s'il se révèle mauvais. C'est évident, mais hasardeux : ou nous nous maintenons sur place pendant un quart d'heure, avec tous les risques de repérage que cela représente, ou nous continuons notre route à vitesse normale en accostant avec quinze minutes d'avance sur l'horaire, soit trente minutes avant la relève de la garde ennemie au lieu de quinze, comme prévu.

J'opte pour la deuxième formule car rester immobiles si longtemps, à la merci d'un balayage de projecteurs, du passage d'une vedette garde-côtes et des mines dérivantes présente trop de risques. Il est préférable de gagner le rivage et d'entreprendre notre tâche un peu plus tôt. Il s'avéra que nous n'étions même pas à cent cinquante mètres de notre but. Il s'avéra aussi que le ciel était avec nous – et qu'il ne devait pas nous quitter par la suite – car à peine touchions-nous la côte que les Allemands, sans doute par un dernier acquit de conscience avant la relève, balayaient de leurs puissants projecteurs en faisceaux croisés toute la zone où nous nous trouvions depuis près de trente minutes. Ayant accosté, nous ne sommes plus dans leur secteur d'éclairage qui ne couvrait pas la grève, elle-même protégée et défendue par d'autres installations.

Si j'ai survécu à ce que j'ai traversé pendant mes années de guerre, c'est d'abord que mon heure n'était pas arrivée, et j'en remercie encore le destin. Mais c'est aussi pour deux autres raisons pour lesquelles je n'ai aucun mérite. La première est que je n'ai jamais connu la vraie peur. La deuxième est que j'ai toujours eu le sens, l'intuition animale du danger. D'un côté j'avais la « baraka », de l'autre mes nerfs ne m'ont jamais trahi. La conjugaison de ces grâces d'état eut pour conséquence, pendant mes activités de guerre, de me conserver calme et lucide, ce qui me permit de savoir être très prudent tout en prenant des risques. Mais cela n'aurait jamais suffi si, comme je l'ai déjà dit, une chance incroyable ne m'avait jamais quitté. D'autres en ont tellement manqué !

Les choses débutaient, donc. Notre mission se plaçait dans un contexte assez particulier dans ce sens que, dans notre propre pays, nous devions opérer à l'intérieur des lignes ennemies, sans être vus ni faits prisonniers à aucun prix, sans que notre présence soit décelée ni risquer d'être contraints de parler si nous étions capturés. Il fallait donc arriver totalement incognito, détruire et camoufler les embarcations. La tâche n'était pas aisée, car nous avions volontairement accosté dans les rochers, à l'ouest de la plage minée de l'aqueduc d'Anthéor. Au pied de la falaise, il fallait procéder au débarquement du matériel et à la destruction des canots qui auraient pu, les jours suivants, trahir notre arrivée.

En silence, avec calme, prudence et une parfaite maîtrise acquise les jours précédents, chacun s'équipe du matériel qui lui revient, prêt à gravir la falaise de roches rouges. Au-dessus de nous, le bruit de moteurs, de voix, de musique nous parvient comme un défi dont nous n'avons cure, préoccupés par l'ascension qui va nous réserver quelques surprises. Certes, les défenses de la côte de Provence n'étaient pas comparables à celles de la côte normande. Les Allemands n'avaient pas eu les moyens ni le temps d'y installer un tel mur de fortifications ni un armement aussi puissant, mais leur défense n'était pas pour autant négligeable, loin s'en faut. Jamais on n'en parla. Nombreux sont ceux pourtant qui y laissèrent leur vie.

Lorsqu'on est au pied d'une falaise, elle paraît invariablement très haute. Celle que nous avions à gravir était, d'après les relevés topographiques, de cent dix mètres à pic avec de grosses roches saillantes et friables, peu d'abris et de plates-formes. L'obsession est de ne faire aucun bruit, or en de nombreux endroits des cailloux risquent de dévaler sous nos pieds et d'attirer l'attention des guetteurs qui, en haut, font des rondes. Le sol est très sec, la nuit chaude, trop claire et nos équipements très lourds et encombrants ne facilitent rien.

Grâce aux nombreuses informations qui avaient été récoltées auprès des services de renseignements en France occupée, nous savions que la falaise était truffée de mines et comportait divers réseaux de lignes électrifiées volantes ou fixées sur des piquets d'acier acérés, scellés dans la roche pour justement prévenir toute ascension.

Ces pièges à feu et de détection vont considérablement nous ralentir, alors qu'à tout prix il faut être arrivés et cachés dans la nature avant le lever du jour. Plusieurs rangées de rouleaux de barbelés sinuent un peu n'importe où sur toute la hauteur à gravir et nous ignorons si ces hérissons, où les pointes habituelles avaient été remplacées par des losanges affûtés comme des lames de rasoir, sont électrifiés ou raccordés à un système d'alarme classique qui se déclenche à la première section ou au moindre frôlement. Pour tenter de réduire les risques, je décide que nous nous suivrons en file indienne. Chacun posera exactement ses pieds et ses mains là où celui qui le précède aura posé les siens.

Le chef de file prend le plus de risques et de responsabilités car il engage par ses choix d'itinéraire, de déminage, de contre-alarme, tout le succès de notre arrivée et de notre vie.

Cet homme rare n'était pas là par hasard. Muth, c'était lui, équipé de cisailles isolées, de détecteurs électriques, de sondeurs de sol pour les mines, confie le reste de son équipement aux autres, qui se le partagent en plus du leur, pour gagner le maximum de liberté de mouvements et il prend la tête de la colonne. Il choisit seul son itinéraire du début à la fin de l'ascension parmi les broussailles piégées et les buissons d'épineux de cette falaise escarpée et mortelle.

Alsacien et exceptionnel artificier, il connaissait et détectait par instinct tous les pièges. C'était aussi un grimpeur confirmé. Son calme, une grande maîtrise de ses gestes et sa haute technicité l'avaient désigné pour participer à notre équipée. Totalement bilingue, sa connaissance de l'allemand nous aidera aussi considérablement. La seule crainte qu'il m'inspirait était qu'animé d'une telle haine des Allemands il ait du mal à se contenir le moment venu alors qu'à aucun prix notre présence ne devait être supposée. Cette règle impérative, qui était déterminante pour la suite des événements, avait amené notre commandement à nous priver de toute liaison radio avec lui et entre nous. Le départ se fait sans trop de difficultés ; collés les uns aux autres, nous montons en silence, mourant de soif !

Nous avions gravi trente mètres lorsqu'une pierre déboule derrière nous en rebondissant de roche en roche pour finalement faire un plouf sonore dans l'eau. Nous nous plaquons, immobiles, à la paroi, attendant la suite. Après quelques secondes sans que quoi que ce soit se produise, la montée reprend, vite stoppée par Muth qui, avec une prudence infinie et des gestes de praticien, dégage une mine piégée. (Une mine piégée consiste à superposer deux mines l'une sur l'autre. Celle du dessus explose si on la percute, c'est une mine normale. L'autre, du dessous, a son percuteur inversé de telle sorte que si l'on détecte et que l'on dégage la première, la deuxième explose du seul fait que l'on ait enlevé celle du dessus.)

L'opération est très délicate, car en dégageant celle du dessus, qu'il faut arriver à détecter, on doit maintenir, avec par exemple la lame d'un poignard, le percuteur de celle du dessous pour ne pas qu'il s'éjecte, libéré du poids de celle du dessus. D'une main, on éloigne la première mine précautionneusement hors du passage, et de l'autre, on maintient le percuteur de la mine du dessous qu'il faut désamorcer sans lâcher la pression. Il existe des dizaines de modèles de mines, toutes plus vicieuses les unes que les autres, et la science d'un artificier consiste à les connaître toutes et à savoir toutes les désamorcer. Muth savait.

Je suis en troisième position dans notre file et, malgré le manque de clarté, je regarde ses mains effectuer leur travail avec un peu d'émoi et beaucoup d'admiration. La deuxième mine désamorcée est écartée et l'avance reprend pour quelques mètres seulement car un fil, pour moi invisible, court sur la paroi. Ce fil est bien gênant là où il est placé.

Muth n'y touche pas et fait signe de l'éviter en passant par-dessus, mais l'ascension devient plus difficile. La roche de porphyre nous déchire les mains et, par endroits, elle nous surplombe. Nous sommes collés à la paroi comme des araignées, nous contorsionnant pour grimper comme nous le pouvons et je crains fort que l'un de nous n'agrippe ce maudit fil avec un objet quelconque de son équipement qui pèse de plus en plus lourd. Nous passons sans dégâts, et stoppons aussitôt, car un rouleau de barbelés à couteaux barre le chemin, si je puis dire.

Muth avec ses détecteurs cherche à savoir si du courant passe dans cette saloperie. Le diamètre des spires du rouleau est d'environ un mètre ; elles sont très serrées et pleines de lames acérées. Je ne vois pas bien comment nous allons pouvoir, placés comme nous le sommes, traverser ce hérisson coupant. Muth se retourne et fait un signe que je reçois comme m'incitant à le rejoindre. Je pense avoir mal compris. Il confirme. Pourquoi rejoindre Muth et comment ? Je ne peux pas doubler le garçon qui me précède, le terrain ne le permet pas et je ne peux pas m'aventurer dans un passage qui n'a pas été reconnu, d'ailleurs il n'y a pas de passage possible. Le temps passe, ça m'inquiète, et Muth attend que j'arrive. Je le trouve terriblement con de ne pas saisir la situation. En quoi pourrais-je lui être utile alors qu'il faut grimper, grimper, grimper et qu'en l'occurrence c'est à lui seul de prendre les décisions ? Nous ne faisons que le suivre là où il décide de passer. Muth comprend enfin que je n'ai rien compris. En fait, son signe ne m'est pas destiné mais concerne Varallo, spécialiste d'écoute radio, qui me suit. Muth réclame à Varallo son appareil d'écoute à distance car il a entendu et mal compris des propos qui l'inquiètent des gardes allemands qui circulent au-dessus de nous. Varallo fait passer son appareil d'écoute qui, non sans difficulté, parvient jusqu'à Muth.

Varallo ne parlait pas allemand. Son travail, en plus d'être artificier et radio, consistait à manipuler les liaisons phoniques de l'ennemi, chose qu'il faisait avec un beau naturel. Il était très doué pour ce travail mais très jaloux de sa spécialité et, de toute évidence, ça ne lui plaisait pas de se séparer de l'un de ses appareils. Dès qu'il l'a, Muth le règle à sa convenance et entreprend enfin de découper les barbelés avec les écouteurs sur les oreilles. Il a les mains en sang.

Nous, nous nous reposons, complètement tordus, dans des positions incroyables, le corps rompu. Muth effectue deux coupes pour pratiquer un couloir que nous passons avec le matériel. Tout le monde se glisse sans encombre, sauf que deux d'entre nous manquent de chuter en faisant s'ébouler plusieurs pierres. Aussitôt, Muth stoppe l'avance, attentif à l'écoute radio. Quelques secondes passent puis, se retournant, il cherche à me joindre des yeux, mais son visage est dans une zone d'ombre et je ne peux pas le comprendre. Très silencieusement, il glisse un message à Vincenti qui le suit et qui me le communique ; l'un des gardes a dit à son équipier : « Ça fait la deuxième fois que j'entends rouler des pierres. » L'autre ne répond rien et ils s'éloignent. Les types sont juste au-dessus de nous.

Je fais signe à Muth d'avancer mais, une fois encore, nous sommes stoppés par une mine piégée. L'heure tourne, nous sommes encore à au moins quarante mètres du sommet et j'aperçois dans la pénombre de nouveaux barrages barbelés. Muth démine. Muth avance. Muth refait un passage dans les barbelés, et Muth stoppe, les mains et les avant-bras déchirés. Il est crevé et je ne peux envoyer personne pour le remplacer, puisqu'il est le seul à pouvoir faire ce travail dangereux qu'il assume avec tant de calme et de compétence. Les autres artificiers n'ont pas sa prescience des pièges.

Le temps passe, il faut coûte que coûte monter. La falaise ne présente aucune surface plane où nous pourrions, non pas nous reposer, mais réajuster nos équipements et le matériel qui se baladent autour de nous en gênant considérablement nos mouvements. Muth reprend son combat, sondant le sol, cherchant les pièges, détectant tout ce qui peut présenter un risque, et c'est ainsi qu'il trouve un fil invisible placé juste au centre d'un nouveau rouleau de barbelés.

Ce fil anodin est celui d'une alarme sonore, celle qui provoquerait le hurlement des sirènes d'alerte générale, là-haut. Il place très délicatement les pinces de ses détecteurs sur ce fil maudit : il est sous tension ! Impossible de le couper, il déclencherait aussitôt l'alarme. Il faut pratiquer un passage dans le rouleau de barbelés, mais sans déplacer la partie tronçonnée au centre de laquelle passe le fil. Encore du temps qui va s'écouler.

Muth coupe les deux côtés du passage et retient le morceau libre pour l'empêcher de rouler, d'effleurer le fil. Il doit encore couper horizontalement en deux le cylindre détaché pour en sortir, un par un, les morceaux sans qu'ils s'approchent du fil. C'est long, acrobatique, angoissant, épuisant, mais... réussi. Le passage est fait. Muth saigne des mains et des avant-bras. Il a le corps en eau et meurt de soif. Défiguré par la fatigue et la tension nerveuse, il continue à sonder le sol, passe au-dessus du fil en faisant signe du danger pour les suivants. Nous grimpons enfin !

Deux mines simples sont dégagées et nous approchons sensiblement du sommet avec de nouveau une ligne de barbelés à passer, la dernière me semble-t-il. Comme chaque fois, Muth s'inquiète de savoir, avant de couper, s'il est électrifié ou pas. Aucun des précédents ne l'avait été, mais celui-ci l'est, et bien. Du 1500 volts. Compte tenu de l'intensité énorme du courant qui fait que le fil de ce barbelé est considérablement plus gros que les autres, il faut prendre des dispositions particulières.

Muth sort du sac de montagne un câble isolé de douze millimètres de diamètre et de six mètres de long avec, à chaque extrémité, une grosse pince. Il met une paire de gants spéciaux, puissamment isolés aussi, et fait un « pont » en plaçant, au prix de mille difficultés d'équilibre et d'acrobatie, chaque pince sur le même fil du rouleau de barbelés à quatre mètres l'une de l'autre. Tout ça presque à la verticale, au milieu de roches coupantes, en silence et à la limite de ses forces.

Après avoir vérifié que le « pont » agit, Muth change de cisailles pour sectionner ces gros fils d'acier. De la première à la dernière coupe, le danger demeure ; c'est seulement lorsque tout sera coupé deux fois pour ménager un couloir, plus large cette fois, que l'on saura si le « pont » remplit bien son office. À chaque coupe de fil, Muth doit faire un effort considérable en se contorsionnant. Je crois un instant qu'il n'arrivera jamais au bout, ses bras tremblent de tétanisation, sa tête ballotte et la sueur qui lui coule du front lui brûle les yeux en l'aveuglant. Je le plains très sincèrement, mais je reste obsédé par l'heure qui passe, voulant avant tout qu'il se dépêche. Il faut monter et se cacher avant l'aube. Muth termine les coupes, le « pont » fonctionne, et il dégage le passage en bloquant le tronçon de barbelés coupés contre la roche. Là, il s'effondre.

Cette situation est impossible à supporter : il faut que Muth reprenne conscience très vite et poursuive son boulot jusqu'au bout, ce bout qui n'est maintenant qu'à quelques dizaines de mètres. Sans ménagement, je passe sur Vincenti pour atteindre Muth. M'accrochant n'importe où, comme je le peux, à moitié couché sur Vincenti stupéfait, qui a la tête coincée sur une roche, j'atteins le corps inanimé de Muth en me plaçant tant bien que mal près de lui. Il a perdu connaissance d'épuisement et il faut que, sans délai, Mage, qui a une trousse d'infirmerie, me fasse parvenir de quoi le ranimer.

Mage est le sixième de la file, et en attendant que me parvienne un traitement quelconque, j'entreprends de dégager, à grand-peine, le bras droit de Muth qui est sous lui. Je suis en total déséquilibre, une jambe dans le tronçon de barbelés découpés, appuyé sur un coude qu'une pierre défonce. Une seringue toute prête me parvient avec les instructions de Mage et, les mains dégueulasses, sans garrot, sans désinfectant, et pour la première fois de ma vie, je fais dans le noir une intraveineuse de tonicardiaque dans une veine apparente et crottée du dessus de la main déchirée de Muth.

Quelques secondes après, il reprend conscience. En revanche, Vincenti pisse le sang par l'arcade sourcilière que je lui ai ouverte en appuyant mon genou sur sa tête qui reposait sur une pierre coupante, mais il n'a pas bronché, le brave garçon. Mage le soignera plus tard. Il faut retaper Muth et repartir sans s'attarder ni s'attendrir. De la place où je me trouve, je vois que le sommet n'est pas très loin. Quel que soit son état, Muth doit continuer son travail jusqu'au chemin de ronde. Des pièges, des mines ou autres peuvent encore exister.

Avec une compresse, je lui essuie le front et les yeux et je lui colle un coup de cognac dans la bouche. Ses mains tremblent, mais il a de nouveau les yeux vivants et, dans la pénombre protectrice, il fait un léger sourire en regardant autour de lui. Il parle le premier pour me dire :

« Alors, merde, on avance, qu'est-ce que vous foutez ? »

Il n'a pas conscience de ce qui lui est arrivé. Il replace les écouteurs radio et je l'aide à remettre les grosses cisailles dans son sac pour qu'il reparte aussitôt sonder le sol en cherchant les pièges. Je laisse passer Vincenti, la figure couverte de sang, reprends ma place de troisième et l'ascension se poursuit. Il n'y a plus de mines, plus de fils, plus de barbelés, nous sommes en haut !

Muth garde l'oreille collée à la paroi. Le sol est propice et je fais monter les autres qui, sans aucun bruit ni aucune parole, se mettent cette fois côte à côte, à plat ventre, le corps en contrebas du chemin de ronde des Allemands, en soufflant un peu. Maintenant, c'est à moi de prendre le relais des responsabilités. Muth a gagné la première bataille. Il convient de se mettre à l'abri et rapidement, de récupérer après cette épreuve.

En me tournant, je vois, en bas, la plage près de laquelle nous avons accosté. Elle est très loin. En grimpant, nous avons fait des détours pour éviter les passes infranchissables et, ainsi, presque doublé la longueur du parcours. L'endroit où nous sommes paraît inaccessible depuis la grève. La mer est magnifique, l'air de la France si bon à respirer que nous avons l'impression d'avoir déjà, tout seuls, gagné la guerre ! Je pourrais savourer cette première victoire pendant des heures. Mais le temps presse, et plusieurs choses s'imposent. D'abord se désaltérer. Sans un mot. L'une des consignes depuis le départ est d'interdire la moindre parole, d'éviter les souffles trop violents, en raison de l'éventuelle présence de micros de détection ultrasensibles qui auraient transformé en hurlement un juron étouffé.

Le plus risqué de la nuit reste à accomplir. Muth, requinqué, conserve les écoutes pirates (matériel très sophistiqué pour l'époque, mais lourd et encombrant), car nous devons savoir ce que peuvent se dire les Allemands. Barbier est équipé d'écouteurs d'approche (également très en avance en 1944) qui permettent, en jouant sur différentes fréquences, de savoir si une patrouille est à proximité, à quelle distance, vers où elle se dirige, s'approchant ou s'éloignant. Si l'une d'elles est détectée, Muth la prend en charge pour écouter leur conversation. Ce jeu rendit de grands services par la suite, et pour l'heure nous permit de quitter les lieux au meilleur moment sans être vus ni entendus par l'ennemi tout proche. Leur chemin de ronde passe à deux mètres de nous, nous surplombant, et un poste de garde, dont on aperçoit l'antenne radio, est à cinquante mètres à droite, pas plus.

Le meilleur moment est celui de la relève, lorsqu'une garde rentre et que l'autre n'est pas encore sortie. Nous attendons donc ce moment idoine, à l'écoute, toujours pressés par l'heure. Deux alertes se produisent. La première, lorsqu'un Allemand de la station de radio, qui faisait office de poste de garde, ouvrant la porte, libère un bruit de musique qui jaillit de l'intérieur. Quelques instants plus tard, en rouvrant la porte, après avoir sans doute pissé, re-musique. La seconde alerte est provoquée par l'arrivée inopinée d'un motard qui doit apporter un bazar quelconque aux gardes et repart aussitôt.

Nous sommes vraiment très proches de ce poste, mais aucun mouvement de guet n'est perçu par les écoutes. Dès que le motard est reparti, Muth avance sur les coudes, sonde le terrain jusqu'au chemin de ronde et ne trouve rien.

Comme aucune des conversations qu'il capte ne nous indique quoi que ce soit sur une relève quelconque de la garde et que tout est heureusement calme, je décide de quitter les lieux pour gagner la « carrière » qui est notre objectif de planque, à deux kilomètres au nord-ouest.

12 août 1944, première journée

Je possède les plans de minage de tout le secteur où nous devons opérer. Ces plans ont été établis d'après les indications, très précises, des réseaux de renseignements locaux et comportent nombre de précisions très importantes sur l'ensemble des défenses côtières et de la zone interdite qui longe la mer sur plusieurs kilomètres vers l'intérieur des terres.

Avec Mage, je fais le point exact d'où nous nous trouvons et je choisis un itinéraire, qui me semble être le plus sécurisant, sinuant malgré tout entre les champs de mines, les barbelés et autres divertissements. Pendant trois ou quatre nuits, nous aurons à évoluer au milieu de ces pièges, autant en prendre son parti. Nous progresserons en deux groupes de quatre qui se suivront d'une dizaine de mètres. Je prends la tête du premier groupe et Varallo celle du second.

À trois heures dix, mon plan en main, nous partons, marchant lentement et sans bruit, le plus voûtés possible, l'un suivant l'autre en mettant méticuleusement ses pieds là où le précédent avait posé les siens. Dauvers, dernier du deuxième groupe, efface nos traces et verse du poivre moulu contre les chiens sur le chemin que nous avons traversé. Je me repère sans trop de difficultés grâce à la qualité du plan sur lequel figurent des indications précieuses : arbres penchés, tas de pierres, pylônes, maisons, montées, descentes, fossés, etc.

L'avance se fait bien. Les couloirs dans les champs de mines sont très précis et les réseaux de barbelés faciles à traverser après avoir franchi ceux de la falaise. J'accélère un peu l'allure bien que la position voûtée nous casse le dos et que le désir de nous redresser soit obsédant. Arrivés dans un bas-fond, un peu à l'abri et tous regroupés, nous nous redressons quelques instants pour pouvoir continuer.

C'est au moment précis où nous allons partir que le hurlement des sirènes et le balayage des projecteurs se déclenchent. Dans la nuit, le bruit est infernal, et les pinceaux des projecteurs de DCA, qui se croisent en balayant le terrain, impressionnants. Tous étendus, collés au sol, je fais signe à Muth de reprendre l'écoute pour tenter de capter une information. De longues secondes s'écoulent. Comment aurions-nous pu être découverts ? Aucune alarme n'a été déclenchée ni observée, et là où nous nous trouvons, nous ne sommes pas visibles. Muth écoute, le regard fixe, les sourcils froncés, tendu.

Le bruit est infernal, les projecteurs passent et repassent au ras de nous. Personne ne bouge, nous attendons sans savoir quoi, mais craignant le pire sans oser se l'avouer. Je ne quitte pas Muth des yeux ; statufié, il cherche une information. Après un temps qui me paraît éternel, son visage se décrispe soudain, il sourit en me regardant :

« Exercice d'alerte de ces cons. »

Je l'aurais embrassé !

Quelques instants passent encore avant que les sirènes se taisent et que les projecteurs s'éteignent. Le silence et la nuit sont intenses. Je suis envahi de calme, de sérénité, de joie même, mais une sacrée fatigue commence à se faire sentir, surtout après ces quelques instants d'immobilité. Dans trente minutes, nous devrions normalement avoir atteint la carrière, bien qu'il reste encore un entrelacement de passages à traverser, à contourner, à éviter. Le calme revenu et Barbier ne captant aucun bruit de patrouille, nous repartons, les épaules sciées par notre chargement. Mon plan à la main, j'ai les yeux fatigués par la recherche nocturne des repères que je dois trouver pour assurer notre route.

Que de reconnaissance devons-nous à ceux qui, exposant leur vie, ont observé et relevé avec tant de précision, durant des jours et des nuits, l'ennemi pendant qu'il installait ses engins de mort. Sans ces combattants restés anonymes, jamais nous n'aurions pu circuler dans cette zone rendue totalement inaccessible.

Cette fameuse carrière, nous l'atteignons à quatre heures cinquante, avec seulement vingt minutes de retard sur l'horaire théorique imaginé dix jours plus tôt. Nous avions mis près de deux heures pour parcourir deux kilomètres !

Avant que les Allemands n'envahissent la zone dite libre, on extrayait ici ces magnifiques pierres beige-rose si particulières aux habitations de la région. Les entrepreneurs locaux n'utilisaient que ce matériau pour édifier les mas traditionnels de Provence reconvertis depuis en résidences secondaires. Malheureusement, la carrière se situait en pleine zone côtière interdite et elle avait dû être évacuée par ses exploitants dès que l'ennemi installa ses lignes de défense. Il y avait du matériel abandonné là par un départ précipité : pelles mécaniques, wagonnets, camions, outils...

Notre abri, reconnu et signalé par la Résistance locale, qui ignorait tout de notre venue et avec laquelle nous ne devions avoir aucun contact, était une sorte de grotte relativement propre et très abritée des regards où traînait du matériel hétéroclite. On y accédait par un couloir en coude de trois ou quatre mètres qui aboutissait à une sorte de pièce assez haute de plafond devant précédemment servir de vestiaire et d'entrepôt de matériel léger. L'obscurité y était quasiment totale, mais c'était pour nous sans importance, notre travail ne pouvant s'effectuer que de nuit. Nous passerions donc nos journées ici, à l'abri je pense, et en plein jour une faible clarté suffirait pour y dormir, y vivre un peu, en attendant que la nuit tombe pour être opérationnels.

Pour l'heure, le jour va se lever sans tarder et la préoccupation du moment est de boire et de dormir, car nous sommes tous épuisés. Mais avant toute chose, il faut trouver de l'eau propre pour nous désaltérer et laver le visage de Vincenti que Mage doit soigner dès les premières lueurs.

À voix basse (l'habitude était prise, elle dura involontairement plusieurs jours au-delà du nécessaire), Muth me dit que la main où je l'ai piqué le fait souffrir. Ceux qui sont intacts, six, ce qui n'est pas mal, à peine couchés, s'endorment presque tous, la bouche en carton mais n'y tenant plus. Je décide qu'il n'y aura pas de garde à l'extérieur de la cache, estimant qu'elle ne servirait à rien en cas de danger, et demande à Dauvers, qui ne dort pas encore, de prospecter les environs pour tenter d'y trouver de l'eau, vite, car le jour se lève.

« Évian ! »

Ceux qui ne dorment pas sursautent. Dauvers, silencieusement, rentre quelques instants plus tard dans la cache avec sur l'épaule deux cartons en piteux état sur lesquels on lit à peine le contenu. Douze bouteilles d'eau sont là. C'est de la Vittel, mais quelle manne !

Il a trouvé ça dans la cabine d'un camion abandonné où ces cartons devaient être là depuis deux ans. À l'époque, les bouteilles étaient en verre et les capsules métalliques bien étanches. Ni le temps ni la chaleur n'avaient détérioré leur qualité. L'eau était bonne, mais bien tiède.

Mage se lave les mains et entreprend de nettoyer le visage de Vincenti qui dort. Le sang séché colle à la peau et le nettoyage lui prend du temps pour bien arriver à localiser la plaie. Il a l'arcade sourcilière droite très ouverte sur quatre centimètres et le sang se remet à couler. Mage tamponne la plaie avec de l'eau oxygénée, ce qui réveille Vincenti, de mauvaise humeur, d'autant que son infirmier lui annonce qu'il va le recoudre. Il est adroit et calme, Mage. Sûr de lui, sans aucune hésitation, il fait plusieurs piqûres de Novocaïne avant de poser six points de suture dans la pénombre qui ne facilite rien. Un bon pansement et Vincenti se rendort alors que Mage passe à la main de Muth. Renettoyage à l'eau pour enlever la terre, la crasse et le sang collé qui recouvrent sa main. Elle est enflée et rouge : un œdème commence. Je lui avais fait une piqûre hasardeuse sur une main très sale et l'infection faisait rapidement son travail. Il a droit à une piqûre de pénicilline, des comprimés de sulfamide et, comme chacun de nous, un coup de sérum antitétanique pour les éraflures de barbelés. Mage lui fait un bon pansement avec une pommade quelconque et Muth s'endort comme nous tous, épuisé, sans même avoir pensé à boire de l'eau.

Dehors, il fait grand jour. En fait, personne n'a mangé ni bu depuis vingt-quatre heures, sauf le bidon d'eau sifflé en haut de la falaise et un peu de Vittel. Je me réveille vers seize heures. Dauvers, assis, fume une cigarette, les autres dorment encore et, pour la première fois, le chant des cigales parvient jusqu'à nous. Il fait frais et bon dans cette petite caverne où, hormis de sérieuses courbatures partout, nous sommes bien. Si bien que la vie reprend ses droits et que la faim et la soif se font sentir. Petit à petit, chacun se réveille, boit et mange, se lave un peu avec le minimum d'eau, rafistole son uniforme déjà sale mais, par miracle, pas déchiré. La lumière est très tamisée, mais les yeux s'habituent. Dehors le soleil tape. Mage refait les pansements. La plaie de Vincenti va bien et la main de Muth n'empire pas et le fait moins souffrir. Il a quand même droit à une autre piqûre de pénicilline, six comprimés de sulfamide et un pansement plus léger. En fait, les choses ne vont pas mal et, le soir, nous serons opérationnels.

En fin d'après-midi, artificiers et radios s'occupent à préparer tout ce dont ils auront besoin la nuit venue. Tout le matériel est vérifié, assemblé, testé et réparti entre chacun en fonction de ses diverses tâches.

Par sécurité, pendant notre ascension, les explosifs, les détonateurs et les mises à feu avaient été distribués entre divers porteurs, ce qui implique maintenant d'adapter les capsules de fulminate de mercure sur les détonateurs, d'y ajouter les amorces de commande à distance et de placer les piles dans les relais d'allumage. C'est une préparation délicate et je dois dire que je ne suis pas très attiré par ces manipulations que je regarde s'effectuer avec dextérité et sans hésitation par ces garçons passionnés par tout ce qui explose. Mon inutilité est totale.

Bien placer une charge d'un certain type d'explosif d'une puissance déterminée, puis une autre ailleurs, d'une autre puissance et d'un autre type, pour obtenir un résultat particulier, c'est un métier. Autant que de désamorcer des charges posées par d'autres. Tout ça passionne des gens très entraînés mais n'arrive pas à me séduire. Eux ne faisaient que ça, certains depuis 1942, aucun doute n'était possible quant à leur connaissance, leur technicité, leur expérience, leurs calculs et leur adresse, mais beaucoup d'autres, aussi chevronnés, avaient perdu la vie à ce petit jeu.

Les radios et téléphonistes montent et testent leurs engins d'écoute et de brouillage. Eux aussi sont des passionnés et des techniciens. Il leur faut savoir s'introduire, sans être détectés, sur les liaisons ennemies, capter pour transmettre à Muth qui, lui, m'informe de ce qui peut concerner notre mission. En fait, au milieu de ce petit monde, je ne fais pas grand-chose d'autre que coordonner et éviter les initiatives périlleuses et intempestives.

En dehors de ses fonctions d'artificier et d'infirmier, Mage est orienteur et dispose du matériel voulu pour donner de nuit la situation exacte des objectifs et les routes à suivre à chaque équipe pour les atteindre. Comme nous allons opérer en trois groupes, sur trois objectifs différents, il faut qu'isolément chacun connaisse parfaitement son chemin au nilieu des mines dont il aura un plan et qu'il retrouve la carrière en étant peut-être contraint d'utiliser, tant à l'aller qu'au retour, un chemin différent de celui projeté en fonction des mouvements, des positions et des défenses ennemis.

Cette circulation, à l'intérieur des lignes truffées de défenses multiples, était la chose la plus délicate et la plus hasardeuse. Une fois les ordres donnés, je n'aurai plus aucune liaison avec mes hommes qui évolueront seuls, sous leur propre responsabilité, au milieu des Allemands qui veillent. Tout est à craindre : les patrouilles avec chiens dont le flair, l'ouïe et la vue de nuit sont redoutables, les balayages des projecteurs, les micros d'écoute, les fils invisibles, les planques de guetteurs, les faux itinéraires séduisants mais piégés et le silence de la nuit qui amplifie le moindre bruit.

Pendant notre stage d'entraînement en Corse, nous avions longuement étudié sur des maquettes à l'échelle, faites d'après des photos aériennes, toute la structure du terrain et les positions de nos objectifs. Nous connaissions les maisons, les sentiers, les routes, la voie de chemin de fer, les pylônes électriques, les dénivellations, tout; mais entre la vision d'une maquette et la présence au sol, il y a un monde de volumes, de distances, d'accidents de terrain à transposer qui rendent notre connaissance théorique des lieux assez... légère.

La seule chose dont nous avons une notion certaine est nos objectifs eux-mêmes, qui ont fait l'objet de maquettes spéciales, beaucoup plus importantes, où tout figurait avec l'environnement immédiat. C'est le plus important; à nous de nous débrouiller pour les atteindre et regagner notre cache.

Notre armement individuel est pratiquement inexistant, d'ailleurs le caractère même de notre mission le justifie. Devant être indécelables, inaperçus, silencieux, à quoi aurait-il servi de s'encombrer d'armes? Chaque homme ne dispose que d'un Colt 43 avec trois chargeurs et d'un poignard, destiné à n'importe quoi, mais indispensable. Tirer un coup de feu aurait signifié notre perte; laisser un cadavre ennemi derrière nous, perdre l'un des nôtres tué ou prisonnier, c'était l'échec de notre mission.

Le Colt, terriblement bruyant et assez imprécis, n'est là que pour nous sécuriser et, tragiquement, abattre celui d'entre nous qui aurait été fait prisonnier. Cette cruelle contrainte, tous la connaissent. Dix fois, elle nous a été répétée avant notre départ avec d'autres consignes, mais tuer un de ses amis, aussi atroce que cela puisse être, c'était éviter qu'il parle et protéger ainsi de nombreux autres d'une mort certaine. Certes, l'alerte serait donnée et il faudrait fuir très vite et éviter le combat, mais, en fonction de l'avancement de ce que nous avions à faire, cette atroce et absolue contrainte était lourde de répercussions sur l'avenir. Ce qui n'enlevait rien à l'effroyable geste à commettre. D'ailleurs, personne n'y pensait vraiment, mais ça conditionnait quand même chacun à d'infinies précautions : aucune faute n'était possible, la moindre imprudence sanctionnerait tous les autres, nous huit d'abord, mais aussi ceux qui devaient arriver par la suite.

Notre encombrement n'est donc pas fait d'armes ni de munitions mais d'un volume important – plus de deux cents kilos – de TNT, de cheddite, de mélinite, de Torpex, de centaines de mètres de cordon Strassel, de détonateurs, de minuteries de retardement, de ventouses pour l'explosif, d'équipement radio et téléphone, de batteries, de lance-grappins pneumatiques, d'échelles télescopiques et autres gadgets, mais aussi de notre pitance, pour trois jours seulement. Tout ça avait été très lourd et très encombrant à porter depuis la grève. Nous devions seulement nous procurer l'eau sur place, et cela nous a posé bien des problèmes par la suite.

Passer trois jours au cœur de l'ennemi, dans son centre le plus nerveux, supposait une certaine organisation de vie et beaucoup de cohésion, d'abnégation et d'attente, hormis le courage individuel naturellement. Il fallait aussi, et le choix avait été fait très méticuleusement, une parfaite technicité de chaque homme. Tous, spécialistes de haut niveau, avaient déjà eu l'occasion de prouver leur valeur dans de précédentes opérations ou de simples coups de main en Afrique, en Italie, à l'île d'Elbe, en Corse ou ailleurs.

Ils n'étaient certes pas des enfants de chœur, mais pas non plus d'affreux jojos. Il ne fallait surtout pas les décevoir. Une fois leur confiance gagnée, leur estime acquise, si l'on était juste en sachant les encadrer, ils donneraient leur vie pour sauver la vôtre. L'autorité qu'ils acceptaient n'était pas celle d'un ordre, c'était plus délicat et plus simple en même temps : il fallait que les décisions fussent naturelles, comme une chose que l'on ne peut pas refuser pour y avoir été associé. Je n'arrivais pas à la cheville de ces garçons, tous sous-officiers, incapable que j'étais de pouvoir prétendre remplacer l'un d'eux dans son travail. Ils le savaient tous très bien et, pas à un seul moment, ils ne me le firent sentir. Aucun.

Du 12 au 13 août 1944, deuxième nuit

Notre première nuit d'intervention, je la passe en grande partie avec l'équipe du blockhaus[1] qui effectue le travail le plus technique et le plus dangereux. Il faut transporter sur place beaucoup de matériel et plus de cent soixante kilos d'explosifs divers destinés à détruire une masse de béton armé impressionnante. De par sa fonction capitale, ce blockhaus était isolé et très protégé à son pourtour par des précautions omniprésentes du type de celles auxquelles nous étions confrontés depuis notre arrivée. À quatre, nous ne sommes pas trop nombreux pour apporter à proximité tout ce qui est nécessaire, d'autant que ce voyage est le premier et implique de reconnaître les passages de bout en bout.

Arrivés à proximité de l'objectif, Muth et Varallo vont observer de près le bâtiment à détruire pour déterminer les meilleurs endroits où placer les charges. Leur travail est très compliqué par les défenses proches et la présence de nombreux Allemands à l'intérieur. Hormis sa porte d'entrée au sud, ce bâtiment n'a aucune ouverture sur les autres côtés. Un gros travail de camouflage a été fait par des « artistes » pour transformer en coquette villa cette immonde construction.

1. Muth, Varallo, Mage.

Sur chaque façade, des peintures en trompe l'œil couvraient les murs. Tout y était : des fenêtres aux volets mi-clos avec des jardinières de fleurs, de la glycine en fleur toute l'année, des outils de jardin, une brouette, un vélo, une poubelle, une niche à chien, du linge qui séchait..., et autour du toit en terrasse, d'où s'échappe une fausse cheminée, une rampe de petites colonnes en plâtre peintes en ocre coiffe l'ensemble. La porte d'entrée blindée est elle-même devenue du vieux bois avec de belles ferrures qui la tiennent en permanence entrebâillée alors qu'elle est bien close ! De loin, c'est remarquable. À telle enseigne que, sur aucune des milliers de photos aériennes de reconnaissance, cet objectif capital n'avait été détecté pour ce qu'il était. C'est uniquement grâce, encore, aux informations des réseaux de renseignements qu'il fut localisé.

L'incroyable hasard des choses fit que ce travail de camouflage si bien réussi remplit finalement la fonction inverse de ce à quoi il était destiné ! C'est grâce à lui que nous pûmes y incorporer les charges de destruction en les noyant dans le décor sans qu'elles attirent l'attention des occupants qui ne portaient plus aucun intérêt à ce qui avait été barbouillé sur leur bâtiment. Ah, si les murs avaient été laissés lisses et nus, comment aurions-nous fait ?

Muth est convaincu que des conduits d'aération débouchent sur le toit et veut y retourner pour voir. Avec une échelle télescopique en alu, il repart examiner les choses, pendant que les deux autres confrontent leurs points de vue sur les méthodes à employer.

Le bâtiment fait bien quatre mètres de haut et Muth nous apparaît minuscule à ramper sur le toit jusqu'à ce qu'on le perde de vue. Effectivement, il y a six conduits, deux de refoulement et quatre d'arrivée d'air, dont deux peuvent être exploités efficacement car ils n'ont pas de ventilateur d'aspiration. La nuit prochaine, il faudra y transporter des tubes de charges allongés à glisser dans les conduits, et Muth décide qu'on en prendra deux de plus, au phosphore, pour la « cuisson » du personnel.

Pour l'instant, un véritable briefing a lieu afin de mettre au point les techniques à employer pour obtenir le maximum de dégâts. Je ne suis d'aucun secours, la destruction d'un blockhaus étant une chose très particulière à estimer et calculer. La puissance des charges, le type d'explosifs à utiliser, cas par cas, leurs emplacements et les résultats escomptés de l'un pour accroître l'effet de l'autre, sont la conséquence d'une formation très spécifique. On ne détruit pas n'importe quoi n'importe comment avec n'importe quoi. En l'occurrence, l'énorme et très puissant matériel radio qui est à l'intérieur du blockhaus nous intéresse plus que les murs de béton qui le protègent.

Les trois garçons discutent de ça, chacun avec beaucoup de pertinence, très attentifs aux suggestions des autres, pour finalement se mettre d'accord sur un procédé de secousses fulgurantes qui se produiront en quatre temps. À défaut de détruire les murs, le matériel qui se trouve à l'intérieur sera inutilisable. Je suis un peu soucieux de les voir gagner le blockhaus autour duquel ils devront circuler pour installer, chacun de leur côté, les charges aux endroits qu'ils ont déterminés. Tout ça est très dangereux. Nous sommes convenus que je me posterai de façon à pouvoir surveiller la porte d'entrée et faire office de guetteur en annonçant par deux coups brefs de criquet toute espèce de danger. Ce danger, je le crains plus venant de l'extérieur, une relève, une ronde de patrouille, que de l'intérieur où les Allemands sont occupés et ne peuvent rien entendre du dehors avec le bruit incessant de leurs radios et l'épaisseur des murs.

Varallo détecte un trafic radio surprenant à une telle heure de la nuit. Il estime qu'au moins huit émetteurs-récepteurs fonctionnent, dont plusieurs sont codés. Muth prend l'écoute quelques instants, mais ne peut rien comprendre, captant tout en même temps. Nous n'avions pas emporté de sélecteur de bandes d'écoute. Jusqu'à trois heures, sans aucune alerte, je fais le guet avant de rejoindre la carrière, laissant sur place mes gars poser leurs premières installations avec mille précautions. Je veux être rentré pour accueillir les autres et qu'ils me tiennent au courant de leurs chantiers respectifs. Cette première nuit d'activité se termine mal, avec une complication grotesque et imprévisible.

En rentrant de leur mission au blockhaus, Mage, Varallo et Muth trouvent sur leur parcours le cadavre d'un Allemand derrière un buisson d'épineux. Quand, en arrivant à notre cache, ils m'apprennent leur découverte, je comprends aussitôt que c'est l'énorme tuile. Tous les huit, nous en discutons, pour décider qu'il ne faut à aucun prix laisser ce corps sur place et, sans délai, nous devons aller le chercher et le ramener ici.

Je repars avec Mage et Varallo, qui se demandent s'ils vont retrouver le trajet exact qu'ils ont emprunté pour revenir du blockhaus à la cache. Je laisse Muth aux écoutes radio et, toujours avec le plan de minage en main, moi derrière, ils refont en sens inverse leur chemin, hésitant quand plusieurs possibilités s'offrent.

Nous mettons du temps à retrouver ce corps. Un type qui, à première vue, doit avoir dans les trente-cinq ans. Il a reçu une balle dans la tête, derrière l'oreille gauche, sans doute un coup de pistolet, et ne perd plus de sang. Varallo le charge sur son dos ; Mage et moi, pour cacher les traces de sang, nous étalons de la terre et des pierres sur le sol taché. Ce gars n'a rien sur la tête ni à côté de lui, c'est anormal. Je fais reposer le corps par terre à Varallo le temps de chercher, à trois, dans le noir, son casque ou son calot qui traînerait par terre. Nous retrouvons son calot à quelques mètres, le coup de feu avait dû le faire sauter. Comme quoi, nous avons été prudents. À tour de rôle, nous le portons jusqu'à la cache alors que le jour se lève. Le corps est allongé au fond de notre planque et recouvert d'une bâche qui traîne là. Muth n'a rien appris par la radio sur la disparition de ce type. Alors, un débat s'engage sur les suites à donner à l'affaire.

Je veux que les gars aient bien conscience de la gravité de la situation et des suites catastrophiques pour nous que la disparition de ce type peut entraîner. L'ennemi va le chercher, battre la campagne, multiplier les patrouilles et compliquer notre travail au point de le rendre impossible. Depuis quand est-il mort? Qui l'a tué, pourquoi là en plein champ de mines, sans que le bruit du coup de feu ait alerté les siens? Pourquoi ce type a-t-il été tué?

Je demande à Muth de le fouiller pour savoir à quelle unité il appartient et qui il est. Muth obéit en faisant remarquer que «même morts, ces cons continuent à nous faire chier». La lecture de son livret individuel indique qu'il sert au 31e groupe de DCA (les projecteurs), qu'il a trente-deux ans et qu'il habite Brême. Dans une autre poche, Muth trouve des lettres, une photo de femme qui doit être la sienne avec deux enfants d'environ cinq et huit ans. Le reste est sans intérêt et Muth reprend les écoutes radio pendant que je me demande quoi faire de ce corps et comment éviter les rapides conséquences que sa disparition ne va pas manquer de provoquer. Est-ce la fatigue? Mais les autres ne me sont d'aucun secours. La situation tient de l'intrigue policière : cadavre à faire disparaître en évitant toute enquête sur la disparition de la victime (ce qui est le plus difficile, si toutefois ce n'est pas déjà trop tard).

Pendant que Muth écoute sans broncher sur les différentes longueurs d'onde les conversations ennemies, je me pose beaucoup de questions. Tous dorment, fatigués par leur nuit. Dehors, le jour est levé.

13 août 1944, deuxième journée

Cacher le corps est réalisable, mais que sa disparition ne provoque pas de réaction me semble insurmontable. Comment éviter les recherches ?

Ce garçon est sous-officier et doit occuper un poste à responsabilité dans son unité avec des chefs au-dessus de lui et des hommes sous ses ordres, il ne peut pas disparaître comme ça, sans explication, sans raison, dans une zone sous haute surveillance, sans créer un branle-bas qui va nous mettre en péril. À quand remonte sa mort ? Qui l'a abattu ? Il ne s'est pas suicidé, son arme individuelle est intacte, aucune balle ne manque dans son chargeur. Son uniforme est propre, donc son corps n'a pas été traîné sur le sol, et là où il a été abattu, il faut que le tueur connaisse parfaitement les lieux qui sont truffés de mines et de pièges.

Tout ça tourne dans ma tête jusqu'à ce que je me rende compte que ce genre de propos m'indiffère, l'essentiel étant que sa mort ne nous nuise pas. Muth ne capte rien à son sujet. Pourquoi ? Le corps est déjà rigide et la mort remonte à plusieurs heures. Le manque d'alerte me paraît invraisemblable dans un coin coupé de toute civilisation où rien ne peut expliquer la disparition d'un sous-officier de son poste. C'est vraiment la merde cette histoire, et il fait maintenant complètement jour, ce qui paralyse toute action extérieure.

Par nécessité, il faut manger et boire, je réveille mes gars, les pousse à le faire, et ils se rendorment ! Je n'arrive même pas à avoir sommeil, alors que je suis las et qu'à côté de moi sont huit corps allongés, dont celui du bout dort pour toujours, seul dans un coin, roulé comme une momie dans sa bâche dégueulasse.

Le fait que les autres dorment me permet peut-être de mieux me concentrer alors que tout se carambole dans ma tête. Il y a notre mission qui prime, son organisation, son exécution, ses risques, et maintenant ce cadavre qui bouscule les plans, compromettant notre efficacité, en tout cas la mienne. J'essaie de calmer mon esprit, de prendre du recul, de récupérer mes idées dans l'ordre en me répétant bêtement sans cesse : une chose après l'autre, pas de panique, rien n'est foutu. La première des choses est de se débarrasser de ce corps sans tarder. Pour ça, il n'est pas question de pouvoir creuser un trou dans le sol en pierre de notre cache, pas plus que dans la carrière à l'extérieur où il serait trop dangereux de s'exposer en plein jour à faire une tombe. Où alors ? J'en suis là de mes réflexions lorsque je suis obligé de sortir pour satisfaire un besoin bien naturel.

Cette opération s'effectuait pour tout le monde dans un « petit coin » derrière une paroi rocheuse, à l'abri de la vue d'une surveillance ennemie. Ce n'était pas vraiment confortable et la chaleur de la saison n'arrangeait pas non plus les choses. C'est pourtant là, et grâce à cette « nécessité », que la solution m'apparaît sous la forme d'une pelle mécanique abandonnée dont le godet est resté en l'air à plusieurs mètres du sol. Là, dans la mesure où le godet est vide, mon cadavre, bien qu'au soleil, sera parfaitement bien. En rentrant dans la grotte-funérarium ma décision est prise.

Muth dort comme les autres, les écouteurs aux oreilles, ce qui ne me satisfait pas du tout, alors qu'il doit être plus que jamais aux écoutes de l'ennemi. J'enjambe trois gars et, alors que je me penche pour le secouer, il me dit avant même que je le touche : « Toujours rien ».

Ce gars me stupéfie. Il dort éveillé, voit clair la nuit, mange et boit à peine, ne se plaint jamais de rien et ne rêve que de tuer des Allemands. Le laissant aux écoutes, je réveille Varallo, Vincenti et Barbier pour les mettre au courant de mon plan : transporter le corps dans le godet de la pelle. Ça leur plaît bien.

Avec du cordon Strassel, la momie est saucissonnée dans la bâche. Une jambe raidie et pliée doit être forcée pour l'allonger près de l'autre, quand il me semble que le corps doit être beaucoup plus long que le godet ! Tant pis. Une fois en haut, nous verrons bien s'il faut recasser ce pauvre gars pour qu'il tienne dans son cercueil de plein air.

Une corde d'ascension nous servira à le hisser jusqu'en haut de la flèche de la pelleteuse. Varallo, qui grimpe comme un singe, ira la passer dans un fer qui fera office de poulie. Une fois le corps approché par Vincenti et Barbier qui tireront sur la corde pour le hisser, je rejoindrai Varallo en haut de la flèche pour l'aider à tirer le cadavre et le faire tomber dans le godet. Tout est bien clair pour chacun. Une fois le corps en place, nous monterons quelques sacs de terre et de pierres pour le camoufler car il serait visible du haut de la carrière et, en plus, les mouches risqueraient de nous trahir. Comme les corbeaux qui déjà nous espionnent depuis notre arrivée.

Toute la difficulté réside dans le fait d'effectuer cette inhumation aérienne en plein jour, au centre de la carrière qui est une vaste cuvette, et à quatre. Conscients de l'énorme danger que nous courons, nous décidons de ne pas nous en préoccuper et d'effectuer ce sale boulot comme si de rien n'était, pour ne pas perdre de temps et risquer de diminuer notre efficacité. La pelle est à peu près à quatre-vingts mètres. Par précaution quand même, nous irons l'un après l'autre ; le dernier, Barbier, portera le corps sur son dos. Je prends la corde, les sacs pour la terre et, le premier, je pars vers cette pelle qui me paraît très loin.

Dès mon arrivée, Varallo quitte la cache pour me rejoindre et ainsi de suite, les quatre, plus un, se retrouvent à pied d'œuvre. Malgré la bâche qui l'enveloppe, le cinquième commence à subir les effets de la chaleur du mois d'août et l'intérêt des mouches. Très à son aise, Varallo grimpe en haut de la flèche avec la corde qu'il fait passer sur une des dents du godet, d'où elle glissera facilement, et il nous renvoie les bouts du filin où le corps est attaché avec soin et hissé à toute allure par Barbier et Vincenti, pendant que je rejoins Varallo en haut.

Le godet est vide. Debout dedans, en nous penchant dangereusement à l'extérieur, nous y basculons le corps. C'est fou ce qu'un corps sans vie est lourd et peu maniable. Pendant que nous essayons d'installer notre cadavre, les deux autres partent remplir des sacs de caillasse.

Il faut placer le corps le mieux possible pour pouvoir le camoufler et, comme je l'appréhendais, le godet est trop court, ou le corps trop long, mais il n'y tient pas. Alors, sans hésitation et très violemment, il faut casser les jambes à hauteur du col du fémur. C'est dur un corps raidi par la mort, c'est moche comme boulot. La bâche nous gêne et il faut le démailloter pour arriver, comme des brutes, à lui casser les deux articulations et lui ligoter les jambes le long du buste pour le raccourcir. Et l'odeur...

Même ainsi, il occupe beaucoup de place. Peu de terre suffira à le recouvrir : les deux sacs de terre de Vincenti et Barbier suffisent amplement pour le cacher. La chaleur est insoutenable au centre de la carrière où le soleil se réverbère, aveuglant. Le retour à la grotte s'effectue comme à l'aller, un par un, sans problème. C'est gagné pour le premier acte, et ça mérite une cigarette au frais.

Du regard, Muth me fait signe : rien de neuf. C'est absolument inconcevable que la disparition de cet homme ne provoque aucune procédure de recherches. Ce n'est pas le genre de la discipline allemande. D'un certain côté c'est bon, mais l'alerte finira bien par se produire et les complications commenceront. Il faut absolument les prévoir et si possible les éviter. Mais comment?

Les autres dorment sans que rien de notre escapade macabre les effleure; quant à mes trois compères, ils se rendorment sans aucune difficulté. Nous avons eu très chaud pendant le moment passé dehors. J'ai soif, je suis très sale et je ne trouve toujours pas le sommeil, bien que fatigué et très désorienté pour la suite des événements. J'appréhende la nuit prochaine. Les yeux dans le vague, le temps passe sans m'apporter ni idée ni réconfort. Je fume. Trop, mais je n'arrive pas à dormir, même pas à m'allonger, il me semble attendre quelque chose que je n'imagine pas. Je regarde ces sept garçons qui dorment et se reposent de leur fatigue en attendant de repartir la nuit prochaine pour une nouvelle épreuve que les circonstances actuelles compliquent, ce qui ne cesse de m'inquiéter. Mes yeux errent sur tout ce qui encombre cette caverne, depuis les hommes, dont certains ronflent, jusqu'aux tas de matériel soigneusement empilés aux pieds de leurs opérateurs. C'est à cet instant que l'idée germe, en regardant le barda téléphonique de Barbier. C'est gros, tellement gros que ça peut réussir. Il faut absolument que je dorme avant de peaufiner la chose, et la pensée que j'ai peut-être trouvé une solution me plonge dans un sommeil profond et vital.

Il est seize heures passées quand je me réveille, reposé mais surpris de ne pas avoir d'informations de Muth qui écoute toujours les yeux clos. Je l'appelle doucement, il ouvre un œil neutre et fait « non » de la tête avant de se rendormir à sa façon. Toujours rien de l'ennemi, c'est de plus en plus incroyable, et du coup mon idée me paraît réalisable et en tout cas urgente à tenter. Techniquement, la chose me semble assez simple après tout. Il faut dire encore une fois que je n'y connais rien; il va s'avérer que c'est beaucoup plus compliqué que je ne le pense.

Cette idée un peu folle consiste à mystifier l'ennemi en lui faisant croire à une désertion de la victime. Ça implique

que nous nous branchions par piratage sur une ligne téléphonique bien sélectionnée et que Muth, se faisant passer pour le mort, annonce à un standard allemand du secteur qu'il a décidé de quitter son poste pour rejoindre sa femme et ses gosses. La conversation devra être courte pour que les Allemands n'aient pas le temps de la localiser et devra faire comprendre qu'elle est passée d'assez loin pour éviter les recherches locales. Le ton devra correspondre à celui d'une décision irrévocable de feu l'intéressé, dont nous avions conservé le livret militaire pour ne pas commettre d'impairs sur ses nom, prénom, grade, unité, numéro matricule. Nous avions aussi le prénom de sa femme et de ses enfants si besoin était. Il n'y a aucune chance qu'au standard que nous connecterons on connaisse la voix du disparu. En revanche, il faut absolument être bref et trouver une ligne téléphonique civile, comme si notre bonhomme appelait d'un bistrot ou d'un poste quelconque à des kilomètres d'ici, ce qui est plausible étant donné le temps écoulé depuis sa disparition.

Avant toute chose, il faut que j'en parle avec Barbier, seul capable de monter une machination pareille qui va poser des problèmes techniques qu'aucun autre n'est capable de seulement envisager. Je réveille Barbier et relève provisoirement Muth de ses écoutes pour leur exposer mon plan. Naturellement, Muth ne voit que des avantages à berner les Allemands. Il est capable de confondre n'importe lequel avec l'aisance qu'il a de la langue. Barbier, lui, bien que prêt, évoque en tant que fin technicien la difficulté de trouver une ligne civile pouvant être relayée !

Par radio, ce serait un jeu d'enfant, mais notre gars n'était pas parti avec un poste émetteur à longue portée. Il ne pouvait que téléphoner pour annoncer son départ, après avoir pris du champ pour ne pas être inquiété trop rapidement par la *feldgendarmerie.* Il fallait donc dégoter une ligne téléphonique civile et banale. C'était ça, et uniquement ça, le problème.

Nous n'avions naturellement pas le plan du réseau téléphonique civil ou allemand. Le civil existait-il toujours dans cette zone interdite de la côte ? Était-il filtré ? Et s'il existait, pouvait-il logiquement aboutir à un central militaire allemand ? Il ne fallait surtout pas qu'une communication aboutisse alors que matériellement c'était impossible, les Allemands n'étaient pas idiots et ils auraient vite découvert le subterfuge.

Barbier ne me soulève que des problèmes. J'ai toute confiance en lui, et il a raison de mesurer les difficultés et les risques, mais ça m'agace de voir contrariée cette idée, aussi folle soit-elle, car je ne vois aucune autre possibilité de neutraliser les recherches ennemies. Muth aussi, ça l'agace, et il déclare à Barbier :

« C'est ton boulot, nous fais pas chier, démerde-toi pour piquer une ligne et grouillons-nous ! »

Ça m'aide. Les autres dorment toujours.

Barbier, qui a beaucoup d'admiration pour Muth, ne répond rien et se met au travail pour préparer le matériel voulu afin d'opérer, place tout dans un sac et se déclare prêt à partir. Mais partir où, en plein jour ?

On rediscute et on décide qu'avant toute chose il faut aller voir où passent les lignes téléphoniques les plus proches et savoir ce qu'elles desservent. Cette enquête ne peut se faire que maintenant, de jour, avec le maximum de risques, en répartissant un secteur de recherche à chacun de nous trois. Le fait que les lignes soient aériennes facilite un peu le travail. Reste à savoir d'où elles viennent et où elles vont, si elles sont en service ou pas, militaires ou non.

Je réveille Mage pour le prévenir de notre départ, sans autre explication. Aussitôt après, nos plans de minage en main, nous partons, en plein soleil, dans la nature, à la recherche de cette ligne salvatrice que nous situerons sur nos plans respectifs pour les faire concorder. La journée est aux plus grands risques. Après la pelle mécanique en matinée, c'est maintenant des promenades dans l'après-midi, alors que nous ne devrions pas mettre le pied dehors de jour et nous reposer pour la nuit.

En parcourant mon secteur, je constate que cette idée est trop acrobatique et que nous ne trouverons pas le moyen de communiquer comme il le faut. J'ai beau me répéter qu'il n'y a pas d'autre formule possible, les aléas soulevés par Barbier me font douter du succès. Et cette nuit, il faudra repartir pour poursuivre notre véritable tâche. On sera crevés !

Une heure après mon départ, je suis de retour à la cache. Muth vient de rentrer, Barbier n'est pas encore là. Nous comparons nos plans, Muth et moi, et il est clair que nous avons chacun relevé la même ligne, la seule du secteur sans doute. Reste à attendre le retour de Barbier et à confronter nos trois relevés.

Il arrive enfin, blessé, une énorme écharde dans la main gauche, à la base du pouce. En grimpant à mains nues, sans crochet, pour regarder les fils de près, il s'est enfoncé un véritable morceau de bois. Mage doit le soigner, l'insensibiliser pour lui enlever cette écharde, et lui poser trois fils, vu la taille du trou. Tout ça, c'est en plus. Ça prend du temps et je suis impatient d'entendre ses propres informations.

Il s'avère que la ligne qu'il a trouvée est bien la même que la nôtre, mais qu'en haut du poteau, il a constaté que, sur les six fils qui passent, quatre sont des fils de téléphone français et deux des fils allemands. En effet, leur isolation est différente, et les fils allemands sont à double conducteur, contrairement aux nôtres. Donc nous disposons éventuellement de quatre fils pour tenter une liaison, bien qu'il soit très possible que les Allemands aient annexé les lignes françaises à leurs fins. Une lueur d'espoir subsiste quand même.

Avec Muth, on rédige le texte de ce qui doit passer en cas de succès. Et si ça n'aboutit pas, on laisse tomber sans prendre de risques supplémentaires, ça suffit comme ça. Nous décidons de notre point d'intervention, là où la ligne passe le plus près d'ici. Barbier prend ses crochets et une sangle pour se maintenir à l'aise en haut du poteau et, après une légère collation, nous repartons pour tenter le tout pour le tout.

Une voiture de l'armée passe dans un nuage de poussière et nous retarde quelques instants, puis deux Allemands à vélo bavardant tranquillement sans se presser, casqués sous un soleil de plomb, puis plus rien, les cigales, la chaleur, la nature étouffée qui se repose. La ligne atteinte, nous choisissons un poteau un peu plus loin, dans un léger creux abrité des regards bien que très visible de la route. Muth, au pied du poteau, écoutera les liaisons ennemies pendant que Barbier travaillera. Moi, je ferai le « pet » en surveillant la route pour avertir d'un danger, afin que Barbier ait le temps de redescendre très vite pour se planquer avec Muth.

Arrivés au pied du poteau, Muth se met en quête d'un piège. Bien lui en prend, car deux mines antipersonnel sont enfouies pour prévenir les sabotages. Tout est partout truffé de ces saloperies d'engins, c'en est obsédant, on ne sait plus où poser les pieds. Barbier s'équipe pour monter avec les écouteurs volants et un attirail de pinces, fils, couteaux, cadrans et autres ustensiles. Je le vois, à dix mètres de moi, du bord de la route, passant tranquillement d'un fil à l'autre, revenant au précédent, dénudant l'un, changeant de pinces, observant ses cadrans, et recommencer sur chacun des quatre fils du réseau français. Rien ne s'annonce sur la route, c'est l'heure la plus torride de la journée. Le bitume transpire et une brume de chaleur monte du sol. J'ai très chaud, j'ai très soif, et je me sens très sale.

Muth me fait signe que rien de particulier pouvant nous concerner ne passe par la radio. Je reste les yeux fixés sur Barbier qui continue à patouiller sans arrêt dans les fils malgré sa main blessée qui doit le gêner et le faire souffrir. Tout est calme, la réverbération est un peu aveuglante, une sorte de torpeur m'envahit et me force à lutter contre une vague de sommeil qui me distrait de ma surveillance. La fatigue ! Le calme et le silence (même les cigales se sont tues) sont toujours trompeurs, ils donnent une quiétude dangereuse. Les choses paraissent normales et inconsciemment la notion du risque s'estompe. Il me faut lutter pour rester vigilant. J'allume une cigarette pour ne pas sombrer. La moindre alerte m'aurait secoué, mais rien ne se passe, fort heureusement.

Barbier bricole, toujours très à l'aise, sans que j'arrive à comprendre pourquoi il quitte un fil pour le reprendre un instant après avec un autre qu'il vient de quitter. Depuis maintenant quinze minutes, il est grimpé là-haut comme chez lui, mélangeant à plaisir tout le matériel qu'il a emporté. À un moment, d'où je suis, je compte huit pinces en place dont plusieurs sont sur le même fil ! À quoi joue-t-il et quand va-t-il terminer son numéro ?

Muth ne bouge pas. La soif accablante me fait penser que nous n'avons pratiquement plus d'eau et qu'il faudra, à la nuit tombée, percer une conduite souterraine pour nous en procurer. La conduite, nous connaissons son emplacement, elle est en bordure de cette route, un peu plus loin que là où je suis en ce moment, peu profonde, derrière le talus. À gauche et à droite, j'essaie de percevoir un mouvement quelconque mais rien, personne depuis le passage de la voiture et des deux vélos. La chance nous sourit.

Enfin, je vois Barbier débrancher tout son attirail et redescendre. Impatient, je quitte mon poste pour me précipiter jusqu'au poteau et connaître le verdict.

« On a la cabine publique d'Agay, qui passe des communications privées en allemand à un standard qui, d'après les ohms, est à trois kilomètres d'ici.

— Comment sais-tu que c'est la cabine d'Agay ?

— Par la fille qui ne parle pas un mot de boche et qui se fait tout répéter plusieurs fois à chaque appel. En plus, elle a un putain d'accent du pays et, d'après les pulsions vocales, elle est sur un réseau d'État à mille deux cents ou mille cinq cents mètres à l'ouest.

— Bon, moi je veux bien tout ça, mais le standard allemand ?

— Il y a un gars qui parle, toujours le même, avec d'autres autour de lui qui demandent des numéros en Allemagne. Il les communique à la fille.

— Comment interférer là-dedans sans tomber au milieu d'une conversation ? Il faut que la fille nous laisse la ligne sans être alertée par l'arrivée de Muth qui ne sera pas passé par elle.

— D'abord la fille doit s'en foutre, ensuite elle ne comprend pas un mot de fritz et on peut, pendant notre temps de liaison, faire passer la ligne de la cabine d'Agay sur une ligne allemande libre pour nous laisser un circuit vacant. »

Oh là là que tout ça s'annonce risqué et acrobatique !

« Où aboutissent ces lignes allemandes ?

— J'en sais rien, mais plus loin. Leur interférence est inférieure aux normes françaises, elles doivent être alimentées par un circuit indépendant qui fonctionne sur générateur et ne servir que de réseau d'appoint ou de secours. Au moins deux d'entre elles en tout cas.

— Bref, tu peux libérer la ligne d'Agay et que Muth l'utilise comme donnant toutes les apparences d'un appel qui pourrait venir de loin, de n'importe où ?

— Oui, mais pas longtemps, parce que les fréquences ne sont pas les mêmes sur les deux réseaux et...

— Pas longtemps, c'est combien de temps ?

— Deux minutes, pas plus, ou tout deviendra anormal et pourra être détecté.

— Deux minutes, c'est plus qu'il n'en faut ! Allez, on y va !

— Je dois d'abord dériver la ligne d'Agay sur l'autre réseau sans couper une conversation.

— Alors tu vas dériver, mais le temps de la dérivation est à imputer aux deux minutes ?

— Absolument.

— Non mais tu déconnes, mon vieux, c'est pas possible le temps que tu fasses ta cuisine là-haut, que tu redescendes, que Muth monte et parle, deux minutes seront largement dépassées.

— T'es marrant, j'peux pas poser les lignes par terre !

— Mais le fil de ton combiné n'est pas assez long pour descendre jusqu'au sol ? Ça éviterait que Muth grimpe pour parler.

— Je vais le rallonger en vitesse.

— Bon, tu le rallonges, tu grimpes faire ta dérivation, dès que t'as le standard allemand, tu fais signe à Muth pour qu'il parle. Dès qu'il a terminé, Muth te fait signe, tu enlèves ta dérivation en rétablissant tous les circuits normaux et on se barre, parce que ça commence à durer cette histoire, et on va finir par se faire baiser ici en plein jour pendant des heures à faire les cons.

— OK, on essaie comme ça, mais Muth, grouille-toi, pas plus d'une minute ou je coupe.

— T'inquiète pas, j'vais pas faire la causette, grimpe là-haut et passe-moi ces cons. »

Barbier remonte et je retourne à la route où, par bonheur, rien n'est passé pendant notre discussion. Personne ne surveillait plus depuis bien trop longtemps. Je vois le combiné descendre au bout d'un fil. Muth peut parler assis et Barbier exécute sa dérivation. Quelques instants après, il fait signe à Muth. Tout se joue à ce moment.

Naturellement, je n'entends rien, ça n'a d'ailleurs aucune importance car je n'aurais rien compris. Ce qui compte, c'est que Muth passe son message, qu'il s'assure qu'au bout on l'entende bien et que, au plus vite, on se tire d'ici. Je vois Muth parler, écouter son correspondant, puis reparler un bon moment, réécouter, reparler et faire signe à Barbier de couper. C'est fini, le coup est parti !

Barbier démonte son installation, remet en place les circuits, ramasse tout son matériel, descend et vient me rejoindre, pendant que Muth replace les deux mines. On ne se dit pas un mot jusqu'à la cache où, après avoir bu un coup, on s'allonge au frais pour récupérer avant que Muth raconte sa conversation. Nous soufflons un peu parce que, tous les trois, nous sommes complètement KO. Quelle journée !

« J'ai d'abord eu un gars à qui j'ai demandé à parler au chef de poste. Il m'a demandé mon nom et m'a passé un autre type avec un sacré accent autrichien à qui j'ai raconté mon histoire. Aussitôt, il m'a demandé mon nom, mon unité, mon matricule, où j'étais, cet idiot, et m'a donné l'ordre de rentrer immédiatement. Je lui ai donné mon nom et le reste, en lui disant que j'étais déjà loin de la côte et que ma décision était prise. Alors j'ai fait signe à Barbier de couper. »

C'était parfait. La gendarmerie allemande allait être prévenue et se mettre en chasse pour retrouver, au diable, un déserteur qui gisait dans le godet d'une pelle mécanique à quatre-vingts mètres de nous !

Les cinq autres étaient un peu sidérés de la supercherie et en rigolaient. Un bon coup à boire aurait été bien agréable, tous ensemble, mais en guise de coup, Mage fit une piqûre à Barbier qui souffrait de la plaie de son écharde.

L'eau, il faut absolument nous procurer de l'eau, et vite, car nous nous déshydratons peu à peu. C'est encore des risques à prendre d'aller en chercher avant la nuit, mais c'est vital. Leguenec et Dauvers sont chargés d'aller s'en procurer sur la conduite en faisant le moins de dégâts possible et en rebouchant le trou du tuyau avec du plastic.

« Prenez deux vaches de vingt litres, une pioche et un poinçon, soyez très prudents avec les mines et le passage sur la route. La canalisation est sur le bas-côté sud, vous serez très exposés. Ne laissez aucune trace, que l'un surveille pendant que l'autre travaille. Ne travaillez jamais en même temps, que l'un soit toujours en alerte pendant que l'autre est occupé. Choisissez le lieu de votre intervention en fonction d'une cache toute proche et ne rentrez que l'un après l'autre. Je n'aime pas du tout laisser deux gars seuls en plein jour sans protection, mais la situation m'y contraint. »

Il est dix-huit heures quinze, et je pense que vers dix-neuf heures, ils seront revenus. C'est long quarante-cinq minutes à attendre sans savoir ce qui se passe et à tout imaginer. Je les aurais bien accompagnés, mais il faut aussi me reposer un peu et répartir les charges et responsabilités entre tous. En fait, je ne me repose pas du tout, je voudrais bien somnoler en les attendant, mais je n'en suis pas capable avant qu'ils ne soient rentrés. Les cigarettes m'aident encore à patienter. Les autres dorment ou se reposent, sauf Mage qui fume allongé, les yeux dans le vague. À quoi pense-t-il ? Je suis moins inquiet pour chacun de nous la nuit. L'obscurité est protectrice, mais en plein jour, pour un gibier comme nous le sommes, les périls sont nombreux. Je ne cesse de regarder ma montre qui n'avance pas. Mage, qui se rend compte de mon inquiétude, vient bavarder à voix basse avec moi.

Il est sympathique, ce garçon. Étudiant en droit à Nancy, il a tout plaqué en quatrième année pour rejoindre les Forces françaises libres par l'Espagne. Par le hasard des choses, et alors qu'il n'avait comme moi aucune prédilection pour les explosifs, il s'est retrouvé dans le génie où, par désir d'apprendre quelque chose, il s'était spécialisé dans la destruction. Devenu très calé en la matière, il était, avant de participer à notre opération, instructeur dans les commandos de marine. C'est un garçon calme, courageux, cultivé. Je n'apprendrai sa mort, pendant la bataille d'Alsace, que bien après la fin de la guerre.

Il est dix-neuf heures, aucun des deux n'est rentré. Je leur donne encore quinze minutes et j'irai voir ce qu'il en est. Muth me dit en passant :

« Tant qu'on n'entend pas de coup de feu ou de mine qui pète, c'est que tout va bien. »

Et il sort pisser.

À dix-neuf heures dix, Leguenec rentre avec sa vache à eau, et à dix-neuf heures quinze, Dauvers avec la sienne.

Subitement, je me sens bien, très bien. Tous mes gars sont là, nous allons boire, manger, un peu nous laver et préparer le matériel pour la deuxième nuit de sabotage chez l'ennemi.

J'étais heureux de vivre ces moments privilégiés et de pouvoir y participer avec une équipe de jeunes hommes exceptionnels.

À cet instant de mon état d'âme, les sirènes se mettent à hurler. Muth se précipite sur les écouteurs et moi j'imagine dans quel état j'aurais été si mes deux gars n'étaient pas encore rentrés. Par un effet d'écho de la carrière, le bruit est considérablement amplifié jusqu'à la grotte où le son est assourdissant. Personne ne s'arrête pour autant, notre situation du moment n'ayant rien de comparable avec la précédente alerte surprise que nous avions eue en arrivant. Pas un instant je ne pense que ça peut être une véritable alarme dirigée contre nous. Muth écoute en mâchant son corned-beef et tous poursuivent leur repas sans inquiétude. Ça dure, me semble-t-il, plus longtemps que la précédente fois. De la tête, je questionne Muth qui lève les épaules, me signifiant que rien ne passe par la radio. Comme il fait encore plein jour, les projecteurs ne fonctionnent pas.

Les sirènes se taisent enfin, nous plongeant dans un épais silence, alors que Muth ne capte toujours rien. Aucun commentaire n'accompagne ces hurlements sinistres. Il faut garder l'écoute, par sécurité, mais je n'ai aucune appréhension nous concernant, convaincu que la chance nous accompagne. La radio allemande ne dit toujours rien, et les choses se terminent ainsi. En attendant la pleine nuit, nous nous endormons tous une fois que le matériel a été préparé pour repartir vers les objectifs laissés en plan ce matin avant que l'aube ne naisse.

Les journées pleines d'imprévus sont très fatigantes, la chaleur caniculaire et les aventures qui n'auraient jamais dû exister sont de trop. Ajouté aux nuits redoutables, tout ça réclame du sommeil que nous ne trouvons que par fractions. L'hygiène aussi se détériore. Aucun ne se rase ni ne se lave vraiment alors que la poussière et nos transpirations depuis le départ l'auraient exigé. Le gras noir dont nous nous enduisons la figure, le cou, les bras et les mains avant chaque départ de nuit ne facilite rien non plus. L'un de ses avantages est de nous protéger des moustiques !

Barbier se réveille le premier et se met à tripatouiller les détonateurs pour les rendre fonctionnels. Dauvers le rejoint, puis tous se mettent à bricoler ce dont ils ont besoin pour cette nuit où tout doit être en place. La dernière nuit, du 14 au 15, il faudra retourner une dernière fois sur les lieux pour uniquement mettre en service les batteries d'alimentation électrique, les systèmes de mise à feu et régler les temporisations des retardateurs. Après, ce sera la fuite, le plus loin possible du rivage, pour se mettre à l'abri des bombardements. Jusqu'à présent, aucune équipe n'a rencontré de très graves problèmes avec l'ennemi.

Bien sûr, le sabotage n'est pas un travail facile à exécuter au cœur même des défenses allemandes en perpétuel état d'alerte, il faut se méfier de tout en permanence et anticiper le danger de la troupe ennemie, de ses pièges en place, du risque de l'approche des zones les plus sensibles et par le fait même les plus surveillées, du bruit que l'on peut occasionner, de sa propre ombre qui peut vous trahir et du matériel infiniment dangereux que l'on transporte et manipule. À cela s'ajoute la fatigue, la tension nerveuse, l'obscurité qui protège un peu, mais qui complique les travaux de branchement des contacts fins pouvant tout détruire sur l'instant ou tout faire rater plus tard. Aucune part ne doit être laissée à l'imprudence ou au hasard, tout est trop dangereux. Déjà très délicat à l'entraînement, ce genre de travail devient infiniment plus risqué à exécuter lorsque les plus mauvaises conditions sont réunies, comme c'est le cas.

Du 13 au 14 août 1944, troisième nuit

La deuxième nuit de mise en place, je décide de la passer en faisant une ronde qui me fera aller d'un objectif à l'autre afin de m'assurer que tout va bien pour chacune des équipes qui achève son travail. Personne n'a encore circulé de l'aqueduc à l'antenne, et de l'antenne au blockhaus. Le seul parcours que j'aie fait est celui de notre cache au blockhaus, il faut donc que j'organise mon circuit de plusieurs kilomètres en sinuant par des chemins inexplorés.

J'informe les gars de ma venue au cours de la nuit pour éviter de dangereuses surprises pour eux et pour moi, et, alors qu'ils partent sur leurs objectifs respectifs, je me plonge dans ma carte d'état-major et le plan de minage pour établir ma route. Gagner l'aqueduc[1] ne doit pas poser de problème, les passages sont reconnus. Le plus délicat est d'aller de l'aqueduc à l'antenne au sommet du grand pic du cap Roux et, de là, au blockhaus du Rastel; aucun de nous n'a encore fait ces liaisons.

J'estime qu'il me faudra six heures pour faire cette ronde et, à vingt-deux heures, je pars pour l'aqueduc avec, sur mon plan, les passages théoriques à emprunter. Je n'emporte rien avec moi. Comme chaque nuit, je me passe la figure, les bras

1. Barbier, Vincenti.

et les mains au noir gras, et autour de mon cou pend le criquet de reconnaissance : trois coups suivis de deux pour cette nuit. La tournée ne me déplaît pas par certains côtés; dans un autre registre, elle me rappelle les grands jeux d'approche de nuit de quand j'étais scout, il n'y a pas si longtemps!

Le fait d'être seul me soulage de responsabilités, n'ayant à m'occuper que de moi. Ma principale préoccupation est naturellement de ne pas me faire prendre ou voir, de ne rien divulguer de notre présence, de ne pas faire tout rater par une bêtise ou une imprudence irrémissible. Au point où nous en sommes, aucune bavure n'est possible. Je l'ai répété plus de dix fois aux autres avant qu'ils partent terminer leur boulot.

La nuit est moins chaude que la veille et plus sombre, car la lune est voilée par une brume qu'aucun vent ne dissipe. La vue s'habitue très vite à l'obscurité et rapidement on gagne de l'agilité dans ses mouvements, les bruits sont mieux évités, les obstacles plus faciles à franchir ou à contourner et surtout le repérage de l'ennemi plus aigu. Cette forme d'aisance peut être maléfique, car elle donne trop de sérénité et de confiance. Le risque d'insouciance peut être fatal, il faut sans cesse se méfier de soi. Je m'oblige à ne pas augmenter mon allure, à faire des pauses fréquentes pour écouter et observer, à contrôler ma route, à ne rien concéder au hasard. La vulnérabilité force à être sur ses gardes. Je sais que, derrière une casemate camouflée en bungalow, il y a un fossé, puis une bosse et une passe délicate, très étroite, pour arriver à moyenne distance de l'extrémité ouest de l'aqueduc. Cet unique chemin praticable passe à quelques mètres seulement de la casemate dont j'aperçois les tubes brunis des deux canons légers à tir rapide pointés vers la mer.

Progressant très lentement sur les coudes, j'approche du fossé lorsque je suis saisi à la vue de la porte ouverte de la casemate devant laquelle je dois passer. Pourquoi cette porte est-elle ouverte? L'équipe de l'aqueduc ne l'a pas signalé dans son rapport de la veille. Un gars est-il sorti pour s'aérer, pisser, marcher un peu ? Je ne vois rien bien sûr des autres côtés du bâtiment et, sans qu'aucun bruit puisse me fournir une indication, je décide de m'approcher pour écouter et essayer de voir un peu les alentours.

La construction de cet engin fortifié a éliminé toute la végétation et il ne reste rien derrière quoi se camoufler, sauf un fût métallique de deux cents litres qui traîne là par hasard, mais pour y arriver j'ai une quinzaine de mètres à parcourir en terrain complètement découvert. Je les franchis avec beaucoup de précautions, rampant sur le ventre, les avant-bras torturés par la caillasse coupante du sol. Arrivé derrière le fût, je vois de tout près une grande partie de l'intérieur et du pourtour de la « villa ».

Dedans, il y a trois types, enfin je n'en distingue que trois, assis et jouant aux dés sous une lampe tempête qui éclaire très faiblement. Depuis notre arrivée en France, ce sont les trois premiers Allemands, vivants, que je vois et... de près. Autour de la casemate, rien, personne. Trois hommes pour deux canons légers c'est court mais plausible – deux tireurs, un chargeur –, cependant rien ne prouve qu'un quatrième ne s'est pas absenté ou ne roupille pas dans un coin hors de mon angle de vue. Je me déplace légèrement pour essayer de mieux voir la partie de la pièce qui est cachée par la porte ouverte. La pénombre intérieure est très gênante mais, quand même, après un moment d'observation, j'arrive à repérer assez vaguement trois casques accrochés par leur jugulaire. Trois, je suis sûr qu'il n'y en a que trois. Le passage est redoutable, mais le danger ne vient que de l'intérieur. Alors, doucement, complètement aplati, je roule sur le sol jusqu'au fond du fossé où j'attends, le cœur battant, une réaction quelconque. Rien. Je franchis le talus et, de l'autre côté, je patiente encore quelques instants. Toujours rien. Je suis passé !

La tête de l'aqueduc n'est qu'à deux cents mètres et un chemin étroit, emprunté par les gardes, conduit aux premières piles à déminer. Ce trajet ne pose pas de problèmes particuliers, aucune patrouille ne circule et c'est sans encombre que je peux descendre la falaise pour arriver à la première arche proche de la plage. La brume se lève doucement, la nuit est plus chaude, plus claire et le clapotis des vagues est apaisant. Je ne sais d'où provient un bruit de musique, étouffé par la distance. Il fait bon, c'est presque les vacances.

L'aqueduc a neuf arches et seulement sept piles, car la première et la dernière arche s'appuient sur la falaise. Naturellement, chaque pied de pile est protégé par des mines, comme toute la plage, qui s'étend en croissant au pied même de l'aqueduc qui fait deux cents mètres de long et trente mètres de haut. L'équipe qui travaille pour la deuxième nuit sur place a laissé sur le sol un fil de coton pratiquement invisible qui indique le chemin à suivre pour éviter de sauter. Après quelques difficultés pour le trouver, je finis par le découvrir, caché de part en part par des pierres qui le dissimulent complètement de la vue, même en plein jour. Ils sont forts les gars, mais je ne pense pas que des patrouilles allemandes surveillent le bas de cet ouvrage qui est réputé hors d'atteinte par la mer.

Suivant le fil avec précaution, j'arrive à la troisième pile d'où j'émets un premier appel de reconnaissance. Sans réponse. J'avance jusqu'à la quatrième pile en cherchant dans la pénombre en haut ou en bas un de mes gars. À un nouvel appel du criquet me parvient une réponse encore plus loin, à la dernière pile est, la septième. Là, je trouve mes bonshommes, un en bas, l'autre en haut, à trente mètres au-dessus du vide. Vincenti est en haut, retenu par un grappin fixé au parapet. Une corde de rappel le retient par un harnais et Barbier l'assure d'en bas en retenant la corde d'ascension qui coulisse dans une poulie à cliquets. Barbier m'accueille en maugréant contre les difficultés qu'ils ont pour déconnecter les charges reliées ensemble par un système d'alarme qui double les commandes de mise à feu. Ils m'ont déjà parlé de cette complication imprévue qui, dès la première nuit, leur avait posé des problèmes très délicats. Ce système d'alarme met évidemment à l'abri de toute tentative de désamorçage des charges par des néophytes ou des imprudents. Ce n'est certes pas le cas mais cette installation rend le travail beaucoup plus long et beaucoup plus dangereux car, avant de désamorcer chaque charge, il faut ponter le système d'alarme pour le neutraliser. Barbier pense que dans trois heures, ils auront terminé, si tout ne saute pas avant !

Vincenti descend. Il y a deux heures qu'il travaille suspendu et le harnais le blesse aux épaules. Barbier va le remplacer. Pendant que Vincenti se débarrasse du harnais pour le passer à Barbier, il lui explique où il en est. Deux charges restent à désamorcer, la dernière étant couplée avec une autre, plus forte, placée directement sur la falaise. Une fois équipé, j'aide Vincenti à hisser Barbier dans les airs. Techniquement, ces deux garçons se valent, tous deux très athlétiques et calmes. Vincenti est peut-être plus méticuleux, mais Barbier connaît parfaitement son boulot. C'est quand même Vincenti qui a déniché la veille le système d'alarme. Je n'ose pas penser à ce qui serait arrivé si...

Avant de hisser Barbier, je leur recommande de prendre leur temps. C'est la dernière nuit d'une très grande fatigue physique et nerveuse pour eux, démineurs. Ils n'auront plus à revenir la nuit prochaine comme les autres pour placer les mises à feu de leurs objectifs. En revanche, le côté très délicat de leur travail consiste à tout désamorcer en laissant les choses en place, comme si l'ensemble était prêt à fonctionner, pour le cas où une inspection des Allemands aurait lieu avant le 15. Les charges, les fils, les relais, rien ne doit être enlevé ou déplacé et, de plus, le pontage successif du signal d'alarme ne doit pas être décelé. Je les préviens d'être prudents au retour car la porte de la casemate est ouverte, puis je les quitte, Barbier bien amarré en haut, pour rejoindre Dauvers et Leguenec à l'antenne.

En raison de la chasse alliée, aucune lumière ne signale la présence de cette construction métallique gigantesque solidement scellée dans le roc et haubanée à son pourtour. De l'aqueduc, on ne la voit pas, cinq kilomètres me séparent d'elle. Il est déjà minuit vingt et je n'ai pas de temps à perdre, d'autant qu'il faut gravir les quatre cent cinquante mètres de la colline du grand pic du cap Roux. Pour gagner du temps, je décide de prendre une autre route que celle que j'ai prévue initialement et de longer la côte vers l'est, en piquant vers l'intérieur une fois arrivé à la hauteur de la colline. La voie ferrée longe la N98 en corniche, l'une coupant l'autre à plusieurs endroits. J'élimine la voie ferrée, trop dangereuse, et la route aussi, pour la même raison, et opte pour une bande de terrain assez large entre les deux qui, d'après mon plan, est praticable. À deux endroits, je dois couper la route et la voie, mais le reste du temps, le parcours est bon semble-t-il. Légèrement en contrebas, la route à droite, la voie à gauche, je n'ai que deux alertes de camions qui roulent à vive allure vers Cannes. Les traversées de la route se font bien et la colline avec l'antenne apparaît derrière le mont Saint-Pilon alors qu'au même moment une patrouille allemande, à cinquante mètres devant moi, marche sur la route, à ma rencontre. Je suis en contrebas, dans une végétation d'épineux, sans abri, et six gars s'approchent lentement.

Je n'ai que quelques secondes pour me déterminer à je ne sais pas quoi et... je ne fais rien d'autre que de m'aplatir contre le talus, de leur côté, en faisant le mort. Théoriquement, ils ne doivent pas me voir, car ils me surplombent de trop près, mais ça c'est la version de mon espoir ! Le bruit de leurs bottes sur le bitume, on le reconnaît. La dernière fois que je l'ai entendu, c'était à Paris, gare d'Austerlitz, en prenant le train pour les geôles de Franco. Depuis, je l'avais presque oublié, mais là, il est vraiment très proche et caractéristique. Je m'aplatis le plus possible, respirant lentement, en retenant mon souffle et en pensant au péril que je peux faire courir aux autres en me faisant prendre par ces six types qui arrivent à ma hauteur. Ils parlent entre eux, à haute voix, déambulant sans que je puisse les voir, le nez dans l'herbe. Après tout, pourquoi se douteraient-ils de quelque chose ? Pourquoi un mec serait-il là, planqué, à leurs pieds, alors que la nuit est calme et que depuis des lunes ils patrouillent pour rien sur cette route qu'eux seuls utilisent ? Cette pensée me ragaillardit.

Alors qu'ils arrivent juste au-dessus de moi, un bruit de moteur se fait entendre par l'est et ces abrutis s'arrêtent sur place, attendant que le véhicule les double. C'est un camion qui se pointe et qui stoppe à leur hauteur, et à la mienne du même coup. Ça ne m'arrange pas du tout car, de la cabine, le chauffeur, lui, peut me voir, étant plus haut que les hommes à pied. Je trouve que mon cœur qui tape fait beaucoup de bruit ! Pendant qu'ils échangent quelques bonnes plaisanteries, à les entendre rigoler grassement, je pense que le camion venant du même côté qu'eux, le chauffeur conduisant naturellement à gauche en les doublant, ils sont au milieu de la route, donc les gars me tournent le dos. Tout ça va très vite dans ma tête lorsque le véhicule repart.

J'attends. Eux aussi repartent, lentement, en discutant. Je ne bouge pas un cheveu avant que leurs voix ne soient plus perceptibles. Il est une heure quarante lorsque je me mets debout pour observer les alentours et mon plan. Tout est calme a priori, et je reprends ma route pour gagner le pied de la colline et la gravir par un chemin que doivent utiliser les gardes chargés de la surveillance et de l'entretien de l'antenne. Cet itinéraire est imprudent, je le sais, mais tellement plus rapide que j'opte pour cette commodité. L'équipe de destruction[1] passe, elle, par la face ouest. C'est plus sûr à cause du risque de patrouilles, mais plus long en raison des traquenards. L'avantage de mon chemin est aussi qu'il offre des caches de végétation et de roches si besoin est.

1. Leguenec, Dauvers.

Je monte assez tranquillement, très méfiant, en m'arrêtant souvent pour observer et écouter. Le pire serait qu'une patrouille monte ou descende avec un chien, car là aucune planque n'est plus bonne, mais hier ni Leguenec ni Dauvers n'ont parlé de chiens dans leur rapport, ils ont seulement insisté sur la densité des mines, des barbelés et des sirènes dont certaines sont fixées sur l'antenne elle-même. Presque arrivé au sommet sans autre problème qu'une soif terrible, je bifurque à gauche pour rejoindre le passage utilisé par mes gars, c'est plus prudent que de m'aventurer dans un champ d'explosifs qui n'a pas été reconnu par des artificiers. Pour ne pas risquer de poser les pieds sur un pétard, je me transporte jusqu'à leur passage en sautant de roche en roche.

Arrivé sur leur piste, j'envoie un premier signal de reconnaissance avec le criquet. Pas de réponse ? Je suis peut-être un peu loin du pied de l'antenne dont, en éveil, je me rapproche doucement. Un réseau de barbelés coupé et remis en place par l'équipe barre le passage. Je ne suis qu'à quelques mètres du pied de l'antenne. Caché, je répète le signal avec le criquet. Deux fois de suite, toujours sans aucune réponse. Il est deux heures cinquante. Leguenec et Dauvers savent que je dois passer, mais je les ai prévenus que si leur travail était terminé avant que j'arrive, ils rentrent immédiatement à la carrière sans m'attendre. Quand même, à trois heures du matin, ils auraient terminé leur boulot ? J'essaie de voir des charges ou des fils qui pourraient m'indiquer que tout est fait, mais je ne distingue rien. Absolument rien d'anormal, tant sur les piliers que sur les blocs de support en béton. Il y a trois massifs en béton qui tiennent les haubans de l'antenne, et sur aucun d'eux je ne décèle la moindre trace d'un sabotage. Je ne vois même pas le fil de mise à feu qui doit partir de l'antenne pour aller à soixante-dix mètres de là où la nuit prochaine sera placée la commande à retardement de l'explosion.

Le seul témoignage que je trouve de leur venue est le rouleau de barbelés sectionné. Mais il l'est depuis la veille.

Mentalement, je calcule combien de temps ils ont pu passer ici alors qu'ils ont quitté la carrière vers vingt et une heures trente : trois heures. En trois heures, ils ont tout terminé, alors qu'hier ils prétendaient en avoir besoin de cinq ! Ça peut être une erreur d'estimation, c'est peut-être aussi mauvais signe. Ils peuvent avoir été pris et les Allemands auraient replacé le barbelé pour tendre une souricière au milieu de laquelle je suis tombé. Les Allemands auraient enlevé les charges, ce qui explique que je ne les vois pas. Le fil de mise à feu aurait été aussi enlevé, il n'est visible de nulle part.

Je ne comprends pas. Si les Allemands attendent quelqu'un, pourquoi ne pas m'avoir déjà cravaté ? J'ai été très imprudent de m'avancer jusqu'à pied d'œuvre alors que je n'ai reçu aucune réponse à mes deux appels au criquet. Je m'en veux de cette légèreté stupide. Aucun bruit ne me parvient, le silence lui-même me surprend. C'est idiot de paniquer sans raison. De toute façon, si j'étais tombé dans un piège, j'aurais été arrêté avant même mon deuxième appel. Je suis quand même très inquiet et décide de repartir. Je remets le barbelé bien en place, rien ne montre qu'il a été coupé, et redescends sur le qui-vive jusqu'au pied de la colline, par le passage de mes deux gars, sans que quoi que ce soit se produise. Sans doute ont-ils terminé plus tôt que prévu et regagné la carrière. J'essaie de m'en persuader, mais comment se fait-il que je n'aie rien détecté de leur minage ? C'est quand même incroyable !

Soulagé mais troublé je me mets en route pour le blockhaus. Je suis fatigué par mon excursion et ses émotions. J'ai soif, chaud, et il faut que je repense à ma route pour rejoindre Mage, Muth et Varallo. Quatre kilomètres me séparent du Rastel. Pendant une partie du trajet, l'itinéraire de l'équipe de l'antenne est bon, après je dois me fier au plan et à la carte pour rejoindre, plus vers le nord, le blockhaus de la centrale radio.

La nuit est douce. Une certaine clarté s'installe, des oiseaux de nuit se parlent. L'odeur des eucalyptus et de toutes les plantes aromatiques, le chant des cigales rendent ces lieux maudits presque paradisiaques. Au moment de bifurquer vers le nord, mon attention redouble car le parcours n'a jamais été pratiqué, ce qui implique de circuler avec beaucoup de prudence, en recherchant les repères de la carte pour me guider en pleine nature, toujours dans les champs de mines. Contrairement à mes appréhensions, ça ne se passe pas trop mal. Une seule fois je suis obligé de revenir sur mes pas pour prendre une autre direction.

Arrivé à trois cents mètres de mon objectif, le blockhaus camouflé m'apparaît gros comme un immeuble au centre d'un golf. En m'approchant de ce bloc de béton, décoré en douce maison de campagne, je ne vois aucune véritable ouverture. Seules deux fenêtres en trompe-l'œil, auxquelles je ne me laisse pas prendre, sont entrebâillées sur la façade est. La véritable porte est au sud.

J'entreprends un vaste et prudent mouvement tournant pour l'apercevoir. Cette fois, bien planqué et méfiant, je fais donner le criquet d'assez loin. Une réponse parvient presque aussitôt, me provoquant une onde de bien-être merveilleuse. Les gars sont là, bien vivants, à l'écoute. Avec mille précautions, j'approche jusqu'à une sorte de tumulus de pierres qui doit être là depuis la construction de cette grosse bâtisse. Varallo arrive près de moi en rampant dans la caillasse et, à voix basse, me fait rapidement un point sur la situation en me recommandant de ne pas bouger seul d'où je suis car le sol est infesté de mines et un fil magnétique ceinture sur deux hauteurs le bâtiment.

Muth est du côté sud, celui de la porte, avec une dernière ventouse et sa charge. Il ne reste à placer que cinquante-cinq kilos de Torpex sur le mur nord, près duquel nous sommes. L'un d'entre eux, Mage je crois, a réussi à pratiquer un grand trou dans le sol pour placer les pains d'explosifs contre le mur en étalant la terre et les pierres pour que rien ne paraisse. Tout cela est bien facile à écrire, mais il faut imaginer les trésors de débrouillardise et la montagne de risques que courent ces garçons qui évoluent à touche-touche avec l'ennemi dans une zone où les pièges, souvent machiavéliques, sont rassemblés. Et ça, de nuit. La tension est extrême, rien ne peut se faire normalement car, en plus du danger de ce qu'ils manipulent, chacun de leur mouvement doit être prémédité, calculé pour ne pas causer de catastrophe. C'est un combat qui n'a rien à voir avec celui de deux armées qui s'affrontent.

Mage est parti avec la bobine du fil de commande à distance, les retardateurs, les minuteries et les batteries qui doivent être installés à cent mètres de là. En rampant, Muth apparaît avec, à la main, le cordon de la charge qu'il vient de poser, et il peste contre le sol hostile à toute dissimulation du réseau de fils qui a été installé tout autour de la « villa ». Varallo lui fait signe de se taire et de venir l'aider à placer les kilos de Torpex dans le trou. À nous trois, les pains sont déposés en bon ordre et recouverts de terre. On ne voit rien.

En tout, plus de cent vingt kilos d'explosifs divers ceinturent le blockhaus, auxquels il faut ajouter les tubes de charges allongées que Muth placera dans les conduits de la terrasse. En réalité ces charges diverses, bien qu'importantes, sont insuffisantes pour tout détruire, en raison de l'épaisseur et de l'armature des murs et du fait que l'on ne pouvait pas placer d'explosifs aux meilleurs endroits pour obtenir les meilleurs résultats. Avec le petit matériel d'écoute qu'il a sur lui, Varallo a réussi à déterminer que les émetteurs et le groupe d'alimentation des batteries sont placés contre les murs nord et ouest. La charge de cinquante-cinq kilos, au dire de Muth, suffira par sa déflagration à rendre le matériel inutilisable.

Les explosions ne se produiront pas simultanément, mais en quatre séquences espacées chacune d'une seconde, pour les rendre plus efficaces. L'ordre de temporisation a été établi la veille par Muth qui a préparé une boîte de commandes de mise à feu qu'il conserve jalousement dans sa poche. C'est la clef de tout le reste et il ne veut pas s'en séparer avant de l'avoir lui-même installée là-bas, au bout du fil que Mage déroule dans la campagne.

Ce fil reliant la commande de mise à feu est caché par nous trois en quittant les lieux pour aller rejoindre Mage. Ici, le travail est terminé et nous partons en camouflant soigneusement le fil pour le rendre invisible. Au bout, Mage a déjà tout installé dans le tronc creux d'un vieil olivier ; il ne reste à poser que la boîte de Muth qu'il installe avec passion et minutie. Là encore, le tour est joué.

Le retour à la cache se fait sans histoire, il est cinq heures vingt, et déjà on devine les premières lueurs du jour. Je suis crevé par cette longue nuit et sombre dans un sommeil épais, sans même m'inquiéter de savoir si le travail a bien été achevé à l'antenne. Mais les gars sont tous là, en train de dormir. Je suis heureux.

14 août 1944, troisième journée

Réveillés très tard, nous devons nous procurer de l'eau, les vaches sont presque vides. J'envoie les deux mêmes faire cette corvée. Ils connaissent les lieux et ça évitera les tâtonnements en plein jour. Or, ce qui aurait dû se passer très normalement se complique singulièrement.

Partis à quatorze heures dix avec les deux vaches vides, Leguenec et Dauvers devaient être rentrés à quinze heures quinze. À quatorze heures quarante, un coup de feu retentit. C'est le premier depuis notre arrivée et, sans aucun doute possible, c'est un coup de Colt, une de nos armes. Un moment de stupeur nous envahit. Tous restent figés sur place, les regards fixés sur moi. J'attends quelques minutes, peut-être avec l'idée qu'il va se produire autre chose, mais rien ne se passe. La conduite d'eau est à environ trois cents mètres en terrain découvert et, dans le silence des après-midi torrides, le bruit d'un coup de feu, surtout celui d'un Colt, porte loin. L'alerte va être donnée rapidement; un poste allemand est voisin; la chasse à l'homme va commencer; il faut prendre immédiatement des contre-mesures. Mais pourquoi ce coup de pistolet de l'un des nôtres malgré des consignes draconiennes établies pour ne révéler notre présence à aucun prix? Qu'a-t-il pu se passer?

Tous se placent selon le plan de défense de la cache qui a été organisé dès notre arrivée, avec ordre de se disperser si besoin est. Tout le matériel d'écoute et de radio est piégé avec le reste de ce qui encombre les lieux, et je décrète l'alerte maximale en évitant le combat par tous les moyens. Sur ce, je pars vers la conduite d'eau, me camouflant le mieux possible, jusqu'au moment où j'aperçois mes deux bonshommes à une centaine de mètres. Je cherche à élucider les raisons de cette incroyable imprudence en les observant, planqué derrière un tronc. Leguenec et Dauvers sont des garçons calmes et réfléchis. Par quelle aberration ont-ils tiré ? Un seul coup de feu ne rime à rien, et je suis certain que c'est une de nos armes. Personne n'a répondu à ce tir. Que s'est-il passé ? Que vais-je découvrir ?

Je ne bouge pas de place lorsque, stupéfait, je vois arriver, parfaitement visible de partout, Leguenec avec un Allemand sur les épaules et, derrière lui, Dauvers, aussi exposé, poussant péniblement une grosse moto sur l'étroit sentier qui serpente entre les mines jusqu'à notre cache ! Arrivé à ma hauteur, Leguenec, malgré le poids de l'homme, hausse les épaules d'un air désolé ; quant à Dauvers, il est tellement empatouillé avec son engin qu'il ne manifeste qu'en jurant entre ses dents. Ils ont pâle gueule, mes héros, qu'au passage je salue d'un « Bravo les mecs » qu'ils n'apprécient pas du tout.

Je les suis jusqu'à la grotte à l'entrée de laquelle Muth surveille, bien planqué, son arme à la main. Apercevant un casque allemand, il brandit son Colt sous le nez de Leguenec sidéré. Je n'entends que « Fais pas le con » lorsque Dauvers, soufflant et poussant sa moto, arrive en sueur pour la laisser tomber par terre et s'allonger au frais.

Vincenti, qui aime beaucoup pratiquer l'humour à froid, leur dit :

« Je me permets de respectueusement vous faire remarquer, les gars, que vous étiez partis chercher de la flotte et pas un mec et une pétoire. Je ne vois pas les vaches, les auriez-vous oubliées par pur hasard ?

— Les vaches, elles sont pleines, là-haut, tu peux aller les chercher si tu veux, et arrêtez de nous regarder comme des cons avec vos armes à la main.

— Moi, dit Vincenti, j'aurais posé les vaches sur la moto, pour éviter deux voyages, mais tu n'as pas dû y penser ! »

Muth ajoute :

« J'aurais profité de l'occasion pour vider mon chargeur, vous auriez eu plus de chances de nous faire repérer, et quitte à faire les cons, autant aller jusqu'au bout, ça détend ! »

Je stoppe net cette conversation, car la fatigue et la tension aidant, les choses risquent de se détériorer et d'autres préoccupations existent. Il était dit que nous ne passerions pas une seule journée à nous reposer : ça devenait épuisant...

Leguenec raconte qu'après avoir rempli les vaches ils ont été surpris par le bruit d'une moto qui arrivait par l'ouest. Ils se sont aussitôt planqués au bord de la route, derrière un olivier, mais l'Allemand, qui roulait lentement, avait soudain vu une large tache d'humidité, inévitable, sur le sol très sec, où la conduite était percée et par où s'écoulait un filet d'eau. Stoppant sa moto, l'Allemand en descendit pour voir où se désaltérer, mais eux deux étaient à cinq mètres de là, aplatis derrière l'olivier trop maigre pour bien les cacher, et l'Allemand, en se penchant pour se rafraîchir, les vit. Comme Leguenec était le mieux placé, c'est lui qui avait tiré. La balle avait frappé en pleine poitrine, tuant sur le coup, mais amochant comme le faisaient les balles de Colt d'un très gros calibre.

Sur le moment, je ne fais aucune observation sur ces événements, car il faut, avant toute chose, prendre encore une fois des dispositions urgentes. J'envoie immédiatement deux gars tout effacer, sang et eau, et rapporter les deux vaches. En même temps, je mets encore une fois Muth aux écoutes, car, ce type, on doit l'attendre quelque part et ce coup de feu va sans doute avoir des conséquences. Le problème du corps ne se pose pas. Nous partons d'ici la nuit prochaine, donc il restera là. Nous n'avons même plus de bâche pour l'envelopper, alors on le place au fond de la grotte, assis contre un bloc de pierre, caché par sa moto.

Muth ne capte rien. Il faut attendre que son absence inquiète. Les deux gars rentrent avec les vaches, après avoir lavé le sol à grande eau et effacé toute trace de passage près de la conduite d'eau. Le soleil et la chaleur sécheront tout ça rapidement. Reste que je suis très surpris et contrarié par le comportement de Leguenec et Dauvers, qui se sont conduits de façon ridicule, nous mettant en péril en utilisant une arme à feu contre ce motard alors qu'ils auraient dû le supprimer sans bruit. Ils savent combien un coup de pistolet aussi puissant peut être dangereux pour nous tous et la fin de notre mission. D'autant que ces deux garçons de plus d'un mètre quatre-vingt-sept, tout en muscles, sont parfaitement surentraînés pour se débarrasser d'un ennemi sans bruit et proprement, surtout à deux. Ils n'ont aucune excuse. J'entends, le moment venu, mettre les choses au point avec rigueur, car de la part de deux sous-officiers chevronnés, ce n'est pas acceptable.

Ce que cette histoire ne raconte pas, c'est que jamais je ne leur en reparlerai. Ils étaient suffisamment mortifiés par leur conduite.

Du 14 au 15 août 1944, quatrième nuit

À vingt heures quinze, on casse une dernière croûte copieuse avant de mettre au point tous les détails de cette quatrième nuit et du repli qui doit la terminer. Contrairement à toute attente, rien ne filtre par la radio ennemie sur la disparition de leur motard. Ça fait quand même le deuxième envolé en peu de temps, mais celui-là m'indiffère car notre aventure approche de sa fin et qu'en principe les Allemands ne vont pas se mettre en chasse à une telle heure.

Cette nuit doit être minutieusement organisée pour différentes raisons, en particulier celle de notre regroupement après une fuite rapide vers l'arrière, quand les installations et le réglage des mises à feu de l'antenne et du blockhaus seront faits. L'équipe de l'aqueduc, elle, a achevé son travail. Contrairement à mes appréhensions dues au fait que je n'avais rien décelé, les gars de l'antenne ont bien terminé leur installation. C'est si bien exécuté que je n'ai rien vu. Du beau travail, rapidement réalisé. Je me sens un peu couillon de n'avoir rien découvert, ça leur fait plaisir et ça me coûtera une tournée... après.

Il ne reste donc, pour cette équipe et celle du blockhaus, qu'à retourner sur les lieux et tout régler pour qu'à trois heures quinze l'ensemble explose. Après cette ultime intervention, ce sera la fuite, mais pas n'importe où et n'importe comment. Je tiens essentiellement à ce que, avec beaucoup de prudence, tout le monde se regroupe en un lieu déterminé pour qu'ensemble nous nous éloignions de la côte afin de nous mettre à l'abri des bombardements qui vont précéder le débarquement. Le plus loin possible.

Ce point de ralliement, où je me trouverai avec Vincenti et Barbier, je le fixe à cinq kilomètres au nord, dans le défilé du Perthus. De là, si nous en avons le temps, nous irons encore plus loin, sinon nous resterons cachés à l'abri, dans un coin propice, en attendant de voir comment tournent les événements le 15 et le 16.

Chaque groupe trace sa route. Certains ont beaucoup plus de trajet à faire que d'autres, mais tous vont encore circuler à travers les champs de mines par des chemins jusqu'alors inutilisés, ce qui ne manque pas de m'inquiéter. Je les soûle de recommandations. C'est plus fort que moi, alors qu'ils savent très bien combien ce dernier travail est capital et le trajet dangereux sans que je le leur répète une fois de plus. Mon souci est surtout que, mis en confiance par la réussite de ce qu'ils ont entrepris depuis le début, ils prennent des risques ou que leur vigilance soit moins aiguë. Je fais tout pour les inquiéter, délibérément. À vingt-deux heures, chargés de leur matériel, Dauvers et Leguenec partent pour l'antenne, l'objectif le plus éloigné et long à gravir. À vingt-trois heures, Mage, Muth et Varallo partent pour le blockhaus avec, aussi, du matériel lourd et encombrant dont les tubes de charge allongés au phosphore, chers à Muth. Peu avant minuit, Vincenti, Barbier et moi quittons la carrière, après avoir détruit le matériel inutilisé, abandonnant derrière nous un cadavre et une moto dans ce qui a été notre repaire et un autre cadavre dans le godet d'une pelle mécanique !

Le massif de l'Esterel, au cœur duquel nous devons nous retrouver avant l'aube, n'est fait que de collines rocheuses sur lesquelles, comme par miracle, arrivent à pousser des chênes, des oliviers, des eucalyptus et une grande variété d'épineux.

Des senteurs d'herbes se dégagent, surtout la nuit, quand, l'été, il fait un peu moins chaud. C'est un paradis hostile et enchanteur. En dehors d'une route étroite et accidentée qui traverse le massif du nord au sud, il n'existe que de rares sentiers qu'utilisent les gens du pays quand ils n'ont pas été chassés de chez eux par l'occupant. Plusieurs rus, que l'on franchit à gué, descendent vers Agay mais, en août, la plupart sont à sec. La nature est rude dans l'Esterel, sèche et quand même verdoyante par endroits. Les cigales y pullulent, la chaleur y est étouffante, l'eau inexistante. Il n'y a pas un bourg, pas une maison sur quatre mille hectares. C'est presque au centre de cette zone sauvage, grandiose et magnifique que se trouve l'extraordinaire défilé du Perthus, à environ cinq kilomètres duquel chaque équipe termine son travail.

Une fois sorti du magma des défenses côtières qui protègent le rivage et les objectifs stratégiques de l'ennemi, la circulation ne présente plus guère de danger, hormis celui de patrouilles de surveillance qui peuvent surprendre, encore que, dans cette région, il est plus facile de se cacher que d'y dénicher quelqu'un. Après avoir quitté les champs de mines et passé la route départementale, on pénètre sans transition dans la nature sauvage où, à l'époque tout au moins, la boussole reste le seul moyen de trouver son chemin entre les collines, les montagnes et les zones trop à découvert. La nuit, la marche est moins pénible, il fait moins chaud. Ça monte, ça descend, ça tourne sans cesse, et faire cinq kilomètres se transforme vite en sept ou huit. Peu chargés et quand le travail est presque achevé, c'est une promenade calme, seulement troublée par l'envol d'oiseaux de nuit que nous dérangeons. Quelle étonnante sensation de ne plus suspecter chaque endroit où l'on pose les pieds !

Arrivant directement de la carrière, Vincenti, Barbier et moi sommes naturellement les premiers au lieu de rendez-vous. Il est une heure trente. Je n'espère pas Dauvers et Leguenec avant trois heures, mais Muth, Mage et Varallo devraient être là vers deux heures. En attendant, nous recherchons l'endroit le mieux abrité, non pas de l'ennemi mais des bombardements à venir dans quelques heures. Un massif de roches escarpé et en croissant, face au nord, me paraît convenir. Après, on verra. L'avantage du lieu est qu'il permet, en le gravissant, de surveiller ce qui se passe au sud en nous protégeant côté nord. Dauvers me fait remarquer que sa boussole a deux degrés d'inclinaison ouest d'écart avec la mienne et celle de Vincenti et que, si c'est le cas pour certaines boussoles des autres, ils risquent de passer à cinq cents mètres à l'est de nous sans entendre les criquets. Bien sûr, le risque existe, mais il faut passer outre et parier une fois encore sur la chance. On ne peut pas, à trois, filtrer au-delà du possible. Nous nous installons en guetteurs, le plus éloignés possible les uns des autres, perchés sur des collines de roches surplombant toute la zone sud et couvrant les voies d'arrivée des nôtres. L'attente commence...

La nuit est d'un calme et d'une beauté grandioses. Je suis royalement installé, assis, les jambes pendantes dans le vide et le dos appuyé à la roche. Je domine, dans la pénombre, un large secteur assez dégagé. Vincenti est à deux cents mètres à ma gauche et Barbier à cent cinquante mètres à ma droite, un peu plus au sud. Sauf grave erreur d'orientation, nous devrions sans problème recueillir les arrivants. Chaque seconde qui s'écoule rapproche du déluge de feu auquel la nature ne s'attend pas et ne comprendra rien. Comme pour narguer le destin, deux lapins jouent à quelques mètres de moi : ils sont adorables, gais, heureux de vivre dans leur paradis que l'homme va faire éclater. J'ai une telle hâte de voir arriver les deux équipes que l'heure me semble ne pas avancer.

Il faut attendre. J'ai toujours eu horreur d'attendre. Je ne sais pas attendre. Ça me fatigue beaucoup plus que de m'activer et, en l'occurrence, je ne profite même pas du bonheur que devrait me procurer le terme, à bonne fin, d'une mission périlleuse tant je m'inquiète pour les cinq garçons isolés qui marchent vers nous, quelque part, là, devant moi, dans la nuit, exposés. Dans une heure trente, le bombardement débutera, et aucun d'eux ne le sait, par sécurité. Personne n'arrive. Seuls les appels réguliers de nos criquets nous relient tous les trois, mais aucune réponse des cinq autres ne nous parvient. C'est long. Très long. Très éprouvant.

À deux heures quinze, enfin, j'entends Vincenti répondre deux coups brefs ! Il a décelé un appel lointain d'une équipe qui arrive. Quelques minutes plus tard, l'équipe du blockhaus passe à dix mètres de moi, sans me voir. L'arrivée de ces trois garçons me procure une grande joie. Vincenti a dû leur indiquer l'emplacement à rejoindre, car ils y vont directement. Dans une heure, les deux derniers devraient être là, et de nouveau il faut attendre sans rien faire, même pas allumer une cigarette. Les lapins sont partis, alarmés par le passage des hommes.

Les criquets d'appel se relaient à intervalles réguliers alors que les cigales se sont tues. Le ciel est clair, des étoiles filantes le traversent en tous sens, comme des lucioles. Une douce et merveilleuse nuit d'août, qui va être de feu dans bien peu de temps. Quel dommage de devoir détruire une si belle paix où l'âme est si proche du créateur. Une cataracte d'obus et de bombes suivra nos destructions dont nous devrions, d'ici, entendre le bruit et voir les gerbes de feu. L'antenne et le blockhaus doivent sauter à la même seconde, si tout va bien, et une certaine appréhension me gagne quant au fonctionnement simultané de nos charges. Mais j'attends en premier lieu l'arrivée de Leguenec et Dauvers, qui ont un long trajet inconnu à faire. Nous verrons sûrement l'antenne être pulvérisée sur la hauteur du pic du cap Roux, le blockhaus aussi sans doute, vu la quantité d'explosifs qui est entassée, et je pense à l'effroi qui va régner chez ces Allemands bien peinards depuis deux ans sur la Riviera à faire trempette dans la Méditerranée.

À pratiquement trois heures, deux coups brefs de criquet me font sursauter. Ils arrivent, mes deux gars, les braves gars ! Je ne sais pas à quels appels ils répondent, mais ils nous ont entendus, ils sont bien vivants, dans un moment ils seront là. Nous serons tous regroupés. Un grand bonheur m'envahit. Par deux fois, ils répondent à nos appels, ne se guidant plus qu'au son, sans que je puisse les localiser. Lorsque je les aperçois, ils approchent prudemment, avec sagesse : un piège monté par l'ennemi est toujours possible et c'est seulement quand ils arrivent droit devant moi, à quelques mètres, que je les appelle par leurs noms.

Les retrouvailles, dans notre nouvelle planque, sont chaleureuses. Tout s'est bien passé à chaque objectif. Une équipe a croisé une patrouille, sans problème, l'autre a perdu quinze minutes pour franchir la départementale où circulait un convoi de troupes allant vers Saint-Raphaël. Les Allemands roulent de nuit sur les voies secondaires à cause de l'aviation alliée qui, depuis des semaines, les harcèle. Ceux-là arrivaient juste à temps pour se faire écraser dans... cinquante minutes. Perchés tous les huit sur un point haut sans aucune prudence, détendus, calmes, heureux, une cigarette aux lèvres, nous attendons l'heure de nos feux d'artifice. Avec une montre-chronomètre dans chaque main, Muth fait le compte à rebours qu'il commence plus de douze minutes avant l'heure H. Il est calme. Comment pourrait-il ne pas l'être ? Il en est incapable !

L'incertitude du résultat de notre entreprise se traduit de façon bien différente selon le tempérament de chacun. C'est le mutisme pour certains, le silence, l'attente anxieuse ; pour d'autres c'est la fièvre ou l'extrême décontraction. Au milieu de tout ça, je ne sais pas très bien où je me situe, où sont mes véritables émotions, s'il me reste quelque chose de spontané.

Muth, sur sa planète, décompte à haute voix, seul à pouvoir parler. Il est à moins de huit minutes et je ne l'écoute plus en attendant les secondes. Comme pour achever de nous exaspérer, il hurle tout d'un coup :

« Quarante-cinq secondes ! »

Maintenant, ça défile à toute vitesse :

« Trente... Quinze... Cinq... Top ! »

Remarquablement synchronisées, les deux explosions se produisent à l'heure imposée : trois heures quinze.

Celles du blockhaus, en chaîne, se font entendre par quatre fois, et Muth les compte en les commentant :

« Mur est. Angles ouest et sud. Cheddite, mur nord. Charges allongées. Regardez le phosphore ! Et voilà ! »

Les déflagrations, le bruit et même le souffle arrivent jusqu'à nous. Éclairé par le TNT, un énorme morceau de ferraille de l'antenne est projeté haut dans le ciel, environné par des gerbes d'étincelles qui jaillissent de toutes parts. Du blockhaus, on ne voit rapidement plus rien après les boules de feu blanc et rouge des explosions. Seul un halo lumineux, provoqué par le phosphore, demeure quelques instant, et puis plus rien.

Notre mission est accomplie, tous saufs. Les regards restent fixés sur ce qui n'existe plus à cause de nous. Grâce à nous.

J'extirpe d'une de mes poches la flasque de cognac que je traîne depuis trois jours. Elle n'est entamée que de la gorgée que j'ai fait boire à Muth en gravissant la falaise, et le reste disparaît vite de bouche en bouche. Ce moment est exceptionnel. Boire un coup tous les huit, penchés sur notre promontoire de roches, par une nuit fastueuse, après tant d'émotions et de fatigue, d'estime et d'amitié, l'alcool aidant, nous serions presque devenus tendres ! D'avoir joué nos vies ensemble pour, cette fois-là, gagner la partie crée des liens inexprimables qu'il faudrait que beaucoup aient connu pour être différents, plus tard. Quels instants magnifiques faits de force et de lassitude, d'ardeur et déjà de regrets d'être arrivés au bout. Il me vient à l'esprit que l'idée que nous devrons nous séparer hante comme une sanction les pensées de chacun. Personne ne trouve ou ne veut dire une parole, une seule, qui nous aurait délivrés de notre émotion. Nous avons déjoué l'ennemi et ses pièges, nous avons paré aux complications imprévisibles, détruit nos objectifs, et, tous les huit, sans malade, sans blessé, sans absent, nous distillons notre victoire, notre solidarité. Cette nuit n'aurait jamais dû avoir de fin. Affalés sur la roche, les yeux dans le vide vers le sud, brisés, sales, ces garçons étaient beaux.

J'ai le souvenir très présent de la position de chacun à ce moment, des briquets qui s'allument les uns après les autres, éclairant des visages burinés par la fatigue et sales depuis des jours et des nuits, des uniformes crasseux, de certains qui balancent leurs jambes, d'autres parfaitement immobiles, et de ceux qui tiennent bizarrement leur cigarette en ne cessant de vouloir en faire tomber la cendre.

Il faut quand même que je leur parle, que je les informe de ce qui ne va plus tarder à se produire, car c'est à moi de le faire, à moi de casser cet instant de lévitation collective. C'est à moi puisque je suis le seul à le savoir ! Et il en est plus que temps, l'heure tourne. Disciplinés, convaincus, en soldats, aucun n'a posé de questions depuis notre départ de Corse. Investis d'une mission, ils l'ont exécutée au péril constant de leur existence. Anonymement, courageusement, sereinement, ils ont vécu trois jours comme des fauves en terre hostile, s'exposant aux plus grands dangers pour fignoler une tâche d'experts. Je ne peux pas continuer à me dérober plus longtemps au devoir que j'ai de les informer.

Ce qui me coûte, ce n'est pas de les affranchir, ça ne peut que les réjouir, c'est de briser cet instant de fraternité extraordinaire, de contentement de soi, des autres, de la nuit si douce qui impose le silence. Revenus, les lapins m'aident sérieusement, car Muth, sans ménagement, déclare nonchalamment :

« À la cocotte avec des lardons. »

C'est le signal de retour sur terre. Notre béatitude est terminée, je vais pouvoir leur dire tout ce qui leur a été caché, pour le cas où ils auraient été pris par l'ennemi et contraints à parler.

Alors que les lapins gambadent à nos pieds, à jouer à nous faire peur, j'attaque brutalement le sujet. Le moment est idéal, tout le monde les regarde jouer. Les pauvres, enfin ceux-là, ici, risquent d'en réchapper, mais les autres plus près de la côte, les oiseaux, les cigales, pour tous, quel enfer, quelle hécatombe. Pour eux, ce sera la fin du monde dans...

« Dans vingt minutes, les gars, le débarquement des premières vagues d'assaut alliées va être précédé par un tir considérable de la marine, accompagné d'un bombardement de l'aviation dès le lever du jour. (Seize mille obus de marine entre trois heures trente et huit heures. Trente mille bombes ou roquettes lâchées par deux mille cent chasseurs-bombardiers.) Voilà, j'ai dit tout ce que personne ne devait savoir jusqu'alors. »

C'est un débordement de joie. Cent questions fusent, mais je ne peux répondre à aucune, ne sachant rien de plus. Les commentaires marchent quand même bon train, et l'exaltation apaise la fatigue en réveillant la faim et la soif. Il faut préciser que, pour se protéger des vagues ininterrompues de bombardiers et de chasseurs alliés, l'ennemi ne dispose que de deux cent trente avions qui, comme un jeu, seront abattus sous nos yeux les uns après les autres. Le Südwall (mur du Sud) sur le littoral de Provence n'existera pratiquement plus en quelques heures.

Le 15 août, mille deux cent soixante navires alliés participent à l'opération. À partir de huit heures, dix mille parachutistes américains sont largués aux environs du Muy; entre huit heures vingt et quinze heures trente, les vagues d'assaut américaines, anglaises, canadiennes et françaises tentent de débarquer à Cavalaire, Sainte-Maxime, Saint-Raphaël...

A partir du 16 août, les premiers éléments de la première armée française et bien d'autres unités alliées commencent à débarquer en ordre de bataille. Les accès aux plages ont difficilement été nettoyés par les troupes de choc et le génie qui y perdirent de nombreux hommes. L'Histoire ne retient rien de leur héroïsme et de leur sacrifice. Quelle injustice !

15 août 1944, quatrième journée

Vu la proximité de l'heure à laquelle allait débuter tout ça, il n'est pas envisageable de nous replier plus au nord. Nous resterons donc ici, exposés, mais aux premières loges d'un spectacle incroyable, indicible, dans une planque qui va encore nous causer quelques surprises.

Il est vain de prétendre décrire ce que peut être un déluge d'obus et de bombes qui font exploser des dépôts de munitions et de carburant. C'est une apocalypse de feu, de fumée, de bruit, de déflagrations qui provoque un véritable petit séisme. Des blocs de roche et des éboulis de pierres déchaussées tombent de partout alors qu'à quelques kilomètres la lumière éblouissante des explosions et des incendies ne permet plus de distinguer quoi que ce soit.

Notre position devient précaire, d'autant que la marine allonge les tirs et que les impacts de ses monstrueux obus se rapprochent dangereusement. Depuis un bon moment, nous avons quitté notre poste de spectateurs pour nous abriter dans des anfractuosités, peu sécurisantes, sur la face nord de notre abri de fortune. À sept heures, la marine se calme. L'aviation prend le relais sans attendre en bombardant et traquant aux roquettes tout ce qui bouge ou tire encore. Deux énormes dépôts de carburant flambent derrière nous, dégageant une fumée noire que disperse de temps à autre le souffle de l'explosion des citernes. De ce que nous pouvons apercevoir, tout brûle le long de la côte, et les chasseurs-bombardiers s'acharnent maintenant au nord, sur ce qui doit circuler vers Grasse ou Draguignan.

C'est la destruction systématique, avec de fabuleux moyens, mais tous ne sont pas morts pour autant. Comment des troupes peuvent-elles survivre à un tel massacre et continuer à se battre ? Toujours est-il que, dès huit heures trente, après encore une nuit blanche, nous nous trouvons dans la situation suivante : les Allemands rescapés du pilonnage de la côte refluent vers le nord avec leurs blessés, alors que d'autres ne lâchent pas pied et continuent à se battre durement, en espérant des renforts, contre les troupes d'assaut qui débarquent par vagues successives dans les champs de mines des plages et sous le feu des batteries côtières qui ont survécu.

Du nord et de l'ouest, de grosses divisions blindées allemandes, stationnées à Digne, Draguignan, Grasse, etc., tentent de faire mouvement vers le sud et l'est pour apporter leur soutien et réduire nos troupes. Venant du nord, quelques tirs de l'artillerie ennemie sifflent à proximité et, pour peu qu'elle tire un peu court et les nôtres un peu long, c'est pour nous ! Vite repérées par les chasseurs qui sillonnent le ciel partout et par centaines, les batteries allemandes se taisent, mais notre artillerie de marine reprend ses tirs, beaucoup plus longs, pour atteindre les mouvements de blindés et les convois de troupes qui descendent vers la côte. Entre les deux, notre position est fragile. Nous n'avons plus ni vivres ni eau, et la première des choses est de trouver à boire dans le ru qui passe à une centaine de mètres.

Il fait déjà chaud quand Vincenti se glisse dans la nature, chargé de nos huit bidons, avec l'espoir de repérer un filet d'eau dans le ru plutôt à sec au mois d'août. Quand il revient, il n'a trouvé que de l'eau limoneuse et tiède qui emplit la bouche de terre sans désaltérer.

La bataille fait rage sur la côte, le ciel est couvert d'avions. Les bombardements se calment. À chaque passage de chasseurs, qui volent très bas, nous nous cachons, pour ne pas être pris pour des Allemands et mitraillés. Du Muy, les parachutistes, accompagnés de troupes arrivées en planeurs, coupent aux Allemands les routes d'accès à Fréjus, Sainte-Maxime et Saint-Tropez, maintenant une pression constante sur leurs arrières pour effectuer le plus vite possible une liaison avec les troupes débarquées. Ça tape très dur un peu partout. Les nôtres, dont nos propres unités d'origine, se battent pour qu'à partir de demain la puissante armée alliée, mouillée au large, puisse débarquer avec son fastueux matériel lourd et ses troupes aguerries.

Pour nous, les choses sont plus simples : nous terrer et attendre jusqu'au moment où nous pourrons rejoindre une unité alliée quelconque, sans avoir à traverser les lignes ennemies. Tenaillés par la faim et la soif que l'eau terreuse n'a pas apaisée, nous devons nous organiser pour tenir jusqu'à ce que quelque chose passe à proximité. Mais quand et où ?

Où ? Certainement pas ici, en pleine garrigue, alors qu'il n'y a ni objectif, ni troupe, ni route. Quand ? Il n'est que neuf heures quarante, il faut laisser le temps aux choses de se produire. Ce sont les premières heures d'une bataille qui sont décisives. Nous devrons donc durer passivement avec l'estomac vide et la chaleur qui monte. Une torpeur faite de fatigue accumulée, de sous-alimentation, d'inactivité subite nous gagne et le sommeil nous envahit. Pas question que tout le monde dorme et, de crainte de nous voir tous assoupis, je mets deux veilleurs de garde. La première veille, je la prendrai avec Dauvers.

Deux chèvres, paniquées par le bruit et le tremblement du sol, viennent se réfugier près de nous, arrivant d'où ? Barbier, qui ne dort pas encore, les appelle et l'une d'elles, peu sauvage, s'approche de lui et se met à le lécher avec tendresse alors que l'autre, plus méfiante, reste à une vingtaine de mètres en rappelant sa copine. Nous voilà dix ! Le bruit causé par la présence de ces deux bêtes réveille les cinq autres, et Muth envisage aussitôt la possibilité d'un méchoui, recommandant à Barbier de ne pas la lâcher.

« C'est exclu, dis-je à Muth, si pour bouffer une chèvre tu veux prendre le risque qu'un avion nous détecte et nous mitraille, ton repas nous coûtera cher. N'oublie pas que nous sommes toujours en zone occupée, donc, pour un zinc, nous sommes allemands. »

Il en convient, mais ne lâche pas la chèvre des yeux. Elle se couche contre Barbier, qui la caresse et ne la quittera plus.

Avec l'heure, la température continue à monter. Les combats provoquent un bruit de fond que nous n'écoutons pas. Collés contre la paroi de roches qui nous sert de bouclier, l'ombre nous protège pour encore quelque temps de la chaleur étouffante qui va suivre. La diversion des chèvres étant passée, la torpeur revient, engourdissante, annihilante. Cinq dorment. Vincenti joue aux osselets avec des cailloux, Barbier fait un câlin et moi, les yeux dans le vague, je regarde, sans plus penser, la brume de chaleur qui ondoie du sol. Des chasseurs passent juste à côté de nous, très bas, dans un vacarme qui réveille tout le monde, fait sursauter la chèvre de Barbier et se rapprocher l'autre biquette, très inquiète, la pauvre.

Je somnole sans la quitter des yeux. Son cœur doit battre la chamade sans rien comprendre. Elle est habituée à vivre au calme, dans son coin de paradis sauvage, loin des humains qui répandent la terreur. Sa robe est beige comme le sol, avec une tache blanche sur la gorge et des chaussettes noires comme ses oreilles et sa barbiche. Tout en la regardant, je suis brusquement surpris, car depuis un instant, elle ne bouge plus. Figée sur place, les pattes tendues, le regard fixe, elle est tétanisée. Elle regarde derrière nous, derrière ce monticule de roches où nous nous abritons, les yeux démesurés.

Brusquement, mes sens réagissent. Cette bête est en alerte, elle observe un danger derrière notre dos. Placée face à nous mais légèrement sur le côté, elle peut voir ce que nous ne surveillons même plus. Quelle imprudence ! Réveillant les autres et imposant le silence absolu, je monte au sommet de la paroi contre laquelle nous nous abritons pour voir ce qui motive une telle observation de la chèvre.

Ils sont trop loin pour que je puisse les détailler à l'œil nu, mais je distingue quand même un groupe d'individus qui avance vers nous dans un halo de poussière. Brave bête, elle a donné l'alerte, attendant que l'on comprenne son signal de danger. Je redescends rapidement et envoie Mage avec de fortes jumelles et son matériel d'observation pour déterminer qui ils sont et à quelle distance ils se trouvent. Quelques instants plus tard, Mage redescend, réjoui, et annonce :

Des Fritz, ils sont dix ou onze, je les compte mal, assez chargés. Certains ont des fusils, d'autres des pistolets-mitrailleurs Schmeisser, tous des grenades. Ils marchent sur deux rangs, lentement. Distance : deux cent quatre-vingt-cinq mètres.

Gentille chèvre qui ne bouge toujours pas d'un pouce. Nous avons peu de temps pour nous organiser, et les ordres volent.

« Armes au poing, une balle dans le canon, le dos collé au mur, prêts à tirer. (Ils jubilent, les gars...) Nous les laissons nous dépasser d'une vingtaine de mètres. Silence absolu. Muth, à mon signal, et pas avant, tu gueuleras : "Les bras en l'air, personne ne se retourne." Nous serons tous prêts à tirer, mais seulement s'ils se retournent, ou si besoin est. Pas de carnage inutile. Vous quatre, à droite, prendrez les premiers, nous quatre, à gauche, les suivants. S'ils obtempèrent en douceur, approche en joue pour les désarmer ; s'ils tentent une défense quelconque, feu à volonté, et vite, ils sont plus nombreux que nous et beaucoup mieux armés. Muth, pas de carton, hein ! Les premiers à descendre sont ceux de tête qui ont les Schmeisser. Ne tirez dans le tas que si nécessaire, et attention au piège de nous laisser approcher pour nous tirer dessus au dernier moment. Ne rechargez pas vos armes tous ensemble, il faut que la moitié d'entre nous puisse tirer. Surveillez les grenades et ceux à terre qui ont un bras sous le corps. Allez les gars, dos au mur et silence. Muth, tu attends mon signal pour gueuler et... sois raisonnable. »

Je savais bien qu'il ne ferait aucun cadeau, l'occasion était trop belle !

La chèvre recule doucement. Ils approchent, nous sommes prêts, mais n'entendons rien. Pas encore. Tous en ligne, prêts à tirer, on doit drôlement faire Dalton ! Ils sont épanouis ces garçons à faire enfin quelque chose d'actif, de guerrier. Il faut reconnaître que, depuis que nous sommes en France, notre travail de taupe nous a frustrés de confrontation avec l'ennemi, en plein jour, armes à la main. Nous sommes incroyablement calmes à attendre ce contact avec l'ennemi ; il est vrai que pour aucun de nous ce n'est le baptême du feu. Tout au contraire, c'est exaltant de pouvoir nous mesurer à l'adversaire sur notre sol après tant d'années à attendre de pouvoir un jour le faire.

La bique recule encore. Les Allemands approchent et maintenant le bruit de leurs bottes nous parvient de plus en plus clairement. Ils traînent les pieds : la chaleur, la fatigue, leur chargement et... bientôt les émotions ! Varallo se positionne à genoux pour tirer. Vont-ils passer à notre droite ou à notre gauche ? D'après le regard de la chèvre, ils devraient arriver à notre gauche, ce qui serait préférable pour nous car nous y avons un meilleur angle de tir. Ils arrivent bien à notre gauche, j'en fais signe aux autres. Les bruits de bottes augmentent ; la biquette recule encore. L'autre est couchée sans bouger, la tête posée sur un pied de Barbier.

Ils arrivent, sont là, et nous dépassent à nous frôler. Dix, ils sont dix. Quatre devant, six derrière, sur deux lignes. Ils ne perçoivent rien de notre présence, têtes baissées, marchant fatigués sur le sol rocailleux dont ils soulèvent une poussière ocre. Je sens que Muth ne me quitte pas des yeux, attendant mon signal. Quinze mètres, je le lui donne et il hurle :

« Halte, les bras en l'air, celui qui se retourne est mort ! »

Ils stoppent brusquement et, sûrement épouvantés, ils se retournent, par réflexe peut-être, ou simplement pour voir, mais leur mouvement déclenche un tir foudroyant et assourdissant, car Dieu sait comme les balles de Colt sont bruyantes et dangereuses. Quatre de mes hommes rechargent leur arme.

Six Allemands, dont les quatre premiers, se sont écroulés. Les autres, terrorisés, lèvent les bras en hurlant :

« Ne tirez pas, ne tirez pas ! »

Les quatre autres d'entre nous remettent un chargeur plein et, très prudemment, c'est l'approche en surveillant les morts, un blessé et le reste des vivants. Muth traduit mes ordres :

« Jetez vos armes loin de vous avec une seule main. N'approchez pas des grenades, couchez-vous sur le sol, jambes écartées, bras étendus. »

J'envoie deux gars vérifier l'état des tués. Deux autres tiennent en joue les vivants, pendant que les autres enlèvent les grenades des ceinturons aux dix héros du grand Reich. Le blessé qui saigne du dos, sous l'épaule droite, meurt lui aussi. Sept cadavres, trois prisonniers !

Barbier et Mage écartent les grenades. Muth effectue une fouille complète, Varallo et Leguenec transportent leurs sacs contre le mur. Reste que ce piteux spectacle va encore une fois poser des problèmes. La bique d'alerte a disparu. L'autre, couchée à l'ombre qui rétrécit, rumine en nous regardant aller et venir. À quoi peut-elle penser à nous regarder nous entretuer, chez elle, par cette chaleur ?

Les prisonniers vont nous poser un problème d'encombrement pour lequel Muth propose une solution expéditive qui ne me surprend pas vraiment, d'autant que je le soupçonne d'avoir fait un « carton » au moment du tir. Il tire vite et bien. Dauvers, Vincenti et Varallo fouillent les sacs des dix Allemands. Barbier surveille les prisonniers, toujours étendus, auxquels Muth parle en ayant l'air de les engueuler d'être toujours vivants.

Moi, je me demande quoi faire de tout ce monde. Il faut rapidement enfouir les sept corps qui, avec la chaleur, vont vite devenir insupportables. Nous n'avons ni pelle ni pioche et eux non plus. Pour le moment, en infraction avec les « conventions de Genève » dont nous n'avons rien à faire, on enlève aux prisonniers leurs bottes et leurs ceintures de pantalon et on leur lie les mains dans le dos en attendant de décider de la suite, à l'ombre.

Dauvers exulte devant le contenu des sacs :

« Les mecs, c'est Byzance ! Des boules de pain, du pinard, du saucisson, des fruits secs, du cognac, des sardines... des bidons d'eau ! On trouve même une demi-bouteille de Ricard ! »

Devant ce spectacle de festin en perspective, c'est le Ricard qui frappe le plus. Grâce à lui, je vais apprendre quelque chose : Varallo, qui a participé, entre autres, à la campagne de Cyrénaïque, sait refroidir de l'eau chaude avec le soleil ! Oui, c'est possible et efficace. De l'eau à 30 degrés, vous la ramenez à 6 ou 8 degrés ; acceptable pour le Ricard, et en quinze minutes, pas plus.

Vous prenez quelques pierres de taille moyenne que vous arrosez d'eau (la boueuse, dans le cas particulier). Vous placez deux à trois bidons d'eau claire et chaude en tas, vous les couvrez de pierres mouillées et vous recouvrez le tout d'un tissu bien trempé. Toutes les deux, trois minutes, vous arrosez le tissu, pour qu'en permanence il soit humide. Au bout de quinze minutes, l'eau des bidons est fraîche ! C'est vrai, je l'ai constaté, mais ne m'en demandez pas la raison. La vérité c'est que c'est fou tout ce qu'on apprend comme trucs démerdards quand on est troufion. Je suis persuadé que le meilleur des physiciens ne connaît pas la combine. L'ingéniosité n'a jamais fait bon ménage avec la science, et vice versa. Donc, sur le plan de l'estomac, les choses se présentent plutôt bien ; restent les cadavres dont il faut se débarrasser avant toute chose. Pendant que l'eau refroidit...

À environ cinq cents mètres à l'est, il y a une sorte de tumulus fait de pierres de tailles variées qui fera très bien l'affaire. Alors, sous un soleil de plomb, on traîne les sept corps à proximité. Là, les prisonniers, les mains déliées, sont chargés de recouvrir les corps de leurs amis, ce qu'ils font d'ailleurs très bien, sous le contrôle attentif de Muth obstinément opposé à ce qu'ils remettent leurs bottes et leurs ceintures de pantalon. Une fois terminé ce mausolée, Muth les rattache les uns aux autres par une seule main pour qu'ils puissent boire et manger ce que Muth acceptera de bien vouloir leur donner.

Alors que, pendant la cérémonie de tapissage des cadavres, Vincenti et Dauvers ont préparé le couvert, une discussion s'engage sur ce que ces trois types auront à boire et à manger. Muth et Varallo sont partisans de les laisser jeûner en nous regardant bouffer leurs provisions. Dauvers et Mage trouvent ça un peu cruel. Leguenec et Vincenti s'en foutent, quant à Barbier, il donne déjà des morceaux de pain à sa chèvre. Il faut que je transige et que leur menu soit une fois pour toutes fixé. S'ensuit une série de réflexions :

« Toute cette bouffe, ils l'ont piquée chez nous. Ce sont des lâches de s'être barrés du front. Eux ne se posent pas tant de questions avec leurs prisonniers. Il reste des pierres pour les recouvrir et faire de la place. Ils vont nous faire chier à les surveiller. Ils puent ! »

Enfin, tout.

Après une perte de temps stupide mais défoulante à discuter de ça, je dois décider. Ils n'auront naturellement pas de Ricard, mais un quart de flotte, tiède, chacun avec du pain et une boîte de douze sardines pour eux trois. Muth est scandalisé et décrète qu'il n'ouvrira pas la boîte de sardines ! Mage s'en occupe et tous, une fois calmés, nous prenons l'apéro.

Ah, ce Ricard (qui devait être du pastis) ! Le meilleur de ma vie. L'eau est fraîche, juste bonne. On se délecte de trois chacun, avec chaque fois plus de plaisir. Le troisième est toujours le meilleur. On fait durer, mais comme notre estomac est vide depuis vingt-quatre heures, l'effet de l'alcool se fait sentir et c'est très, très gais et complètement insouciants que nous commençons les agapes. À seize heures trente, nous sortons de table.

Du coin de l'œil, Muth surveille les prisonniers qui ne bronchent pas, se méfiant à bon escient de leur gardien. Les complications commencent quand ils ont besoin de satisfaire... leurs fonctions. Muth s'en charge et les emmène plus loin « faire ça » sans les détacher et tous ensemble, car il n'y aura pas de deuxième fois aujourd'hui !

« Tu vois, me dit-il, ils continuent à nous faire chier ! »

C'est vraiment le cas de le dire, mais on ne va pas les tuer pour ça. Barbier, lui, fait boire sa protégée dans un casque allemand, car, nous, nous n'en avons pas. Le soleil tape un maximum et il n'y a plus un seul coin d'ombre ni un pouce de vent, alors nous somnolons en digérant dans une calme insouciance notre festin.

En fin d'après-midi, la deuxième chèvre réapparaît miraculeusement et s'approche, moins craintive. Barbier la fait boire et manger. Elle a même droit à des fruits secs en guise de remerciements, car nous lui devons sans doute la vie à cette brave bête. Là-dessus, tout le monde est d'accord.

Alors que nous sommes assoupis, repus et fatigués, Barbier se met soudain en tête d'obtenir de Muth qu'il explique aux Allemands que, s'ils sont là et leurs copains allongés, c'est grâce à la chèvre à qui nous devons tout. Cette demande incongrue n'est pas du goût de Mage qui ne voit aucune utilité à ce genre de provocation qui n'apporte rien. S'ensuit une discussion animée et stérile qui doit être due à l'état de lassitude nerveuse générale. En fin de compte, Mage propose de décorer la chèvre ! Ça contente Barbier et a pour conséquence de foutre la paix à tout le monde en nous laissant terminer la digestion.

L'aviation tourne toujours, volant très bas et mitraillant devant nous un peu plus au nord ce qui doit circuler. Les troupes aéroportées américaines se battent à quelques kilomètres à l'ouest, et, derrière nous, au sud, les combats se poursuivent toujours, violents, le long de la côte.

Du 15 au 16 août 1944, cinquième nuit

Il est près de vingt heures lorsque après avoir un peu dormi je me mets à penser, un peu tardivement, qu'après tout d'autres Allemands pourraient resurgir dans notre dos. Nous n'avons plus de sentinelle pour nous en avertir, elle dort près de sa compagne. Il faut aussi envisager notre avenir proche, car notre position de repli ne peut pas durer très longtemps, complètement isolés sans eau ni soins, dans une totale ignorance de ce qui se passe autour de nous.

Les garçons dorment, sauf Muth, naturellement, qui surveille ses prisonniers. Je lui fais signe que je monte sur les rochers pour inspecter le terrain pendant qu'il fait encore plein jour. Rien. Seulement des lueurs d'incendies, des nuages de fumée noirs, épars, de la poussière qui vole, pas âme qui vive. La nuit ne tombant que vers vingt-deux heures, je laisse tout le monde dormir, sans mettre de garde, et je vais remplacer Muth pour qu'il puisse se reposer quelques heures. C'est en laissant les heures filer que je regrette maintenant de ne pas avoir de liaison radio. Où sont nos troupes dans la mêlée? Comment rejoindre une unité, française de préférence, alors que nous n'avons aucun moyen de communication? Envoyer des patrouilles dans différentes directions? À aucun prix je ne veux disloquer notre groupe, avec tous les risques que ça comporte. Les instructions avaient été claires : «La mission achevée et le débarquement effectué, attendre et tenir sur place jusqu'à l'arrivée des troupes alliées, en évitant tout contact avec l'ennemi. » C'était bien beau, mais nous y sommes à ce moment-là, et les choses ne sont pas si simples. Et si personne ne passe par ici en dehors des Allemands qui refluent ? Nous ne pouvons pas attendre passivement je ne sais qui, ni quoi, ni quand. À vingt-deux heures, avant de dîner, nous tiendrons un conseil, tous ensemble. J'attends que le soleil se couche et que la très relative fraîcheur de la nuit nous revigore le corps et... l'esprit.

Dès qu'il devient militaire au combat, l'homme se transforme en un être assez particulier que l'on n'imagine pas pouvant redevenir un jour civil, évoluant dans une société organisée, avec ce que ça implique de contraintes. L'uniforme confère une sorte d'anonymat et la vie entre hommes débarrasse de toute espèce de contingence. Certains perdent leur respectabilité, d'autres se révèlent stupéfiants d'imagination, de débrouillardise, d'ingéniosité. J'étais avec ceux-là.

Après avoir fait le point, ce 15 août au soir, et informé les autres des instructions reçues avant de partir, je laisse tout le monde parler pour que, nous sentant individuellement impliqués, nous prenions des décisions indiscutables par la suite. Nous aimons tous ces conversations informelles pendant lesquelles l'avis de chacun est pris en considération. Depuis le début de notre mission, nous avons déjà tenu ce genre de débat à différentes occasions et, chaque fois, il en était sorti une stratégie intéressante. Bien sûr, la rigolade et les plaisanteries font partie de la discussion, mais le fond est et reste sérieux. Rapidement, nous tombons d'accord sur plusieurs choses :

« Nous ne nous séparerons pas, même pour des patrouilles de proximité.

— Nous économiserons la nourriture pour tenir le plus longtemps possible avec le minimum d'eau.

— Dès cette nuit, des tours de garde seront établis vingt-quatre heures sur vingt-quatre par groupes de deux hommes et par roulements de quatre heures.

— Si dans quarante-huit heures nous sommes toujours sans nouvelles des nôtres, nous ferons mouvement vers l'ouest, à la recherche d'une unité alliée quelconque.

— On fera marcher les prisonniers deux fois une heure par jour, pour éviter qu'ils ne s'ankylosent. »

Et je conclus en déplorant d'être démuni de toute liaison radio !

« Ah, s'exclame Barbier, si j'avais une pile ! »

Leguenec lui demande si avec une pile et une chèvre il pourrait émettre. Mais Barbier a une idée et il va fouiller dans son sac d'où il sort, en vrac, un magma de matériel, de fils, de boîtiers, cadrans, magnétos, bobines, boutons, de tout, qu'il lève en déclarant, très théâtral :

« Avec ça, messieurs, une antenne, une journée de boulot à deux et une pile, on pourrait émettre. Mais... on n'a pas de pile ! »

Les réflexions ne lui sont pas épargnées sur l'inutilité de son cinéma et un silence s'établit dans la consternation.

« *Tu* n'as pas de pile, lui dit soudain Muth.

— Arrêtez votre petit jeu, c'est pas le moment de faire les clowns. Muth, si t'as une pile, dis-le, merde, mais cessez de faire les cons ! » proteste Varallo.

Condescendant, Muth se lève à son tour pour fouiller dans son sac et en sort une pile neuve ! Une de ces piles qui servent à alimenter les commandes d'explosifs à distance. Pas mécontent de lui-même, il en sort une seconde ! C'est incroyable, et nous sommes tellement abasourdis que personne ne dit plus un mot. Passé ce moment de stupéfaction, Barbier déclare :

« Voilà, les enfants, dès demain matin au lever du jour, Varallo et moi, on s'attaquera au bricolage d'un poste émetteur. En se démerdant bien – il y a de quoi là-dedans –, le soir ça devrait être terminé. »

Je les trouve géniaux ces gars, j'en suis stupéfait, les autres aussi. Personne ne trouve rien à dire – et nous n'avions pas fini d'être surpris, parce que la fabrication de ce poste, ça allait être quelque chose ! Pour que nos deux génies soient frais et dispos le lendemain matin, je les dispense de garde de nuit, qui seront de six heures au lieu de quatre comme prévu.

Mon tour est de une heure à sept heures, avec Mage. Pendant ces six heures, je ne pense qu'au poste qui va naître et auquel je crois dur comme fer. Mage me paraît moins optimiste, objectant qu'on ne fabrique pas un poste émetteur-récepteur avec des restes, si doué soit-on. Je le regonfle et la nuit se passe sans histoires jusqu'à sept heures où Muth et Vincenti nous relèvent, après avoir préparé un jus lavasse avec les provisions des prisonniers.

16 août 1944, cinquième journée

Barbier et Varallo sont déjà au travail, démontant tout un tas de trucs dont ils disposent soigneusement les pièces sur une toile de tente germanique. Dauvers va promener les prisonniers sans s'éloigner, conformément aux instructions de Muth. La vie repart avec espoir. Pour le soir, Barbier, qui est le maître d'œuvre, veut une antenne de six mètres, métallique naturellement, et rigide ! Je tombe de sommeil mais il est impératif qu'à nous trois nous nous débrouillions pour trouver de quoi fabriquer cette antenne indispensable. Je n'ai aucune idée, le coin est vide de toute chose, c'est le désert. Varallo et Barbier travaillent au poste, Muth et Vincenti sont de faction, Dauvers garde les prisonniers, restent Leguenec, Mage et moi. On se concerte tous les trois. Aucun n'a d'idée. L'heure du déjeuner approche et nous en sommes au même point : zéro.

À quatorze heures, Muth et Vincenti sont relevés par Leguenec et Dauvers. Re-concertation avec les deux arrivants, qui n'ont pas plus d'idées que les partants. Finalement, et pour quand même faire une démarche, on décide d'aller traîner dans les environs, chacun dans un secteur, sans trop s'éloigner. En cas d'alerte quelconque, car le coin n'est quand même pas très sûr, deux coups de criquet.

Il fait une chaleur de plomb, un vrai chaudron, et on va glandouiller en cherchant ce qui n'a aucune raison d'être là, dans cette nature désertique. Je dors debout et, à dix-sept heures, je rentre au bercail, bredouille et très inquiet pour la suite de l'opération radio. Peu après, Muth arrive, sans plus de succès. C'est désespérant. Vincenti tarde. Le poste radio, qui n'a aucune forme logique, se monte. Barbier fait des soudures avec le soleil et une loupe, constituée de deux verres de montre des Allemands et des chutes d'étain des boîtes de conserve. Faut voir !

« Le voilà », me dit Muth.

Effectivement, Vincenti rentre en traînant quelque chose de lourd. Il arrive en sueur avec, derrière lui, un bout de câble d'au moins trente mètres de long et de dix millimètres de diamètre. D'où sort ce câble ? Quelle main l'a placé là, à proximité, pour nous ? Tout ça est incompréhensible. Avec appréhension, on le soumet aux techniciens qui le grattouillent au couteau et... l'acceptent. Nous voilà sauvés !

En revanche, ce câble est complètement oxydé et il faut entièrement le décaper, après en avoir coupé un morceau de six mètres. Naturellement, nous n'avons rien pour le couper, alors on va tirer dedans pour le sectionner. Installation, précautions, et feu avec un des Schmeisser des prisonniers. En trois coups, il est coupé et, assis côte à côte, on le décape non sans ardeur avec les poignards des Allemands.

À vingt heures, il est rutilant. Il ne reste plus qu'à confectionner une perche de six mètres pour le faire tenir debout en haut des roches. Ça, c'est vite fait. Du bois, il y en a près du ru et on ligature plusieurs morceaux bout à bout avec les sangles des sacs des Allemands, qui nous observent, curieux. Muth les écarte, jugeant qu'ils sont trop près du chantier. On attache le câble au mât et on hisse le tout en haut où on le cale, bien droit, avec des blocs de pierre. L'effet est surprenant et assez incongru dans le paysage.

De retour au « chantier », je me demande, avec curiosité et inquiétude, comment ce bastringue d'émetteur sans forme va bien pouvoir fonctionner, mais le moral est là et tout le monde se convainc de la réussite de l'entreprise. À la nuit tombante, le travail n'est pas achevé. Un problème de réception qu'il faut modifier. Barbier pense y arriver et que, le lendemain, en fin de matinée, ce sera opérationnel.

Du 16 au 17 août 1944, sixième nuit

Veilles habituelles, changement de garde, chèvres qui gambadent et attente interminable. Le sommeil est envahissant et la soif obsédante.

Rien ne se passe et, enfin, le jour se lève. Il n’y a plus ni café ni eau. Seules restent quelques figues sèches qu’on se partage en guise de petit déjeuner.

17 août 1944, sixième journée

Depuis six heures, les techniciens travaillent, testent, règlent, démontent et recommencent. Barbier est affairé, Varallo passionné. C'est Barbier le « chef », c'est lui le plus calé d'ailleurs. C'est lui qui imagine, qui fait les schémas de montage, qui invente, qui transforme, Varallo l'aide en exécutant, studieux et admiratif.

Nous tous, les six autres, on plane complètement. Moi en particulier. Ce genre d'instrument m'est aussi étranger que possible, je n'arrive pas à imaginer un seul instant que ça puisse permettre d'obtenir quoi que ce soit. Bref, je tournicote en attendant de m'extasier. Vers dix heures trente, Barbier annonce :

« Tout est OK. »

Saisissement général, personne ne bouge plus, pétrifié. D'une seconde à l'autre, nous passons dans un autre monde et nous montons avec mille précautions l'enfant de nos surdoués jusqu'au pied de l'antenne.

En principe, ça doit marcher, on le croit, les auteurs sont confiants et dissimulent mal un certain orgueil que je trouve un peu précoce. Tout bas, Muth me dit :

« Si ça fonctionne, qu'est-ce qu'on va entendre ! »

À onze heures et quelques, tout est opérationnel, l'antenne est raccordée non sans difficulté. Nous sommes tous agglutinés autour de l'engin et de ses réalisateurs qui réclament un peu d'air. Ils branchent les deux piles en série. Muth glousse, Varallo, sans se retourner, lui répond : « Ta gueule ! », alors que Barbier, un casque sur les oreilles et un micro à la main, qui n'est autre qu'un combiné téléphonique bricolé, comme tout le reste, cherche une fréquence ad hoc et appelle un correspondant hasardeux.

À ce moment, j'arrête tout. Tous me regardent sidérés. Tellement absorbés par l'entreprise, nous n'avons ni préparé le message à passer, ni surtout fait le point de l'endroit où nous sommes.

« Merde, qu'on est cons ! » hurle Barbier.

Mage, orienteur, descend à toute allure chercher son matériel : cartes, boussole, règle Cras, rapporteur, compas... et se met au travail. Il calcule et déclare préférer attendre que le soleil soit au zénith. Déception. Il faut dire que le pauvre n'est pas très bien équipé pour faire un point, même approximatif.

On attend que le soleil veuille bien se placer comme il faut, temps pendant lequel Muth va surveiller ses prisonniers qui cuisent sous une chaleur de plomb. Enfin, il est là, à la verticale. Mage recalcule et note nos coordonnées supposées qu'il donne à Barbier qui a déjà le message rapidement rédigé.

Cette fois, c'est la bonne, et on ne rigole plus. Barbier recherche un correspondant, tâtonne, change de longueur d'onde, trouve de la musique, appelle, répète son appel et s'acharne à trouver une écoute claire au milieu d'une cacophonie multi-langues. Ça dure et je m'inquiète pour les piles.

Subitement, notre opérateur attrape un correspondant, et un Français ! Quel pot ! Il lui demande qui il est, l'autre lui pose la même question, mais le plus phénoménal, c'est que ça marche, c'est sidérant. En fait, on a un bateau proche de la côte qui nous donne une longueur d'onde d'un poste de commandement quelconque d'une unité française. « Merci. » Et on coupe.

On change de fréquence en tâtonnant sur des bandes très étroites, tout y repasse : anglais, allemand, musique, Français qui s'engueulent, puis nous arrivons à saisir la longueur du poste de commandement français. Appel, pas de réponse. Deux fois, trois fois, pas de réponse. J'ai très peur pour les piles : si elles nous lâchent, tout est foutu. Je demande, en désespoir de cause, de passer «*Mayday, Mayday*» (SOS) sur cette même longueur d'onde.

Un gars se décide à répondre, on ne prend pas le temps de l'engueuler d'avoir tant tardé et on file notre texte en «priorité, secours» pour le commandant Barthe, 2ᵉ groupe d'assaut de génie de marine, via état-major général. Suit message : «Ici Virus, ici Virus. Sommes isolés, sans ressources. Telles coordonnées. Indiquez dispositions à suivre. Terminé.» On répète deux fois, le gars nous le relit en clair et assure de sa retransmission immédiate. Les piles ont tenu.

La joie éclate. Quel succès pour ces deux bricoleurs de génie, de grands techniciens. Barbier reste aux écoutes, sur «veille», pour ménager les piles, et on attend encore à jeun et sans boire. C'est affreusement long et pénible.

Aux environs de seize heures, on sursaute, la radio appelle! C'est la folie contenue, tâtonnements, recherches, réglages au plus fin et... c'est bon. Tellement bon qu'on croit rêver.

«Ici Barthe, m'entendez-vous, qui êtes-vous? (Prudent, le commandant!)

— Ici Virus, ici Virus, audition claire, parlez.

— Restez sur place, je répète, restez sur place, envoyons assistance, envoyons assistance. Terminé. Confirmez.»

On confirme :

«Bien reçu. Terminé.»

Et on coupe.

Deuxième explosion de joie, on félicite les radios, qui le méritent ô combien, et qui affichent un petit air modeste. Pour eux, c'est de l'enfantillage, bien sûr! Je les trouve quand même surprenants d'avoir osé, tenté et réussi un tour de force technique pareil avec de tels moyens. Nous n'avions même pas un coup à boire pour fêter ça. Il aurait fallu pouvoir photographier le poste et son antenne. Quel document incroyable cette photo aurait constitué. Et dire que tout fut abandonné sur place.

La récupération d'un commando derrière les lignes ennemies pose toujours de gros problèmes. Il faut, à l'aller et au retour, traverser les lignes de chaque belligérant en essuyant les tirs de chacun. C'est très risqué et ça attire l'attention de l'adversaire. Souvent, il est préférable d'abandonner à leur sort un groupe d'hommes plutôt que d'exposer la vie d'autres pour un résultat aléatoire. Dans notre cas, je pense que si le commandant Barthe annonce qu'il envoie de l'assistance, c'est que, sans doute, une brèche est ouverte dans le front et qu'il peut en assumer le risque.

Quoi qu'il en soit, à dix-neuf heures, nous sommes dans l'attente d'un événement quelconque avec le moral au beau fixe. Le temps aussi, la chaleur ne fait qu'empirer de jour en jour et j'ai l'impression que nos corps se déshydratent. L'eau boueuse que nous absorbons ne nous désaltère pas. Nous devenons hirsutes, dans un état de crasse épouvantable, au point que notre propre odeur est indisposante. Celle des autres, n'en parlons pas !

Dans la journée, on vit pieds nus, à tour de rôle, pour s'aérer comme on peut, mais il devient urgent et même indispensable que nous puissions rapidement nous laver et surtout boire. Pour beaucoup de raisons, la première étant que nous urinons de moins en moins.

À vingt heures, toujours rien. Nous dînons de quelques restes épars et restons tous en observation, au cas où les secours arriveraient. Vers vingt et une heures, un petit avion d'observation Piper Cub tourne à l'est. D'où sort-il, celui-là, et que fait-il, seul, à se promener au-dessus des lignes allemandes ? On le regarde évoluer et faire des ronds, très bas, sans comprendre ni s'inquiéter. Depuis dix minutes, c'est notre seule distraction de le regarder tourner.

Subitement, tous ensemble, il nous vient à l'idée que peut-être il nous cherche ! C'est fou, mais sans plus réfléchir, cela nous fait bondir et nous agiter pour trouver le moyen de lui signaler notre présence, alors qu'il est là sans doute pour quelque chose de bien plus important. Nous faisons un peu de feu avec tout ce qui peut brûler sur place et, comme des Sioux, nous plaçons un chiffon humide dessus, en l'occurrence la veste d'un Allemand, pour faire le maximum de fumée. Ça crame, ça fume, mais le Piper Cub ne nous a toujours pas repérés et continue à tourner trop à l'est. L'espoir nous fait-il délirer ? Ça ne fait rien, on active le feu qui devient un brasier et une deuxième veste mouillée complète la production de fumée. Il n'y a pas le moindre souffle de vent et la fumée monte bien droit, très haut. Vincenti hurle :

« Mais il est aveugle, ce mec ! C'est pas possible de filer des zincs à des cons pareils ! »

Le jour décline avec notre espoir. Ce foutu avion qui continue à faire des ronds sans nous voir commence à nous poser des questions. Que peut-il chercher d'autre ? Est-il seulement là pour nous ? Quelle déception si ce n'était que le fol espoir de gars épuisés.

« Le voilà ! » hurle Leguenec.

De fait, il vire très nettement dans notre direction. Perdant de l'altitude, il plonge lentement vers nous et nous survole de si bas qu'on voit très distinctement deux gars dans l'habitacle qui font des signes de la main. Trois, quatre passages en battant des ailes. Nous, on saute sur place comme des fous, en agitant les bras et en hurlant. Il repasse encore une fois, si bas qu'on se couche instinctivement, puis il disparaît.

Ça y est, cette fois, nous sommes bien repérés. Il a fait, lui, le point exact de notre position, reste à attendre la suite. La suite de quoi, de qui, par où, quand ? Ça discute ferme sur tout ce qui va pouvoir se produire et, curieusement, cet excès d'espérance subit accuse notre lassitude.

Du 17 au 18 août 1944, septième nuit

Maintenant que la nuit est là, avec un peu de calme et moins de chaleur, personne ne veut aller dormir pour rester à l'affût d'un événement qui pourrait surgir. La fatigue prend malgré tout le dessus, et j'organise les gardes quatre par quatre, pour mieux surveiller une éventuelle arrivée. La tension nerveuse empêche ceux au repos de pouvoir s'endormir et tient les autres dans un mauvais état de surveillance. Le temps paraît très long et la veille pénible. Les cigarettes commencent à manquer. On en prive les prisonniers et fumons les leurs qui sont infectes.

La lune est pleine et, à deux heures, il fait presque jour. Les lapins reviennent et n'ont plus aucune peur des biquettes qui circulent partout en mâchouillant des branches d'épineux. Barbier, avec qui je bavarde et que je félicite pour son succès, sa prouesse technique, ne quitte pas des yeux ces deux chèvres pour lesquelles il s'est vraiment pris d'affection. Il ne tire aucune vanité de la construction du poste émetteur, c'est son métier dans le civil de concevoir et réaliser ce genre de choses, mais avec des outils et le matériel approprié.

Que vont devenir ces bêtes quand nous allons partir? Elles sont attachées à nous et surtout nous à elles. J'en parle à Barbier, qui sera le plus triste de nous tous de devoir les quitter, mais, à mon grand soulagement, il accepte très bien l'idée de les laisser vivre en paix ici. Je craignais un caprice d'enfant de sa part, mais il aime trop les bêtes pour les priver de leur univers.

« Elles nous oublieront tandis que nous, nous ne les oublierons jamais, me dit-il. Nous leur devons peut-être la vie, on a une grosse dette à leur égard et je ne sais pas si, en dehors de toi et moi, les autres s'en rendent bien compte. »

C'est vrai, et je ne trouve rien à lui répondre.

Un peu partout, les tirs se poursuivent. De nuit, on reconnaît le bruit caractéristique des armes automatiques allemandes et alliées. Des batailles de chars doivent se passer à l'ouest, car les coups de feu ne sont plus de l'artillerie. Les Allemands continuent à se battre, c'est fou ! Qu'espèrent-ils, ces hommes, devant la puissance de cette armée en marche pour les écraser ? Et ce n'est pas terminé ; il nous faudra encore un an pour les mettre à genoux, au prix de tant de sang.

18 août 1944, septième journée

Le jour se lève, après une nuit désespérément longue. Je sens que ces garçons, hier pleins d'un espoir certain, sont épuisés. Nous sommes amaigris, la peau tannée et le corps vide. Il faut absolument, c'est mon devoir, que je les remonte et les occupe en... attendant. Ce ne sont pas des gamins à qui on peut raconter n'importe quoi et distraire en jouant aux devinettes, alors, en m'y contraignant et en me bluffant moi-même, je décide que nous allons préparer notre départ, le moment étant arrivé !

Quatre surveillent toujours le sud, par où peut venir quelque chose, et les autres commencent à ranger, nettoyer et organiser l'abandon des lieux. Peut-être un peu hâtivement, nous détruisons les armes des prisonniers et on s'amuse à faire un concours de lancer de grenades qui a pour effet de terroriser les chèvres et de se faire engueuler par Barbier.

Bien que prenant notre temps, tout est terminé à onze heures, et je suis complètement à sec d'idées pour les occuper, lorsque, malgré moi, j'annonce inconsidérément :

« Ça ne va plus tarder. »

Leguenec file prévenir les autres que c'est pour bientôt... Ça y est, tous sont au courant : ça ne va plus tarder ! Mais que je suis con, pourquoi n'ai-je pas fermé ma gueule, je trahis leur confiance à annoncer une pareille nouvelle alors que je n'ai pas la moindre idée de ce qui peut se passer.

On déjeune vaguement de restes de restes, la garde change, et tous attendent, prêts, rassérénés, en y croyant. Je n'arrive pas à comprendre ma bêtise, La tête vide, je n'arrive plus à donner le change. Quoi faire ? Que c'est lourd d'être responsable de tout ça ! Ces garçons ont repris espoir, ils comptent et se reposent sur moi qui flanche. Je suis vidé.

Il est près de quinze heures quand, subitement, la grosse voix de Varallo, qui est de faction, nous fait sursauter en gueulant du haut des rochers :

« Poussière plein sud ! »

Mon Dieu ! J'en vacille. Comme des singes en folie, on grimpe tous en haut pour voir ce qui se produit, mais même avec des jumelles, on ne voit qu'un paquet de poussière qui semble très vaguement se déplacer vers nous, mais c'est encore très incertain. Attente et palabres.

« Et si c'étaient des Allemands ? »

Non, ce n'est pas possible d'attendre des amis et qu'arrivent des ennemis ! On ne parle plus de cette éventualité catastrophique, alors que nous avons détruit les seules armes valables des prisonniers, nous n'avons plus que nos Colts pour nous défendre, même plus leurs grenades. Là aussi, j'ai été un peu stupide. Manifestement, c'est ma journée !

« Des véhicules ! crie Mage.

— Oui, des jeeps ! hurle Leguenec. Deux, non, trois... »

Je m'empare d'une des paires de jumelles et constate qu'effectivement trois jeeps s'approchent. Je ne sais plus que penser, d'ailleurs je suis incapable de pouvoir penser. Les miracles, ça n'existe pas. Une chose est certaine, des larmes me brouillent la vue et j'ai une grosse boule dans la gorge qui me fait très mal. Je rends les jumelles, la vue complètement brouillée.

Les voitures approchent, stoppent pour se mettre de front, côte à côte, et repartent en progressant lentement, par prudence. Chacune d'elles a une mitrailleuse lourde fixée sur le capot, et les tireurs sont en position de combat. Chauffeurs et tireurs sont casqués sous le soleil. La sécheresse du sol et les pneus crantés les enveloppent de poussière. Derrière deux des véhicules, on distingue une remorque, sur le troisième, une gigantesque antenne de radio en haut de laquelle flotte un petit fanion vert de la Légion.

Ils sont à quatre-vingts, cent mètres peut-être, et il faut rassurer ces braves gars : c'est bien nous qu'ils vont trouver. Ça vaut mieux aussi pour nous parce que, armés comme ils le sont, nous ne durerions pas longtemps.

Au risque de les surprendre, on se met tous debout en agitant les bras et nos vestes. Ils stoppent.

« Vont pas tirer, ces cons-là ! » dit Varallo, histoire de nous rassurer.

Non, ils nous observent sûrement à la jumelle et repartent lorsque, de l'un des véhicules, surgit un drapeau tricolore qui s'agite en tous sens. C'est féerique, incroyable. C'est à la fois trop de bonheur, de joie, d'émotion, de fatigue, d'usure. On s'enlace tous les huit, ces hommes pleurent, tous. Ils sont à bout, ces soldats, qui, en plus du courage, ont aussi des larmes.

Quel moment indescriptible que l'on ne vit qu'une fois, si on a beaucoup de chance. Varallo, ce grand baroudeur, un colosse, déjà cité quatre fois pour faits d'armes, sanglote comme un enfant. Vincenti, Dauvers et Leguenec pleurent dans les bras les uns des autres. Barbier est redescendu et chiale en tenant sa chèvre par le cou alors qu'elle lui lèche l'oreille. Mage vient près de moi et m'embrasse. Muth est accroupi, la tête dans les mains, et sanglote, tout seul. Moi, j'étouffe à me retenir, épuisé, crevé, à bout. Quel spectacle allons-nous offrir à ces garçons qui arrivent à grands risques pour nous sortir d'ici ?

Je veux parler, il faut que je leur parle, et je ne peux pas. Pas un mot ne sort de ma bouche. Je tente de respirer de grands coups et enfin sort une phrase hachée :

« Allez les gars, en bas et bonne figure. »

Comme des zombies, nous descendons de notre perchoir et marchons à leur rencontre, quelques mètres, pour nous affaler sur les capots brûlants des jeeps.

Ils ont apporté de l'eau et nous aspergent la tête. Nous buvons comme des trous de l'eau claire, et après quelques instants, ça revient... Doucement, le cœur repart, on se ressaisit, défigurés. Le chef de cette patrouille s'inquiète de savoir qui est le responsable de notre commando. Comment peut-on appeler un commando les huit loques que nous sommes? L'eau a pu passer par ma gorge, ça va un peu mieux, un tout petit peu mieux.

« C'est moi. Tous sains et saufs. Il y a trois prisonniers derrière qui crèvent au soleil. »

Une voiture y va pour les rafraîchir et les embarque dans une des remorques. Ils ne sont pas frais les gars, quelques heures de plus et c'était terminé pour eux. Je remets au responsable de la patrouille les livrets militaires et les plaques d'identité des morts et nous embarquons, serrés, dans les jeeps. Muth préfère voyager dans la remorque, avec nos affaires qui n'ont plus aucun intérêt, mais refuse que les prisonniers soient détachés dans l'autre remorque. Le chef du détachement passe un message radio codé pour prévenir de notre récupération, et c'est le départ, Barbier et moi les yeux embués fixés sur les chèvres. Il est quinze heures quarante-cinq, le 18 août, et nous avons débarqué dans la nuit du 11 au 12 pour une mission de trois jours !

Nos sauveteurs, eux, ont débarqué le matin même. Ils appartiennent à un groupe de reconnaissance de la Légion et ont ordre de nous conduire à Boulouris. Nous ne sommes qu'à douze kilomètres de Boulouris, et une percée, que le génie démine, a été faite depuis la veille au travers des lignes allemandes par les troupes aéroportées américaines. Après le terrain rocailleux que nous connaissons bien, nous empruntons un bout de route défoncée par les tirs, qui d'ailleurs se poursuivent, et arrivons à Agay. Les six derniers kilomètres se font par la route nationale de la corniche, difficilement praticable en raison du trafic intense d'engins variés qui y circulent et des trous d'obus et de bombes que le génie s'emploie à combler avec d'énormes bulls.

Arrivée à Boulouris : charmante petite station balnéaire, légèrement secouée par les événements. Nous descendons, perclus, des véhicules, près d'une plage où, pas loin, des péniches de débarquement crachent de façon ininterrompue hommes et matériel. Nos accompagnateurs repartent avec les prisonniers, n'ayant pas d'autres instructions que de nous déposer là où nous sommes. Je les remercie chaleureusement de ce qu'ils ont fait pour nous, mais le temps presse, les adieux sont brefs. Leur unité a attaqué le matin même et ils doivent la rejoindre très vite. Nous devons vraiment avoir une drôle de gueule à en juger par les regards que nous jettent les gars qui passent à proximité : dégoût et compassion.

La mer est à quelques mètres et on décide d'aller se foutre à l'eau au moment où un engin amphibie nous devance et s'arrête près de nous.

« Qui est Fallery là-dedans ?

— C'est moi, Fallery, là-dedans.

— Alors embarquez avec vos hommes et grouillez-vous. »

Je suis trop crevé pour discuter avec ce type qui pourrait nous parler sur un autre ton. Varallo est furieux, mais trop fatigué pour réagir. Ce qui vaut mieux. On embarque.

« Où allons-nous ?

— À bord.

— À bord de quoi ? »

Pas de réponse. J'abandonne. Il y a vraiment des cons partout, en toutes circonstances.

Après peut-être vingt ou trente minutes de navigation poussive, notre embarcation accoste un navire au mouillage, le destroyer *Le Tunisien.* Nous grimpons à bord par une étroite échelle de coupée et sommes accueillis chaleureusement par un jeune officier de marine dans une tenue blanche impeccable qui, de toute évidence, nous attend avec des recommandations.

« Messieurs, bienvenue à bord du *Tunisien*. Voici votre programme : douches répétées (*sic*), ne vous rhabillez pas, une visite médicale suivra. Vos tenues iront à la blanchisserie du bord, des survêtements vous seront fournis pendant votre séjour ici. Après la visite, repas et repos à discrétion. Nous vous indiquerons vos couchettes après que vous vous serez restaurés. »

Il est charmant, ce monsieur.

On file aux douches. Quelle jouissance ! Chacun de nous se savonne et se rince au moins quatre fois de suite, pour se laisser arroser sans bouger pendant un long moment. On se rase, se coiffe et, à poil, mais propres, nous allons jusqu'au cabinet du toubib.

Courte auscultation. Pas d'avitaminose grave, mais un début de déshydratation. Aucune maladie, pas de traitement en dehors de pastilles de sel.

« Mangez et buvez raisonnablement mais souvent, et uniquement de l'eau. Dormez beaucoup. Évitez de boire en mangeant, mais buvez beaucoup entre les repas, et croquez vos pastilles de sel sans hésitation. »

On enfile nos survêtements qui sont prêts et propres et on se fait accompagner au réfectoire.

Premier vrai repas depuis... huit jours. Tout nous paraît délicieux et l'est. Au dessert, nous dévorons des kilos d'oranges dont Muth mange la peau. Dauvers est scandalisé : c'est du cannibalisme ! Il est proche de vingt heures quand nous allons nous coucher, soûls de tout. Nos couchettes ont des draps propres, on boit un grand coup de flotte, et on se réveille trente-six heures plus tard, le 20 août, à huit heures du matin, complètement paumés par le temps écoulé.

20 août 1944, neuvième journée

Petit déjeuner gargantuesque, troublé par un appel radio du commandant Barthe :

« Faites-moi prévenir quand vous serez réveillés. »

Il avait déjà dû appeler plusieurs fois et avait été informé que nous dormions comme des bêtes, mais n'avait pas voulu nous faire réveiller. Je le fais prévenir que nous sommes enfin ressuscités. Sa réponse ne tarde pas :

« J'arrive. »

C'est lui, et lui seul, qui nous avait sélectionnés, qui avait organisé notre séjour en Corse, qui avait conçu et préparé notre mission, notre sauvetage et enfin notre accueil sur *Le Tunisien.* Maintenant, en pleine action avec ses hommes, il se déplaçait pour venir nous voir. Cet homme, j'en eus la confirmation bien après tout cela, était exceptionnel. Trop peut-être. Il fut tué en Indochine, à la tête de ses compagnies d'assaut. Il était devenu colonel, avait quarante ans et trois enfants.

Nos tenues de combat sont lavées, repassées, impeccables, trois plis dans le dos, comme il le faut. Nos bottes sont reluisantes et même nos étuis de pistolet ont été cirés. Les caleçons et chaussettes sont neufs, je pense qu'il valait mieux les remplacer... Bien rasés, bien nourris, bien reposés, nous avons repris figure humaine et la forme est rapidement revenue.

C'est extraordinaire ce qu'à cet âge on peut endurer et vite récupérer.

En fin de matinée, alors que nous nous baladons sur le pont, une vedette accoste avec, à son bord, notre commandant, que nous accueillons nous-mêmes en haut de l'échelle de coupée.

« Messieurs, bonjour et bravo. Rendez-vous à douze heures trente à la salle à manger des officiers pour le déjeuner. Rapport au cours du repas. Il reste une dernière épreuve à subir. À tout à l'heure. »

Et il nous quitte pour rejoindre le commandant du navire.

Comme il est douze heures, on va s'asseoir au grand air sur des caissons, en grillant quelques cigarettes. J'appréhende d'être seul à avoir saisi le sens de « dernière épreuve ». Les autres doivent penser très sereinement qu'il s'agit d'un coup de main quelconque à aller faire, c'est la guerre après tout. Or cette épreuve va être pour nous la plus cruelle de notre aventure. La peau tannée par le soleil, nous sommes tous bien beaux dans nos uniformes resplendissants, nous reconnaissant à peine !

À douze heures trente, calots sous les pattes d'épaule, manches roulées, coquets après tant de merde, nous gagnons la salle à manger des officiers du bord où nous sommes accueillis par le commandant Barthe qui, assez fier, nous présente par nos noms à tous les officiers présents pour le repas. Nous sommes installés à une table, seuls, tous les neuf. Le repas est succulent, le service de grande classe, mais je n'en profite guère, étant dans l'obligation de faire le rapport complet de notre mission, tout en essayant de manger quand même un peu. Le commandant pose peu de questions, il écoute très attentivement le récit de notre aventure que je lui déroule avec enthousiasme.

C'est difficile de lui faire un exposé cohérent et précis en respectant le calendrier des événements depuis notre départ de Galeria jusqu'à cet instant. Il suit tout et corrige lui-même quand je confonds les nuits. J'ai conscience de valoriser le rôle prépondérant des sept autres, mais je le fais parce qu'ils le méritent et que c'est à eux que doivent aller les éloges. J'abrège les détails et... j'oublie de parler du motard et du coup de feu. Au café, j'ai pratiquement terminé.

Prenant alors la parole, voici ce que, textuellement, il nous dit, je l'ai encore très clairement en tête :

«Je ne croyais pas au succès de votre mission, ni vous revoir, tous les huit surtout. Nous vous avons lancés en enfants perdus sur une terre occupée; vous avez fait preuve de courage, d'audace, d'imagination et d'endurance. La France saura reconnaître vos mérites. Je suis fier de vous, fier de vous avoir connus, fier de votre réussite... »

Arrive le cognac. Je suis désespéré par ce que je redoute depuis le début et dont le moment est arrivé. Barthe aussi est embêté, mais lui n'a quand même pas vécu notre petite épopée. C'est un officier très humain, qui sait qu'il va briser quelque chose de très fort. Mais, mon Dieu, comment les autres n'ont-ils pas pensé depuis longtemps à cette fameuse épreuve? Ils me paraissent complètement étrangers à ce qui va se dire. Sauf Mage peut-être, car nos regards se croisent anormalement depuis quelques instants.

Barthe se jette à l'eau :

«Vous appartenez tous à des unités différentes qui, maintenant, combattent en France dans divers secteurs du front. Il convient que vous les rejoigniez sans délai. Elles ont besoin de garçons comme vous.»

Silence de mort. Tous sont atterrés. Non, ils ne se doutaient de rien!

C'est Muth, pourtant le plus timide, qui reparle le premier :

«Pas tout de suite, mon commandant?

— À seize heures, vous rejoindrez la côte avec moi et vous serez dirigés vers vos unités dans la soirée.»

Ça aussi, il l'avait organisé.

« Jusque-là, restez ensemble, allez prendre l'air sur le pont, sauf vous, Fallery, je vous garde quelques instants. »

« Je sais, me dit-il, ce que chacun de vous peut ressentir, mais il doit en être ainsi et il faut abréger ces moments où l'on devient sensible. D'ailleurs, à quoi aurait servi de vous laisser ensemble vingt-quatre heures de plus ? À rendre encore plus dure votre séparation. Fallery, je tiens à vous manifester ma considération pour le travail accompli. Je suis certain que vous traverserez ce conflit. Dans quelques mois, l'Allemagne sera écrasée. Que comptez-vous faire après la victoire ?

— Essayer de redevenir un civil... normal. Je suis soldat, mais pas militaire.

— Il faut que nous nous revoyions après cette guerre. Reprenons contact le moment venu, ne décidez rien avant que nous n'en reparlions. Maintenant, rejoignez vos hommes, ils ont encore besoin de vous. »

À plusieurs reprises, je revis le commandant Barthe en septembre et octobre 1945. La guerre contre l'Allemagne était achevée. Par lui, je m'engageai dans d'autres aventures avant que lui-même parte en Indochine où il devait être tué, à Cao Bang, en 1950.

Nous avions deux heures à peine pour nous dire au revoir. Nous n'échangeâmes pas un seul mot. Pas un seul.

À seize heures, nous embarquons pour la côte. À dix-sept heures trente, la position de chacune de nos unités nous est communiquée et, après une accolade muette, nous grimpons dans des véhicules différents qui nous ramènent auprès de nos anciens camarades pour continuer à nous battre.

Virus était bien mort, comme le seront par la suite son auteur et la majorité de ses acteurs. Je n'ai jamais revu aucun des deux survivants de l'opération. Aujourd'hui, je crois encore que c'est mieux ainsi.

Après, ce fut la guerre, ça n'est plus ma vie, c'est celle d'une armée en perpétuel mouvement avec tout ce que cela suppose et que l'on connaît presque trop. J'y ai participé pour ma part de Provence jusqu'en Alsace. Elle fut acharnée et tout particulièrement dans les Vosges durant l'hiver 44-45 où je perdis de nombreux amis dans des circonstances cruelles de froid terrible et de combats inracontables.

Membres du commando de l'opération Virus

BARBIER Frédéric – Évadé de France.
Sergent-chef au 1er régiment de génie aéroporté. Artificier. Destructeur. Radio. Téléphoniste. Originaire de Metz. 26 ans. Chef de fabrication aux PTT à Paris. (De mère allemande, comprend parfaitement la langue, mais la parle mal et avec l'accent français.) Tué dans les Vosges. Équipe de l'aqueduc.

DAUVERS Jean-Pierre – Évadé de France.
Sergent au 1er bataillon de choc. Artificier. Destructeur. Originaire de Saint-Étienne. 23 ans. Chaudronnier. Tué dans les Vosges. Équipe de l'antenne.

FALLERY Jean-Daniel – Évadé de France.
Aspirant au 1er régiment de chasseurs parachutistes. Responsable de la mission.

LEGUENEC Jean-Marie – Évadé de France.
Sergent au 1er commando de génie de marine. Artificier. Destructeur. Originaire de Rennes. 24 ans. Géomètre. Équipe de l'antenne.

MAGE Claude – Évadé de France.
Sergent au 2e bataillon de choc. Artificier. Orienteur. Infirmier. Originaire de Paris. 24 ans. Étudiant en droit. Tué en Alsace. Équipe du blockhaus.

MUTH[1] – Évadé de France.
Sergent dans les commandos de marine. Radio. Artificier. Démineur. Originaire de Haguenau (Alsace). 23 ans. Maraîcher. Parfaitement bilingue français-allemand. Tué dans les Ardennes. Équipe du blockhaus.

VARALLO Maurice – Évadé de France.
Adjudant à la 11e demi-brigade de parachutistes de choc. Radio. Artificier. Destructeur. Originaire de Briançon. 25 ans. Professeur de gymnastique. Équipe du blockhaus.

VINCENTI Michel – Évadé de France.
Sergent-chef aux commandos d'Afrique. Artificier. Destructeur. Originaire de Chartres. 25 ans. Instituteur. Tué dans les Vosges. Équipe de l'aqueduc.

Au terme de cette mission en France occupée, tous les participants reçurent une citation à l'ordre de l'armée avant de rejoindre leurs unités d'origine et de poursuivre le combat qui fut fatal à la majorité d'entre eux.

1. Prononcer Mouthe.

Remerciements

Au terme de ce récit, je veux dire mon affectueuse reconnaissance à tous ceux qui m'ont apporté leur aide et leur compétence.

D'abord à ma femme, Nicole, qui a largement contribué à la mise en forme du texte. Merci de sa patience.

Au docteur Philippe Stora grâce auquel sa publication a pu avoir lieu.

Et aussi, bien sûr, à M. Raymond Lévy sans qui rien n'aurait abouti et qui, par son attachement à la cause et par son dévouement, fit tout exister.

Un grand merci également à ma fille Laurence sans l'intervention de laquelle rien n'aurait pu se produire.

Table

La photocomposition de cet ouvrage
a été réalisée par
GRAPHIC HAINAUT
59163 Condé-sur-l'Escaut

Cet ouvrage a été imprimé
en mai 2011 par

CPI
FIRMIN-DIDOT

27650 Mesnil-sur-l'Estrée
N° d'édition : 51580/01
N° d'impression : 105023
Dépôt légal : mai 2011

Imprimé en France